来粤留学生就读经验与学习收获研究

战双鹃 著

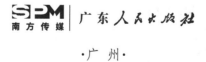 广东人民出版社

·广 州·

图书在版编目（CIP）数据

来粤留学生就读经验与学习收获研究 / 战双鹍著. — 广州：
广东人民出版社，2024.1

ISBN 978-7-218-16352-9

Ⅰ.①来…　Ⅱ.①战…　Ⅲ.①留学生教育 — 研究 — 广东
Ⅳ.①G648.9

中国版本图书馆CIP数据核字（2022）第248118号

LAIYUE LIUXUESHENG JIUDU JINGYAN YU XUEXI SHOUHUO YANJIU

来粤留学生就读经验与学习收获研究

战双鹍　著

出　版　人：肖风华

责任编辑：范先鋆
责任技编：吴彦斌　马　健

出版发行：广东人民出版社
地　　址：广州市越秀区大沙头四马路10号（邮政编码：510199）
电　　话：（020）85716809（总编室）
传　　真：（020）83289585
网　　址：http://www.gdpph.com
印　　刷：广州小明数码印刷有限公司
开　　本：787mm×1092mm　　1/16
印　　张：19　　字　　数：391千
版　　次：2024年1月第1版
印　　次：2024年1月第1次印刷
定　　价：68.00元

如发现印装质量问题，影响阅读，请与出版社（020-85716808）联系调换。

本书系全国教育科学"十三五"规划 2020 年度教育部专项课题"新时代来华留学生就读体验及影响因素研究"(DDZ200429)研究成果。

前言
PREFACE

　　留学生教育是高等教育国际化的核心内容之一，是衡量一个国家、一所高校国际化发展水平的重要指标。改革开放以来，来华留学生数量持续扩大，在留学生教育规模稳步发展的同时，留学生教育质量问题日益凸显。作为改革开放前沿阵地，地处沿海、濒临港澳的广东省具有留学生教育发展的经济基础与地缘优势。然而，长期以来广东省留学生教育发展迟缓，留学生招生规模、层次结构均与地区经济发展水平不相匹配。在国家"一带一路"、粤港澳大湾区建设发展的背景下，在全球留学生教育由"重规模"向"要质量"转变的影响下，把脉并解决来粤留学生教育问题、探究并构建留学生教育质量提升路径，对促进广东高等教育国际化发展具有重要的现实意义。

　　基于对现实问题的考量，本研究聚焦来粤留学生就读经验与学习收获，在文献综述与理论分析的基础之上，构建分析框架，借鉴成熟量表编制《留学生就读经验与学习收获调查问卷》（International Student's Learning Experience and Achievement Questionnaire，简称ISLEAQ），并通过调查预试、留学生与教师访谈、专家咨询等方式持续对问卷进行改良。正式施测后，通过数据清洗、严格的信效度检验等方式，确保研发的调查工具的合理性与科学性。本研究综合运用量化研究与质性研究方法，对来粤留学生就读经验与学习收获的现状、影响因素和就读经验对学习收获的影响路径进行检验与分析。留学生教育发展是广东地区高等教育国际化发展水平的重要标志。"一带一路""双一流"等的实施，使留学生教育具有持续发展的外部支持动力，强化对来粤留学生的深入研究是提升来粤留学生规模和质量、促进广东高等教育国际化发展的重要基础。当前我国关于留学生教育研究存在的最突出的共性问题是留学生视角的缺失，即在留学生教育质量研究过程中缺乏对留学生学习过程、学习参与经历、体验和收获等环节和要素的关注。本研究聚焦微观，以留学生就读经验和学习收获作为主要观测内容，为提升留学生教育质量提供了新的视角和思路。

从学生的视角来反映高等教育质量，既具有合理性也有必要性。从系统分析的角度来看，对留学生群体及其学习过程的关注具有理论和现实意义，首先，留学生作为留学生教育服务的购买者，是留学生教育市场和服务的最重要的决定者，留学生教育能否满足留学生的要求关系着留学生教育质量和发展前景，留学生的就读经历和体验对留学生的满意度水平具有重要影响；其次，留学生作为留学生教育服务的直接体验者，其学习过程能真正体现教育外部资源的输入效果，包括各种资源如何作用于留学生，并对留学生学习产生何种影响，如何影响留学生学习收获。可见，留学生就读过程是决定留学生教育质量最重要的中间环节，而留学生就读过程是环境与个体、组织交互的复杂过程，聚焦微观互动的留学生就读经验调查能够细致反映高校留学教育对留学生体验与发展的作用和影响，为改善高校留学教育制度与管理提供切实的客观依据。

2018年10月，教育部印发了《来华留学生高等教育质量规范（试行）》，为各地留学生教育质量改革提供了准绳。本研究恰逢其时，为细致改进留学生教育质量提供理论与现实依据，也为今后的留学生教育研究提供了专题资料，为留学生教育研究和高校留学生教育实践之间现存的鸿沟架设了一座桥梁，有助于各高校基于留学生学情改进来粤留学生教育工作。作为改革开放的前沿阵地、粤港澳大湾区中心地带，要想建设世界级城市群、打造汇聚多元文化的广东，要在现有资源与条件下，增强对来粤留学生教育研究意义的前瞻性和长远性认识，尽全力提高广东高等教育体系中涉及留学生教育和培养的各个环节的质量。结合来粤留学生就读经验与学习收获研究，各高校应及时诊断症结、对症开方、因应形势、着眼长远，结合自身特点，发挥自身优势，完善自身的软肋建设，共同打造"留学广东"品牌，努力擘画来粤留学教育新图景。

由于文化、思维方式等的差异，对留学生的调查研究过程异常艰难与曲折，这也正是留学生就读经验这一议题长期以来缺乏关注、缺乏实证探究的原因之一。本书撰写过程中，有幸得到了高等教育领域、留学生教育一线众多专家学者的指导与帮助，得到了全国教育科学"十三五"规划课题"新时代来华留学生就读体验及影响因素研究"经费资助，也得到了教育部"中华传承"主题案例项目"粤港澳大湾区华裔留学生群体岭南文化传承传播模式研究"及华南理工大学社科文库的大力支持。但由于笔者水平有限，该研究尚有诸多不尽如人意之处，不当之处敬请各位批评指正。

目 录
CONTENTS

第一章

绪　论

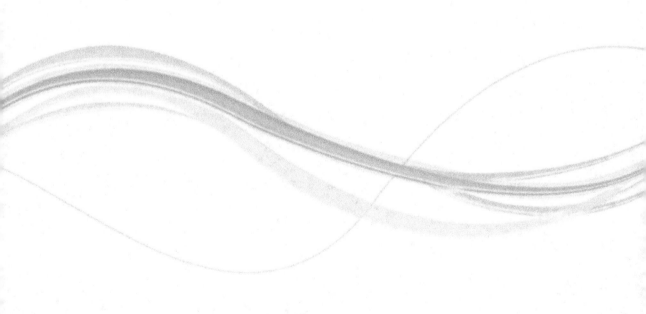

留学史与学术史、教育史（尤其是大学史）密切相连，留学潮的兴起与消落往往与学术中心的迁变息息相关；而背后表现出来的政府决策功能和文化意识，往往关系到一个民族一个国家的长远发展。[①]

第一节　研究背景与缘起

一、研究背景

（一）留学生教育发展的国际趋势

教育是国际文化交流中占据主要地位的、传统的活动，也是最为活跃的和长期稳定的组成部分，在涉及战争与和平方面，它和外交及军事力量一样重要。在当代国际关系中，教育作为一种文化软实力，发挥着重要作用。[②]高等教育国际化是高等教育自身发展的逻辑，高等教育日益国际化是学习和研究的全球性特征的一种反映。[③]高等教育国际化主要由国际化的教育理念、国际化的培养目标、国际化课程以及人员国际化四个基本要素构成。其中，人员国际化又包含学生国际化与教师国际化。学生为接受高等教育而跨国流动的现象肇始于大学诞生之初。学生跨国流动的规模及影响随着社会的发展与变迁而发生改变。现如今，实现学生跨国流动的留学生教育已成为全球化背景下高等教育国际化的重要组成部分。

留学生是学生国际化进程中的主体，也是高等教育国际化最直接、最持久的表现形式。留学生的流动随着规模的不断扩大以及其对流出和接收的国家和机构在政治、经济、学术、社会及文化上的重要影响，引起了政策制定者以及研究者的密切关注。留学生教育已然成为评价高等教育国际化程度和衡量世界一流大学的重要指标。2008年，经济合作与发展组织（OECD）在其2030年的关键的区域规划中预测，至2030年，高等教育领域学生群体将更加多元，各高等教育机构将拥有更多的国际学生、年龄较大的学生、非全日制学生以及其他类型的学生。[④]学生国际化发展是未来高等教育发展的主要潮流。截至2018年全球有超过530万学生在本国以外的国家接受教育，与十二年前相

---

①叶隽.异文化博弈:中国现代留欧学人与西学东渐[M].北京:北京大学出版社,2009:2.

②冲原丰.比较教育学[M].刘树范,李永连,译.长春:吉林人民出版社,1984:167.

③侯定凯.高等教育社会学[M].桂林:广西师范大学出版社,2004:276.

④菲利普·阿特巴赫,利斯·瑞丝伯格,劳拉·拉莫利.全球高等教育趋势:追踪学术革命轨迹[M].姜有国,喻恺,张蕾,译校.上海:上海交通大学出版社,2010:2.

比增长了96％，跨国流动增速明显。

表1-1：1980—2018年世界留学生人数

年份	1980	1990	1998	2006	2016	2018
留学生人数（万人）	90	125	170	270	500	530

资料来源：根据联合国教科文组织（UNESCO）教育统计年鉴及美国国际教育协会（IIE）数据整理。

菲利普·阿特巴赫与简·奈特曾指出"教育价值观输出，可观的经济收入以及其他政治经济考虑等因素推动着诸多国家和高校采取多种措施吸引国际学生留学"[①]。美国、英国、澳大利亚、加拿大等高等教育发达国家普遍将留学生教育视为提升国家软实力、积聚智力的关键举措。吸引留学生被作为引进人才和外部智力的重要手段。随着全球化、高等教育大众化的发展，留学生教育的主要驱动力从外交驱动转变为经济驱动，欧美国家纷纷扩大教育服务贸易，留学生教育已然成为各国国际贸易的重要产业，为各国带来了可观的经济回报。例如，留学生的持续增长对美国经济产生了重大的、积极的影响。美国商务部数据显示，2018年，留学生为美国经济贡献了450亿美元，约62％的留学生的资金来自美国之外，由其个人、家庭、本国政府或大学援助。[②]留学生教育是澳大利亚出口服务业中最大的支柱产业，教育出口行业在2009年为澳大利亚贡献了186亿澳元，且呈现持续递增趋势。[③]此外，英国和加拿大等国也将发展留学生教育作为教育服务贸易产业创收的重要来源。

表1-2：世界前八大留学目的国留学生人数概况

排名	国家	2014—2015（人）	同比增幅（%）	2015—2016（人）	同比增幅（%）	2016—2017（人）	同比增幅（%）	2017—2018（人）	同比增幅（%）	2018—2019（人）	同比增幅（%）
1	美国	974 926	10.0	1 043 839	7.1	1 078 822	3.4	1 094 792	1.5	1 095 299	0.05
2	英国	493 570	2.6	496 690	0.6	501 045	0.9	506 480	1.1	496 570	—2.0
3	中国	377 054	5.8	397 635	5.5	442 773	11.4	489 200	10.5	492 185	0.6
4	澳大利亚	269 752	9.2	292 352	8.4	327 606	12.1	371 885	13.5	420 501	13.1
5	法国	298 902	1.3	309 624	3.6	323 933	4.6	343 386	6.0	343 400	0.0

①ALTBACH P G, KNIGHT J. The internationalization of Higher Education: Motivation and Realities [J]. Journal of Studies in International Education, 2011(4):290-305.

②IIE Releases Open Doors 2018 Data [EB/OL]. [2020-04-23]. https://www.iie.org/Research-and-Insights/Open-Doors/Data/Economic-Impact-of-International-Students.

③赵强. 澳大利亚国际教育产业发展探究[J].外国教育研究,2011(2):85-90.

排名	国家	2014—2015（人）	同比增幅（%）	2015—2016（人）	同比增幅（%）	2016—2017（人）	同比增幅（%）	2017—2018（人）	同比增幅（%）	2018—2019（人）	同比增幅（%）
6	加拿大	239 665	13.1	263 855	10.1	312 100	18.3	370 710	18.8	435 415	17.5
7	俄罗斯	250 251	—	282 921	13.1	296 178	4.7	313 089	5.7	334 497	6.8
8	德国	218 848	6.8	235 858	7.8	251 542	6.6	265 484	5.5	282 002	6.2
八大留学目的国留学生总数		3 122 968	6.9	3 322 792	6.4	3 533 999	6.4	3 755 026	6.3	3 899 869	3.9

数据来源：美国国际教育协会（IIE）官方网站。

　　留学教育是国与国之间文教沟通的重要纽带，留学生是推动区域文化交流的关键因素，是推进高等教育国际化发展的主要动力，同时也是各国文化传播的重要载体。美国、英国、澳大利亚、加拿大等各国明确将接收留学生作为国家战略，纷纷出台、更新具体政策抢占留学教育市场。2010年澳大利亚发布的《澳大利亚留学生战略》提出了12项支持促进留学生获得高质量留学体验的措施；2012年加拿大发布名为《国际教育：加拿大未来繁荣的关键驱动力量》的国际教育战略计划，提出要强化国家品牌，提高国家认知度，吸引留学生将加拿大作为留学目的国；2014年加拿大又将国际教育战略规划目标更新为"使选择到加拿大留学的留学生和科研人员数量在2022年翻一番，达到45万人"；2012年美国颁布国际教育战略国家报告《全球性的成功：国际教育及参与（2012—2016年）》，明确美国的国际教育是为维护国家利益服务的，首次明确将"国际教育"置于国家安全的战略高度；[1] 2013年英国颁布《国际教育战略：全球增长和繁荣》，强调英国接纳的留学生数量不设上限。[2] 为吸引具备人力资源、经济资源双重身份的留学生群体，越来越多的国家在国际高等教育市场中参与博弈。

　　随着我国教育开放程度不断扩大，经济实力在全球的影响力日渐凸显，来华留学生数量持续扩大，来华留学生生源国家和地区数不断增加，规模在全球占比稳步增长。2019年美国国际教育协会（IIE）发布的数据显示，来华留学生规模约占全球留学生规模的9.2%，位居全球第三位，排在美国（第一，占全球21%）、英国（第二，占全球

[1] US department of education. Succeeding globally through international education and engagement. International Strategy 2012-16 [EB/OL]. [2018-11-06]. http://www2.ed.gov/about/inits/ed/internationaled/international-strategy-2012-16.pdf.

[2] International education strategy: global growth and prosperity [EB/OL]. [2018-11-06]. http://www.gov.uk/government/publications/international-eduation-strategy-global-growth-and-prosperity.

9.6%）之后，远超加拿大、澳大利亚、法国、俄罗斯、德国等国，并持续多年呈现增长态势。[①]中国经济发展规模及潜力、社会对外开放程度、科教质量提升、来华留学激励政策等因素共同促成了近年来来华留学所呈现出的平稳增长的态势。

（二）留学生教育发展的国内背景

我国留学生教育起步较晚，大致可分为四个发展阶段：1949—1978年为中央集权与计划经济阶段；1979—1992年为改革开放初期阶段；1993—2000年为市场化改革阶段；2001年至今为全面与迅速发展阶段。[②]改革开放以来，国内高校国际化实践取得了长足的发展。伴随着国际政治关系的发展、国家经济实力的提升，经济全球化和教育国际化不断深入，中国高等教育的对外开放也步入新时代。学生的国际流动日益频繁，留学教育事业稳步发展，留学出口发展迅猛，改革开放初期的出国"潮流"逐渐变成了出国"热潮"，再到21世纪初呈现出出国"浪潮"。与此同时，来华留学生规模也逐渐扩大，留学生数量持续增加，从1978年的1 200余人增加到2016年的44万余人，接受外国留学生的高校由20世纪80年代末的不到100所，增加到2018年的1 004所，[③]来华留学层次与结构日益丰富。由2005年至2018年数据（表1-3）及发展趋势（图1-1）可见，来华留学生总数、来华留学学历生总数、来华留学研究生人数均呈现持续增长态势。2016年来华留学生规模突破44万，同比增长11.4%，比2012年增长了35%，来华留学生生源国家和地区总数多达205个，创历史新高。

表1-3：2005—2018年来华留学生数量统计概况

年份	来华留学生总数		来华留学学历生			来华留学研究生			
	数量（人）	比上一年增长比例（%）	数量（人）	比上一年增长比例（%）	在来华留学生中的比例（%）	数量（人）	比上一年增长比例（%）	在来华留学生中的比例（%）	在来华留学学历生中的比例（%）
2005	141 087	27.30	44 851	43.90	31.79	7 111	22.30	5.04	15.90
2006	162 695	15.30	54 859	22.30	33.71	8 270	16.30	5.08	15.70
2007	195 503	20.20	68 213	24.30	34.89	10 846	31.10	5.55	15.90

①Project atlas. [EB/OL]. [2020-03-06]. https://www.iie.org/Research-and-Insights/Project-Atlas/Explore-Data/Infographics/2019-Project-Atlas-Infographics.

②李梅.高等教育国际市场：中国学生的全球流动[M].上海：上海教育出版社，2008：36.

③教育部.2018年来华留学统计[EB/OL]. [2019-10-20]. http://www.moe.gov.cn/jybxwfb/gzdt_gzdt/s5987/201904/t20190412_377692.htm.

续表

年份	来华留学生总数		来华留学学历生			来华留学研究生		
	数量（人）	比上一年增长比例（%）	数量（人）	比上一年增长比例（%）	在来华留学生中的比例（%）	数量（人）	比上一年增长比例（%）	在来华留学生中的比例（%）	在来华留学学历生中的比例（%）
2008	223 499	14.30	80 005	17.30	35.80	14 281	31.70	6.39	17.85
2009	238 184	6.60	93 450	16.80	39.23	18 978	32.90	7.97	20.30
2010	265 090	11.30	10 7428	15.00	40.53	24 866	31.00	9.38	23.10
2011	292 611	10.40	11 8837	10.60	40.61	30 376	22.20	10.38	25.60
2012	328 330	12.21	13 3509	12.35	40.66	36 060	18.71	10.98	27.00
2013	356 499	8.58	14 7890	10.77	41.48	40 602	12.60	11.41	27.50
2014	377 054	5.77	16 4394	11.16	43.60	47 990	18.20	12.71	29.20
2015	397 635	5.46	18 4799	12.41	46.47	53 572	11.63	13.47	29.00
2016	442 773	11.35	20 9964	13.62	47.42	63 867	19.22	14.42	30.40
2017	489 200	10.50	24 1543	15.04	49.38	75 800	18.62	15.49	31.38
2018	492 185	0.62	25 8122	6.86	52.44	85 062	12.28	17.28	32.95

数据来源：教育部官方网站、《中国教育年鉴》。

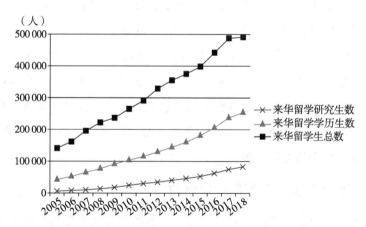

图1-1：2005—2018年来华留学生数量增长趋势

　　教育部来华留学统计数据显示，2018年共有来自196个国家和地区的49.21万多名外国留学生在我国31个省、自治区、直辖市的1 004所高等院校学习，其中学历生25.81万多人，占来华留学生总数的52.44%，比2017年增加16 579人，同比增加6.86%。硕士和博士研究生约8.5万人，比2017年增加12.28%。亚洲与非洲仍是来华留学生主要输出地。与2017年相比，前10位生源国稳中有变，依次为韩国、泰国、巴基斯坦、印度、美国、俄罗斯、印度尼西亚、老挝、日本和哈萨克斯坦。目前来华留学生中学历生比例约为50%。值得注意的是，其他国家的留学生以学历生为主，如果以学历生为统计口径，我国来华留学规模仅居世界第8位，排在美国、英国、澳大利亚、法国、加拿大、俄罗斯、德国之后，在学历留学教育方面，我国与英、澳、美等传统留学教育发达国家相比仍存在较大差距。[①]以2016年数据为例，我国出国留学人员总数为54.45万人，受国际留学发展新趋势影响，我国留学人员的增速也有所放缓，但留学生数量继续保持全球第一位。我国仍然是美国、加拿大、澳大利亚、新西兰、韩国、日本等国家的主要留学生源国，占美国、加拿大、澳大利亚和新西兰等国家留学生总数的比例均超过30%，占韩国和日本留学生总数的比例更是高达57%和49%。尽管来华留学规模在逐年扩大，但来华留学生数量仍远低于海外的中国留学生数量，留学教育的逆差依旧明显。

囿于政治、经济、文化等多重因素的影响，当前来华留学生的派遣国构成、留学生来华学习的专业及学历层次分布等仍呈现出不同程度的不均衡性，早期"重规模"的发展模式在一定程度上制约了来华留学教育质量的可持续发展。已有研究充分证明教育质量水平是影响留学生流动的重要因素，中国教育水平的提升对留学生来华有显著为正的促进作用。[②]这意味着，我国教育承载力和留学教育质量的不断提高是提升来华留学影响力的关键因素。阿特巴赫（Altbach）曾预言全球国际学生将于2025年达到800万人。与规模增长相伴的是，全球国际学生流动也将呈现出新的发展趋势和机遇。[③]随着"一带一路"的深入推进，我国的国家影响力、文化辐射力日益增强，在全球留学生市场格局中的地位越发凸显，来华留学生教育亟须抓住宝贵机遇，以来华留学教育质量提升为发力点，充分发挥来华留学教育质量水平在扩大留学生规模、助力来华留学由"潮流"向"热潮"发展蓄势中的关键作用。

（三）来华留学生教育发展的国家驱动

国际化是当今高等教育发展的重要趋势，为各国高等教育发展带来了重要机遇，促进了人才培养目标、科学研究水平的不断提升，社会服务功能的不断拓宽，以及国际交

---

① 张继桥.全球国际学生流动趋势及我国留学教育的战略选择:基于"一带一路"建设的视角[J].河北师范大学学报（教育科学版）,2018(4):69-76.

② 宋华盛,刘莉.外国学生缘何来华留学:基于引力模型的实证研究[J].高等教育研究,2014(11):31-38.

③ ALTBACH P G. Higher education crosses borders: can the United States remain the top destination for foreign students? [J]. Change: The Magazine of Higher Learning, 2004(2):18-25.

流与合作的不断扩大。教育对外开放是我国改革开放事业的重要组成部分，是我国高等教育国际化发展的重要保障。为规范和促进来华留学教育持续增速发展，我国先后出台了多项推动教育对外开放的政策与发展规划，对来华留学教育发展提出了指导性意见，对留学教育规模的持续扩大及留学教育质量的可持续性发展提供了方向。

表1-4：国家颁布的推动留学教育发展的教育政策文本

序号	年份	政策文本
1	2010	《国家中长期教育改革和发展规划纲要（2010—2020年）》
2	2010	《留学中国计划》
3	2012	《国家教育事业发展"十二五"规划》
4	2016	《推进共建"一带一路"教育行动》
5	2016	《关于做好新时期教育对外开放工作的若干意见》
6	2017	《国家教育事业发展"十三五"规划》
7	2017	《学校招收和培养国际学生管理办法》
8	2018	《来华留学生高等教育质量规范（试行）》
9	2019	《粤港澳大湾区发展规划纲要》
10	2019	《中国教育现代化2035》
11	2020	《关于加快和扩大新时代教育对外开放的意见》

2010年7月出台的《国家中长期教育改革和发展规划纲要（2010—2020年）》在"扩大教育开放"的总体要求下，明确提出"进一步扩大外国留学生规模。增加中国政府奖学金数量，重点资助发展中国家学生，优化来华留学人员结构。实施来华留学预备教育，增加高等学校外语授课的学科专业，不断提高来华留学教育质量"，并将"实施留学中国计划，扩大来华留学生规模"作为重大项目组织实施。[①] 2010年9月教育部印发《留学中国计划》，明确我国来华留学教育的发展目标，即"到2020年，使我国成为亚洲最大的留学目的地国家。建立与我国国际地位、教育规模和水平相适应的来华留学工作与服务体系；造就出一大批来华留学教育的高水平师资；形成来华留学教育特色鲜明的大学群和高水平学科群；培养一大批知华、友华的高素质来华留学毕业生"[②]。该

---

① 国家中长期教育改革和发展规划纲要(2010—2020年)[EB/OL].[2019-12-23].http://www.moe.gov.cn/srcsite/A01/s7048/201007/t20100729_171904.html.
② 教育部关于印发《留学中国计划》的通知[EB/OL].[2019-12-23].http://old.moe.gov.cn/publicfiles/business/html-files/moe/moe_850/201009/xxgk_108815.htm.

计划强调要"构建来华留学教育质量评估体系,加强对来华留学教育条件、培养质量和管理服务水平的评估,促进学校合理定位、增强来华留学工作办学特色。逐步确定一批来华留学教育示范基地"①。

2016年国家先后出台《关于做好新时期教育对外开放工作的若干意见》和《推进共建"一带一路"教育行动》两个文件,标志着我国教育对外开放进入内涵发展、提升水平的新阶段。文件分别强调了要"通过优化来华留学生源国别、专业布局,加大品牌专业和品牌课程建设力度,构建来华留学社会化、专业化服务体系,打造'留学中国'品牌"以及"设立'丝绸之路'中国政府奖学金,为沿线各国专项培养行业领军人才和优秀技能人才。全面提升来华留学人才培养质量,把中国打造成为深受沿线各国学子欢迎的留学目的地国……扩大规模和提高质量并重、依法管理和完善服务并重、人才培养和发挥作用并重"②。当前,国际学生流动呈现双向趋势,区域就近流动趋势显著增强,"一带一路"教育行动的实施势必推进沿线来华留学生留学潮的产生与发展。

2017年《学校招收和培养国际学生管理办法》明确指出,高等学校应当将国际学生教学计划纳入学校总体教学计划,选派适合国际学生教学的师资,建立健全教育教学质量保障制度。2018年10月教育部印发了《来华留学生高等教育质量规范(试行)》,该规范是教育部首次专门针对来华留学教育制定的质量规范文件,是指导和规范高校开展来华留学教育的全国统一的基本准则,也是开展来华留学内部和外部质量保障活动的基本依据。该规范对来华留学招生、录取、教育教学、师资队伍建设、教学资源与设施投入、教学管理及安全保障等留学生教育各项事宜进行了规范与制度建设,旨在持续提高来华留学生高等教育质量、完善来华留学生教育内部质量保障体系。2019年中共中央、国务院颁布的《粤港澳大湾区发展规划纲要》提出"培育提升广州科技教育文化中心功能"③,为广东省对外教育发展提供了前所未有的发展机遇。同年,国家出台《中国教育现代化2035》,聚焦教育发展的突出问题和薄弱环节,重点部署了面向教育现代化的十大战略任务,任务之一即是开创教育对外开放新格局,"实施留学中国计划","建立并完善来华留学教育质量保障机制,全面提升来华留学质量"。

上述国家层面的政策文本的施行标志着我国教育开放及来华留学事业进入内涵式发

① 教育部关于印发《留学中国计划》的通知[EB/OL].[2019-11-20].http://old.moe.gov.cn/publicfiles/business/html-files/moe/moe_850/201009/xxgk_108815.htm.
② 中共中央办公厅、国务院办公厅印发《关于做好新时期教育对外开放工作的若干意见》[EB/OL].[2020-01-20].http://www.gov.cn/zhengce/2016-04/29/content_5069311.htm.
③ 中共中央 国务院印发《粤港澳大湾区发展规划纲要》[EB/OL].[2019-03-18].http://www.gov.cn/zhengce/2019-02/18/content_5366593.htm.

展的新阶段，特别是"一带一路"倡议提出了增强我国教育国际竞争力，加快高等教育国际化建设步伐，提升高等教育服务国家对外开放能力的要求，显著推动了沿线国家来华留学的蓬勃发展。在国家相关政策的扶持下，中国政府奖学金的吸引力不断提升，生源国家和地区数量不断增加，留学层次不断提高，留学生专业类型日趋丰富，高层次高质量发展态势指日可待。

在世界经济环境复杂多变的背景下，2020年6月教育部等八部门全面部署加快和扩大新时代教育对外开放，发布《关于加快和扩大新时代教育对外开放的意见》，重申"推动教育对外开放、实现高质量内涵式发展，重点优化出国留学工作布局，做强'留学中国'品牌"；在鼓励第三方组织对来华留学开展质量认证的基础上，建立健全质量保障机制，切实保障来华留学教育健康有序发展。可见，提升来华留学教育质量不仅是现阶段我国高等教育研究领域的重要议题，也是我国高等教育发展的重要方略和目标。

在重"量"的同时更要重"质"，是来华留学教育发展的新任务，在内容与形式上拓展并转型是来华留学教育教学管理的新目标。来华留学教育研究也应从聚焦数量发展转向关注质量提升，而质量提升的重要前提是对来华留学生学习现状有清晰的认识和准确的把握。因此，对来华留学生开展学情质量研究是现阶段提升留学教育质量的关键议题。

（四）广东高等教育国际化的发展诉求

近现代，广东一直是中国对外开放的重要前沿阵地，毗邻港澳，华侨众多，教育的对外开放也由来已久。领风气之先，中国近代第一位留学生就是广东人容闳。数据显示，1949年至1966年期间，广东省内有5所高等院校接受外国留学生，其中，华南工学院（1988年更名为华南理工大学）接受蒙古等国留学生约20人就读制糖专业；华南农学院（1984年更名为华南农业大学）接受埃及等国留学生45名就读农学、遗传选种、果树、蔬菜、植物保护、农业昆虫、植物病理、土壤农化、畜牧、兽医等专业；中山医学院（现隶属于中山大学）接受朝鲜留学生13人、越南留学生15人，就读医学专业[①]。1966年，广东省内高校留学生人数达到峰值，共接受越南留学生224人，其中中山大学64人，华南工学院75人，华南农学院66人，中南林学院（2005年更名为中南林业科技大学）19人。1967年至1976年，留学生人数有所下降，其间华南农学院接受16名越南学生就读兽医专业；广州中医学院接受越南、老挝、日本、缅甸、德国等留学生21人就读中医、中药等专业；中山医学院接受柬埔寨、越南、几内亚、贝宁、苏丹等国留学

---

① 广东省地方史志编纂委员会.广东省志·教育志[M].广州:广东人民出版社,1995:276.

生34人就读医学专业。1977年以后，随着我国改革开放的发展，各国来粤留学生逐渐增多。如表1-5所示，1977年至1987年广东省内6所高校共接受来自朝鲜、日本、泰国、新加坡等国的576名留学生。

表1-5：1977—1987年广东省内高校接受来粤留学生概况 [①]

学校	接受外国留学生数 （国家数）	专业名称
中山大学	212人（19个）	中文、历史、经济、法律、外语、物理、数学、人类学
华南农学院	58人（27个）	农业、兽医、土壤与植物营养、农业机械化、植物病理、畜牧
中山医学院	104人（29个）	医学、外科学、耳鼻咽喉学、传染病学
广州中医学院	121人（30个）	中医、针灸、中药
深圳大学	76人（8个）	中国语言、特区经济、工商管理
广州美术学院	5人（3个）	国画、雕塑、美术史论

改革开放以来，广东省高等教育国际化水平不断提高，但在留学生招生规模、层次结构、教育质量等方面仍存在不少问题。1993年初，广东省提出了扩大高等教育对外交流与合作多途径的新思路，在合作办学、合作开展科研、招收培养中国港澳地区学生和外国留学生、开展学术互访等方面取得了突破。1996年在广东高校就读的来自102个国家的长短期留学生有1 800多人，聘请外国教师150多人。

进入21世纪以来，伴随着来华留学教育事业的稳步发展，广东留学教育也持续呈现上升态势。以2013年至2018年数据为例，如图1-2所示，2013年至2018年间，随着"一带一路"倡议和《留学中国计划》的相继出台，来华留学生规模持续增长，留学生总数由2013年的35.65万人增长至2018年的49.22万人，增长幅度为38.1%，其中学历生总数由2013年的14.79万人，增长至2018年的25.81万人，增幅高达74.5%。

①广东省地方史志编纂委员会.广东省志·教育志[M].广州:广东人民出版社,1995:277.

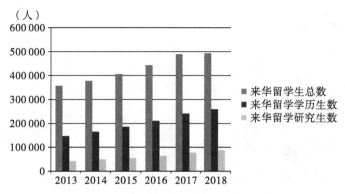

图1-2：2013—2018年来华留学生人数

　　2013年至2017年间，来粤留学生总数稳中有升（如图1-3所示），由2013年的21 813人增长到2017年的25 249人，增长幅度为15.8%；其中，学历生总数由2013年的8 478人增长至2017年的11 426人，增幅为34.8%。为扩大来粤留学教育规模，自2013年起，广东省设立"广东省政府来粤留学生奖学金"。2013年至2017年，共有4 156名留学生获评省政府来粤留学生奖学金，其中博士研究生241人、硕士研究生622人、本科生3 293人。其中，2016年共有642名来自"一带一路"沿线国家的留学生获评省政府来粤留学生奖学金，占当年全省获奖学生的70%。2017年共有997名来自"一带一路"沿线国家的留学生获评省政府来粤留学生奖学金，占当年全省获奖学生的74%。

　　尽管广东教育国际化在改革开放以来取得了一定的进展，留学教育规模在逐步扩大，然而，与经济国际化相比，广东教育国际化的水平要低得多。[①]其增长速度仍旧落后于经济发达的其他省份与地区，来粤留学生的总数和学历生总数的增长幅度均远低于全国水平。以2017年数据为例，2017年来粤留学生总数为25 249人，其中学历生人数达到11 426人，占来粤留学生总数的45.3%；语言生6 895人，占来粤留学生总数的27.3%。当年，来粤留学生占来华留学生总数的5.2%（2017年来华留学生总数为48.92万人），来粤学历生占来华学历生总数的4.7%（2017年来华学历生共24.15万人）。2017年来粤留学生的比例与北京、上海、江苏、浙江等地区和省份的来华留学生比例相差较大（2017年上述地区来华留学生共计34.19万人，占总数的69.88%），来粤留学生的规模和发展现状与广东省的经济地位明显不相匹配。

---

①颜泽贤,卢晓中.跨世纪广东教育发展论纲[M].广州:广东高等教育出版社,2000:351.

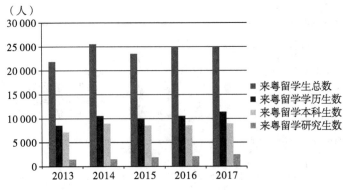

图1-3：2013—2017年来粤留学生人数

按照留学生国籍的分布来看（见下图1-4），2017年来粤留学生来自173个国家和地区，其中亚洲地区留学生共15 353人，非洲留学生4 495人，美洲留学生2 201人（其中美国827人，加拿大263人），欧洲留学生2 826人，大洋洲留学生374人，亚洲和非洲留学生占比高达79％。可见，来粤留学生的国籍区域分布也存在着极大的不均衡性。

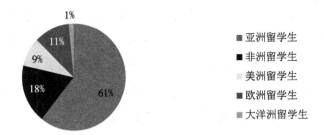

图1-4：2017年来粤留学生区域分布

截至2019年2月底，广东省内共9所高校为国家留学基金管理委员会备案的可招收来华留学生的高校（见表1-6），学校数量与排名远低于北京、上海、江苏等经济发达地区，与广东经济实力第一大省的现实形成较大反差。2017年，省内知名高校如中山大学、华南理工大学的留学生占在校学生总数比例约为6.4％和5.5％，学历生占在校总人数比例为3.1％和3.2％，留学生比例远低于北京、上海、江苏等地的知名高校，与世界一流大学20％左右的学历留学生占比水平相差甚远。

表1-6：国家留学基金委备案的各省市招收来华留学生高校数量（4所及以上）

单位：所

排名	省市	高校数量	排名	省市	高校数量	排名	省市	高校数量
1	北京市	39	3	江苏省	19	5	浙江省	13
2	辽宁省	24	3	上海市	19	5	黑龙江省	13

排名	省市	高校数量	排名	省市	高校数量	排名	省市	高校数量
7	湖北省	12	11	福建省	9	18	湖南省	5
8	吉林省	11	14	重庆市	8	18	广西壮族自治区	5
9	山东省	10	14	云南省	8	18	四川省	5
9	天津市	10	14	安徽省	8	22	甘肃省	4
11	广东省	9	17	江西省	6	22	河南省	4
11	陕西省	9	18	河北省	5	22	内蒙古自治区	4

数据来源：国家留学基金管理委员会官方网站数据（截至2019年2月24日）。

留学生教育是检验高等学校国际化程度的"试金石"，可检验高校教育组织形式、教学与管理工作能否适应教育国际化要求。广东地处沿海，毗邻港澳，作为改革开放的前沿阵地和经济第一大省，具有国际化发展的地缘优势与经济产业优势。然而，广东高等教育国际化发展，尤其是留学教育发展状况长期以来难以与经济发展水平相匹配，且相对滞后。

随着国家"一带一路"建设的不断推进、《粤港澳大湾区发展规划纲要》的正式颁布，作为"一带一路"重要门户、粤港澳大湾区核心的广东省拥有着前所未有的发展机遇。在《留学中国计划》《来华留学生高等教育质量规范（试行）》《广东省中长期教育改革和发展规划纲要（2010—2020年）》等文件的指引下，改进来粤留学教育工作、提升来粤留学生教育质量水平、打造"留学广东"品牌、推进来粤留学教育可持续发展、加速广东省高等教育国际化进程、增强广东省高等教育的国际影响力是实现广东教育现代化及建设高等教育强省的关键之举。

广东省高等教育的现实基础以及来粤留学生教育的发展趋势为广东省高等教育系统带来了新的挑战，来粤留学生在规模、层次、结构等方面均存在着极大的发展空间，来粤留学教育质量亟待提升，这迫切需要高等教育利益相关者——政府、高校、高等教育研究者、留学生教师的关注。而加强对来粤留学生群体的关注与研究，全面掌握来粤留学生就读现状及存在的问题，是明晰留学生教育质量现状，提高来粤留学教育服务质量的关键路径，不仅对加强广东国际教育体系建设、吸引国际人才、加快广东教育国际化发展具有重要意义，同时，对完善我国留学生教育质量体系建设，全面提升来华教育国际竞争力也具有深远影响。

（五）来华留学生教育质量的社会问责

质量是留学教育的生命力，是留学教育可持续发展的原动力和根本所在。留学教育质量事关留学事业的长远发展，《关于做好新时期教育对外开放工作的若干意见》明确提出加快留学事业发展，提高留学教育质量，应坚持以质量建设为根本，建立健全留学教育质量保障体系。作为高等教育重要组成部分的留学教育，其质量是影响国家和高校国际化可持续发展的关键要素。我国留学生教育起步较晚，改革开放以后，在社会经济飞速发展背景下，来华留学教育取得了一定的发展，但留学教育规模的扩大也带来了一些负面效应，高校来华留学生教育质量参差不齐、来华留学生教育满意度不高、留学生规模与质量矛盾日益突出等瓶颈问题抑制了来华留学快速发展，留学生教育质量受到海外留学生及社会各界的质疑。

完善来华留学教育系统，促进留学教育健康可持续发展与创新发展，需要具备全球视野与开放思维，需要在质量内涵上下功夫。提高质量是解决来华留学发展瓶颈问题的核心要义，也应成为现阶段我国吸引留学生输入的主要着力点。[1] 在高等教育质量评价日渐由关注"输入"走向关注"过程"的模式转型中，对留学生就读过程质量应给予关注与重视。长期以来，我国对来华留学生教育质量的关注更多的是以资源投入为视角，如经费、设施、师资、课程、教材等数量的支出与使用情况，较少关注留学生这一留学质量的评价主体的主观感受，忽视了留学生群体的就读过程，缺乏对留学生学习过程中的经历与体验的关注。

留学生是高校留学生教育质量与声誉的"第一发言人"。不同于普通高等教育的准公共产品性质，留学生教育的性质更偏向于私人产品，留学生教育服务市场化程度较高，其质量是留学生教育服务的核心竞争力。留学生是整个留学教育活动的直接和主要参与者，留学生的就读经验，即其在留学就读过程中的经历体验是留学教育服务质量的直接反馈，是评价留学教育质量的重要依据。留学生尤其是学历留学生的就读经历、就读体验与学习收获等问题是掌握留学教育现状、提升留学教育质量亟须解决的核心问题。留学生在华学习期间的学习行为、学习投入等现状是怎样的，留学生就读期间学校提供的服务是否能满足他们的需要、是否达到他们所期望的质量均值得深入观察与探究。

扩大来粤留学生规模，吸引留学生来粤高校就读，关键在于能够为其提供满足其需求的教育服务与产品。侧重主体行为过程的就读经验研究将留学生视为评价主体，能准

---

①王军.我国来华留学生教育的基本定位与应对策略[J].中国高教研究,2014(8):88-92.

确把握留学生教育现状与留学生的切实需求，符合高等教育服务质量观。留学生就读经验与学习收获研究从留学生感知角度来测量学校留学教育的实践活动，能够真实地反映学校留学教育办学的现实情况与质量水平，能为高校、为社会及公众阐释留学生教育发展现状，为了解留学生的学习投入、就读经历、就读体验、学习收获等提供完整、清晰的图景。

二、研究缘起

（一）从事英语教学与教育国际化研究工作，对就读经验研究兴趣浓厚

研究者长年从事英语教学与教育国际化相关研究，与本科生、留学生在课堂内外沟通交流是我日常工作的主要内容。观察学生，尤其是学生在大学学习过程中的变化与成长于我而言颇为有趣。对人文社会科学研究的浓厚兴趣促使我较早地接触了就读经验的相关研究。作为高等教育领域学生学习成效评估的间接证据，大学生就读经验研究聚焦高校学生在就读过程中的学习经历、就读体验及收获。在高等教育个性化、人本化发展的影响下，就读经验与学习收获研究日渐成为高等教育质量研究的热点议题。无论是从研究的理论基础，还是研究的现实意义（如高等教育发展需求、个体发展需求等现实需求）的角度而言，大学生就读经验调查研究都具备极大的发展空间和可行性，对留学生群体就读经验的研究更是有深远的社会文化及经济效益的影响，而当前国内的相关研究还在起步与发展的阶段，留学生群体就读经验的调查与研究亟须更多的关注与投入。

（二）与留学生的交往感触颇多，对科学揭示留学生就读现状充满好奇

近些年来，在研究高等教育国际化实践的过程中，与外国留学生接触的机会日渐增多，在与在粤高校就读的留学生的日常交往中发现，留学生在就读过程中的无力感普遍存在，一部分学生就读体验堪忧。留学生的现实想法与困境使我逐渐萌生了观察来粤留学生就读过程，研究来粤留学生在就读过程中的经历、体验、收获以及相互影响、相互制约的各种隐性因素的想法。从留学生的第一身份"学生"的角度而言，同为大学生，留学生与本土学生的大学就读体验具有一定的相似性，借助就读经验研究方法可以窥探留学生学习过程中存在的问题。然而，留学生的第二身份，即"外国人"的身份，决定了其在异国文化接受教育的就读体验与本土学生相比又具有较为明显的差异性及特殊性。那么，留学生的就读经历、体验与收获究竟是怎样的？就读过程中，究竟哪些因

素影响留学生的学习收获？哪些因素影响留学生的就读经历，包括其课内外活动的参与程度等？哪些因素会对留学生的就读体验带来影响？来粤留学生的就读过程是否呈现出群体性特征？留学生的学习发展是否有规律可循？国际上广泛应用的理论模型是否适切于留学生教育现状，能否预测留学生就读经验，解释影响因素的作用关系及作用路径？在与留学生朋友的交往与沟通中，我意识到唯有揭开这些谜团，才能清晰地掌握留学生留学的过程质量及存在的主要问题，而唯有了解留学生就读过程中的困境才能有针对性地解决问题，提升留学生的留学体验，进而提升我们的留学教育质量与声誉。

第二节　研究目的与意义

现阶段，我国众多高校在制定国际化发展规划时都将教育国际化、留学生教育发展作为重要建设内容，但在具体实践中更多地侧重校际合作及师生国际化交流等层面，缺乏对来华留学生教育的关注，尤其欠缺对学历留学生学习过程，包括教学安排、课程设置、保障措施等直接影响留学教育质量的各个环节的审视与研究。诚然，资源投入与教学条件建设是留学教育质量的重要保障，然而，作为学习活动主体，学生的就读体验才是反映留学教育真实现状、检验留学教育教学质量的核心所在。高等教育质量评价逐渐由关注"投入"向重视"过程"发展，留学生的就读经历、就读体验及学习收获渐趋成为衡量留学教育质量首要的、直接的、关键的指标。

一、研究目的

（一）收集、掌握来粤留学生就读经验现状

"大学生是质量的主体，将大学生就读经验作为高等教育质量的重要监控依据并将其整合到高等教育评价活动中去，对实现高等教育质量评估目的有重要的意义。"[1] 国内相关研究显示，当前留学生对来华留学整体满意度不高，缺乏完善的留学生教学体系和教学条件等症结明显。[2] 国内高校留学生教育与本土大学生教育严重脱节的现象普遍存在。作为改革开放的前沿阵地，广东省内留学生的就读经历、就读体验、学习收获现状如何？这是本研究首先试图解决的问题。本研究通过了解来粤留学生的个人背景、学习动机、在校学习等活动的参与度、对校园环境的感知等，全面掌握来粤留学生就读经

---

①周作宇,周廷勇.大学生就读经验:评价高等教育质量的一个新视角[J].高等教育评估,2007(1):28-29.
②张骏.营造国际化教学环境提升高校国际化水平[J].中国高等教育,2010(12):54-55+61.

验现状、学习收获现状，进而探究现实背后的深层影响关系，即影响来粤留学生就读经验的主要因素、各影响因素之间的相互关系以及就读经验对学习收获的影响路径。

（二）评估、诊断来粤留学生教育质量

探究留学教育服务质量，必须选用科学、合理的研究方法客观地展现留学生的就读经验现状，分析其背后复杂的因子关系，解析留学生个人背景、学校环境、观念认同等因素如何作用于其就读经历与就读体验，并最终如何影响留学生的学习收获。当前，国内关于留学生教育问题的研究以宏观、思辨研究为主，缺乏对留学生教育的微观探析及实证检验，尤其是关于来粤留学生的教育质量与体验研究乏善可陈。侧重宏观归纳的理论思辨研究无法评估与诊断具体的教育质量问题，缺少微观实证研究数据支持的理论建议与策略难以关照现实问题，致使当前国内部分留学生教育质量研究拟解决留学生就读过程中出现的问题与症结，但却呈现出了理论与实践相脱节，研究结论欠缺合理性与适切性等现实问题。

本研究以留学生在校学习过程中的经历与体验为切入点，通过对留学生就读过程中的就读经历、就读体验的诸多观测指标进行分析，通过对留学生在就读过程中的学习收获和发展增量进行探究，评估并诊断来粤留学生就读经验及其对留学生学习收获的影响，进而掌握留学生教育质量。在剖析留学生教育各个环节存在的现实问题与改进方案的过程中，本研究还着重观测了在留学生教育研究领域时常被忽略，但却是高等教育系统最核心的环节，即"教与学"的互动情境，旨在深入了解来粤留学生就读过程中的师生互动现状及其对留学生就读经验的影响。

（三）转变、完善留学生教育质量评价方式与体系

传统的留学生教育质量评价聚焦教育资源的投入，包括留学生教育硬件环境的建设与投入，如居住、学习、餐饮等硬件设施的完善与改造；留学生教育软环境的建设，如留学生课程师资的投入等。随着国内外高等教育评价体系的多元化发展、来华留学教育领域的纵深性发展，利益相关者们对留学教育质量的关注也逐渐从单一的"教育投入"视角向"教育过程"及"教育产出"转变。

现阶段，来粤留学生的就读过程犹如一个巨大的"黑箱"，探究来粤留学生就读经验正是揭开这个黑箱、了解留学生学习过程的有益尝试。而着重从留学生感知视角测量留学教育实践活动的成效也正是转变、完善留学生教育质量评价方式和体系的创新实践。留学生就读经验研究聚焦微观个体，将展示留学生在粤高校的就读经历、就读体

验、学习收获等留学教育产出信息，了解留学生就读效果、留学生发展现状及问题，厘清留学教育组织实践各环节及校园环境等各因素对留学生发展的影响路径，进而为改进留学生就读体验、提升留学生学习收获提供具有针对性、适切性的对策。

（四）推动、提升广东高等教育国际化内涵式发展

全面细致了解广东省内高等院校留学生的教育现状与需求，还将为努力缩小来粤留学生在粤留学预期与留学收获之间的偏差，改善来粤留学生的就读体验及留学满意度，探索建立以需求为导向的留学生教育体系奠定基础。留学教育的发展除了受到国家战略、宏观调控的影响，各高等学校自身所提供的留学教育的吸引力和国际竞争力也是制约和影响留学教育可持续发展的关键所在。本研究对留学生就读经验的关注与研究将为高等院校提供一手的、真实的、丰富的理论与实践参考，将有利于广东高校切实改革留学生教育体系现存症结；助力在粤高校突出广东留学生教育的地缘等优势，打造具有地方特色的留学教育品牌；通过建立口碑效应，优化来粤留学生生源质量、层次与结构；提升广东高校留学生教育管理水平，进而推进广东省高等教育国际化建设，提高国际教育服务水平，构建与广东省经济地位、教育规模和水平相适应的来粤留学生教育体系，努力把广东省建设成为留学生来华的重要目的地。

二、研究意义

（一）理论意义

1.充实高等教育学生国际化研究

学生国际化是高等教育国际化的重要组成部分。留学生教育研究是学生国际化的核心之一。在留学教育从规模扩张向内涵发展转变的趋势影响下，在国际留学教育中，留学生主体地位日益提高，留学生的个人就读经历和体验、留学生的学习发展渐趋成为影响国家、影响高等院校国际影响力与竞争力的关键所在，也被广泛认为是评价高等学校留学教育质量高低的重要指标。在高等教育实践中，教育条件的外显性和教育过程、成效的内隐性特征，使得教育条件往往比教育自身更容易受到研究者的关注，有时甚至是本末倒置，这种现象在留学生教育研究领域尤为突出。先前的留学教育研究着重关注留学教育资源的投入，极少探究留学教育过程及留学生就读经历与体验。本研究试图解决来粤留学生教育过程中的症结问题，着重关注留学生就读过程，从留学生就读经验与学习收获的视角探析留学生学习过程，包括学习活动的参与程度、对学校支持的感知等经

历与体验，以开拓留学生就读经验与学习收获研究，进而充实高等教育学生国际化研究。

从理论层面而言，留学生就读经验的调查研究提供了一个测量、评价留学生教育质量的新视角，丰富了我国"学生参与理论"研究的适用范围，充实了留学生教育质量评价研究及高等教育国际化理论研究。聚焦来粤留学生的学情，重在结合我国的具体国情、高校的具体校情，掌握留学生在粤就读经历，了解留学生就读体验及收获，描述来粤留学生就读经验现状，探析影响因素及其相互作用的具体路径，以通过实证研究进一步丰富"学生参与理论""院校影响因素理论"在高等教育国际化发展中的实践，并为留学生就读经验与学习收获研究领域提供理论分析框架与模型。

2. 探寻留学生发展规律

留学生学习过程是一个动态的、多维的社会活动过程。留学教育质量研究不仅要对留学生学习收获进行测量，更要对其学习过程给予关注和深度挖掘。通过聚焦留学生学习动机、就读经历、就读体验、学习收获等与留学生教育教学相关的要点，探析高校留学生就读学习过程的特征与规律，对高等学校留学教育质量评价具有重要而深远的意义。知悉留学生就读经历、学习体验及其对留学生学习收获的影响，才能够探明留学生就读现状，掌握留学生学习发展规律。本研究将观察和测量高校留学教育的具体实施状况，如学校硬件环境是否符合留学生的特点和需求，课堂教学组织是否得当、有效，留学生是否认同学校留学生教育工作，留学生能否有效地利用学校给予的各种资源等问题，以探明高校留学教育教学过程中存在的薄弱环节和不足之处。

此外，来粤留学生就读经验的发展是否有规律可循？来粤留学生的就读经验是否呈现出明显的地域特征？理论模型是否适切于留学生教育现状，能否预测留学生就读经验、解释影响因素的作用关系及作用路径？上述追问也是本研究关注的问题，实则可以归纳为"来粤留学生的发展规律"。解释现象的终极目的与意义是探寻现象背后的规律，这也是本研究的重要理论意义。本研究对探明留学生教育教学过程、理解留学生就读经验具有重要意义，对目前十分匮乏的来华留学教育微观问题研究而言是一次关键的探索和重要的补充，研究取得的数据结果与分析也将进一步丰富和阐释留学生教育研究理论及分析框架。

（二）现实意义

有价值、有意义的人文社科类学术研究应该反映现实，关照现实；应该有利于解决现实矛盾，回答现实课题。本研究聚焦微观实践，现实意义显著。

1. 紧扣留学生教育质量内涵发展

在21世纪前30年，中国高等教育要从树立高等教育的"质量意识"，到走向"质量革命"，进而达成"质量中国"。"质量意识、质量革命、质量中国"是建设中国高等教育质量文化的重要路径。[①] 中国的高等教育已经迈入"全面提高高等教育质量"的时代。[②] 留学生教育是中国高等教育的重要组成部分，在新时代背景下，来华留学生教育逐渐从发展迈向成熟，从成熟走向卓越的内在动力正是对留学生教育质量的不断探索与追求。

来粤留学生就读经验与学习收获研究紧扣留学生教育质量内涵发展。留学生就读经历是留学生教育质量及高等学校教育国际化发展程度的体现；留学生的就读体验是高等学校留学教育服务质量的反映；留学生学习成效是留学教育教学质量评估的重要指标。掌握留学生学习特征是提升留学教育教学质量的重要依据，是提升留学教育质量的重要突破口，对于提升高等院校及所在地区的国际竞争力和影响力具有深远的现实意义。此外，以留学生就读经验调查为载体的高校留学生教育质量评价也将丰富留学生就读经验的理论研究与实践探索，完善高校留学生教育质量评价体系建设，进而为推动留学生教育质量内涵式发展、留学教育可持续性发展提供现实参考与决策依据。

2. 促进留学教育质量主体回归

"讨论本科生教育教学质量问题，可以有三种视角：一是教育行政领导、教学管理层面的角度，着眼于教育过程的质量控制和流程控制以及教育'产出'的质量检测、质量评价；二是社会用人单位即'雇主'的角度，着眼对大学毕业生的知识、能力与社会需求、职业需求甚至岗位需求的切合程度；三是大学生成长与发展的角度，不仅评析其毕业后就业的比例，而且评价其就业的质量，更进一步衡量其未来可持续发展的能力。就目前而言，从第一、第二个角度切入的研究居多，而鲜见从学生角度出发的研究。"[③] 英国学者弗雷泽（Malcolm Frazer）认为："高等教育质量是一个复杂的思想，人们可以从各自的角度对其做出不同的理解。但有一点是毋庸置疑的，高等教育质量首先是指学生发展质量即学生在整个学习历程中所学的'东西'（所知、所能做的及其态

① 吴岩司长在高等学校专业设置与教学指导委员会第一次全体会议上的讲话[EB/OL].(2019-06-20)[2019-12-23]. https://mp.weixin.qq.com/s?biz=MzA4MDA3NTU4MA==&mid=2651991611&idx=1&sn=d38a62ce51914842c6a1d71b6359c38f&chksm=844f4068b338c97ebc73bf153d19c5879fe2c649c0e624196562d96e6a43fa06f8c3505bd0a7&mp-share=1&scene=23&srcid=#rd.htm.

② 吕林海.大学生深层学习的基本特征、影响因素及促进策略[J].中国大学教学,2016(11):70-76.

③ 龚放.大一和大四:影响本科教学质量的两个关键阶段[J].中国大学教学,2010(6):17-20.

度）。学生在认知、技能、态度等方面的收益是衡量教学质量的核心标准。"① 现阶段我国留学生教育质量发展存在的主要问题正是"从学校管理者角度自上而下地谈质量"，忽视了包括留学生自身在内的其他利益相关者的视角，尤其在全球化和国际化的背景下，留学教育作为服务性产业，留学生作为消费者和顾客，其主体地位不容忽视，因此在高等教育国际化及留学教育质量保障与评价过程中必须考虑留学生的主体角色，关注留学生学习发展，重视以留学生就读经验、学习收获为导向的高等教育质量评价取向。无论是本国学生还是留学生，作为高等教育利益主体，其基本价值诉求就是追求自身的全面发展。②

然而，在目前我国教育国际化及留学生培养质量评价中，留学生自身的主体地位和在留学教育质量评价中的重要作用并未得到充分体现。留学生就读经验调查研究正是促进留学教育质量主体回归，转变留学生教育质量评估方式，完善留学生教育质量体系建设的有益尝试，也是持续提升来粤留学生就读体验、提高来粤留学生的培养质量、提升来粤留学生教育竞争力的重要实践。本研究立足于留学生主体感知的就读经历与体验，从留学生视角入手探讨来粤留学生教育质量，通过就读经验与学习收获研究，掌握留学生学习现状、在粤高校所提供的留学教育支持与服务现状；明晰来粤留学教育发展过程中存在的主要问题；探究来粤留学生的就读经验对学习收获的影响，进而为在粤高等院校完善留学生教学与管理提供实证数据和对策建议。

3.丰富来粤留学生教育研究论据

纵览教育发达国家高等教育质量评估方法与技术，"用证据说话"已成为高等教育领域质量评估的新趋势。③ 学生的就读经验和学习收获是高等学校教育质量评估的重点。相较于本国学生，留学生是一个更加多元的群体，留学生在就读过程中，以不同的行为方式感知、体验留学生活。对留学生的就读经历、就读体验与学习收获，以及在学习过程中的人际交往等互动活动进行观测与分析，将为留学教育研究及质量评价提供具体、翔实的论据。

目前国内有关留学生群体"教与学"实践的实证研究极少，针对留学生就读经历、就读体验及收获的实证研究更加匮乏。现有研究主要关注北京市、上海市、浙江省、云南省等经济发达省市或少数民族聚集省份的留学生，鲜有聚焦来粤留学生。对来粤留学

① 陈玉琨,等.高等教育质量保障体系概论[M].北京:北京师范大学出版社,2004:59.
② 史秋衡,等.高等教育大众化阶段质量保障与评价体系研究[M].广州:广东高等教育出版社,2012:89.
③ 别敦荣,易梦春,李志义,等.国际高等教育质量保障与评估发展趋势及其启示:基于11个国家（地区）高等教育质量保障体系的考察[J].中国高教研究,2018(11):35-44.

生就读过程，尤其是留学生的就读经历、就读体验与学习收获的关注不足，缺乏论据，尚难提供客观证据以准确回应社会对来粤留学生教育质量与发展水平的关切。可见，来粤留学生群体亟待观测与探究，能够反映来粤留学生就读现状的就读经验数据论据亟待丰富与发展。本研究尝试突破这一局限，对来粤留学生的就读经验等学情进行全面掌握，努力填补来粤留学生研究的空白。

4.促进研究着眼"过程"，深入"微观"

国际留学教育研究呈现向微观研究发展的态势，留学生的学习现状及质量日益受到关注，留学教育研究与留学生教学的关系日益紧密。[①] 基于"以学生为中心"的留学生的就读经验研究是高等教育国际化，尤其是学生国际化领域日益受到关注的微观议题，是对留学生利益的重视和重新审视，是检验留学生教育质量的重要风向标。随着我国教育对外开放程度的逐步扩大，来华留学教育教学研究也将逐渐向纵深发展，留学教育改革需要注重制度的改革、资源组合方式的调整，更要促使改革的中心渐趋发展至学校教育的核心，即课堂教学。课堂是为学生而建构，学生是课堂的主人，在课堂上自主学习，完善自我，升华人格修养，锻炼意志品质，提高能力水平，完成个人社会化的过程。[②] 一切有利于学生学习发展的教育教学改革都起始于课堂，可以说，课堂教学决定教育质量，决定学生的培养质量。对于留学生而言，课堂是留学生就读经历、就读体验和学习收获产生与发展的最重要的场所之一，课堂质量是留学生教育质量的重要组成部分。[③] 当前国内聚焦留学生课堂的微观研究十分匮乏，留学生课堂教育生态现状和特征尚未得到足够关注。本研究以"教与学过程"为观测目标，是推动来华留学教育研究深入微观教学领域的重要尝试。深入留学生学习的"微观环境"，关注留学生就读过程的研究有助于全面掌握留学生就读现状，发现留学生就读过程中存在的问题，了解留学生的个体特征与就读经验的影响关系。也只有基于上述实证数据，留学生就读过程中的矛盾与症结才能被准确把握，利益相关者们才能据此构建更加适切的留学生培养模式，切实推进留学生教育高质量、可持续发展。

5.诊断、改进和提升来粤留学生教育质量

高等教育的本质是育人，高等教育的永恒追求是质量。作为高等教育的重要组成部

①IAN BACHE, RICHARD HAYTON. Inquiry-based learning and the international student [J]. Teaching in Higher Education, 2012(4):411-423.
②别敦荣.大学课堂革命的主要任务、重点、难点和突破口[J].中国高教研究,2019(6):1-7.
③文雯,陈丽,陈强,等.课堂学习环境与来华留学生学习收获的研究:以清华大学为例.[J].清华大学教育研究,2014(2):107-113.

分，留学生教育质量也是留学生教育发展的内在动力和终极追求。留学生教育的内涵发展以"留学教育发展人"为旨意，促进教育活动有效性提升。从教育目标来看，留学生的发展是留学教育的本质属性；从教育过程来看，留学生的"进""出"应以"质量"为标准；从教育内容而言，留学生的就读体验、学习收获应为留学教育的重要着力点。通过留学生参与各项学习活动的程度、留学生对院校提供的软硬件支持的感知和体验，以及留学生学习收获来诊断留学生教学质量的调查研究，其产生和发展意味着对高等教育质量本质的深刻认识，对国际化进程中留学教育质量的重新理解。采用一种信度和效度较高的测量工具来检测学校留学教育对留学生就读经历和就读体验的影响，有助于全面掌握来粤留学生就读现状信息数据，了解不同背景的留学生在就读过程中和在课堂学习、课外活动等各方面的参与和收获的差异性；分析留学生教育实践活动的有效性；为各界探索来粤留学生教育质量问题提供参考；为高等院校改善留学生就读经验、制定适切性的留学生教育教学政策提供第一手资料。

综上，本研究具有显著的现实意义。留学生教育是高等教育国际化的必要条件，是我国高等教育的重要组成部分。留学生教育具有重大的政治意义和文化价值，是传播中国优秀传统文化、中国价值理念的重要平台；留学生教育也具有巨大的经济效益，留学生教育的高质量发展有助于变革高校教育资源结构，推动地方与国家经济发展。此外，留学生教育的可持续发展对高校国际化发展具有积极的推动作用，同时也是高校国际竞争力与影响力的重要体现。本研究结果将为我国高等教育国际化，尤其是高等教育学生国际化发展提供现实依据；为高等院校留学生教育，尤其是广东省高校留学生教育实践提供参考与启示。

第三节　文献综述

我国自1950年起开始接收来华留学生，随着经济、社会生活和教育文化事业的发展、我国国际化水平的逐步提高，国家在来华留学生教育资金上的投入和政策的扶持力度不断增大，来华留学生规模日趋扩大，来华留学教育研究不断发展。本研究主要包含两个核心关键词，即"留学生"和"就读经验"。本节对国内外留学生教育研究，国内外留学生就读经验、学习收获研究的相关文献进行了"由面至点""先分再合"的层层递进式梳理与述评。

一、国外留学生教育研究述评

国外有关留学生教育的研究发端较早，成果较为丰富。利用数字图书馆搜索引擎搜集外文文献，发现国外关于留学生教育研究的主要期刊如下：

表1-7：留学生教育研究相关国际期刊

期刊名称	JCR分区（排名）	期刊名称	JCR分区（排名）
Higher Education	Q2(62)	*Studies in Higher Education*	Q2(65)
Journal of Studies in International Education	Q2(92)	*Higher Education Research and Development*	Q2(106)
Compare: A Journal of Comparative and International Education	Q3(131)	*Teaching in Higher Education*	Q3(157)
Higher Education Policy	Q3(168)	*Journal of College Student Development*	Q4(182)
Journal of College Student Development	Q4(184)	*Research in Comparative and International Education*	
Journal of Higher Education Policy and Management		*Globalization, Societies and Education*	
Journal of Research in International Education		*College Student Journal*	

注：JCR分区是JCR数据库按影响因子划分的四个区域。

（一）国外留学生教育研究的主要议题

通过系统的文献梳理，发现国外留学生教育研究的主要议题与研究现状如下：

1.留学生流动研究

留学生的流动研究一直以来都是学生国际化领域中的热点问题，在近十年的留学生教育研究中始终保持着热度，呈现出从国际社会、政府视角为主的宏观研究，向学校、教学、科研等中观层面，以及留学生个体等微观层面转变的趋势。国际学者围绕高等教育国际化与国际学生流动中的新进展、新影响、新办法等热点问题，从不同理论视角开展研究，具体特点如下：

（1）流动因素研究仍占据主流

随着经济全球化、高等教育国际化的不断深入，各国、各地区的学生流动逐渐呈现出新趋势。作为传统留学生接收大户的北美国家吸引留学生的增势放缓，欧洲教育一体化进程加快，亚洲成为新兴留学目的地的趋势显现，学生流动趋势呈现多极化发展，而这些变化又在一定程度上影响着国家教育战略的调整和资源的重新分配。卡鲁索和德维特（Raul Caruso and Hans de Wit）聚焦1998年至2009年，主要研究这一期间欧洲33个国家的学生流动的决定因素。[①]魏浩（Hao Wei）采用实证研究的方法，基于1999年至2008年间48个国家（地区）的数据分析留学生流动因素，发现国家之间的商品贸易量有助于留学生跨境流动。来自发展中国家的留学生将同等发展中国家的教育和经济因素作为潜在目的地的考虑因素，而发达国家只考虑经济因素；来自发达国家的留学生不仅考虑发展中国家的教育因素，同时也将经济因素纳入考量。[②]克里茨（Kritz）从宏观层面考察了学生流动的国别差异及差异的相关性，提出了国家经济结构因素在塑造国家出境流动比率方面的重要性，认为留学生的流动性与派遣国第三方供应量呈负相关关系，人均国内生产总值较高的国家留学生较多，另外，与其他国家相比，西班牙语和葡萄牙语国家的留学生较少。[③]恩西纳斯和波米达（Encinas and Pomeda）采用LDA（隐含狄利克雷分布）概率主题模型，对59 662位留学生的出国留学需求进行归类分析，为留学生提供了客观的、切实的、可参考的留学指南。[④]

（2）学生流向研究发生位移

由非英语国家向英语国家流动是以往学生流动研究的主要议题，随着跨国高等教育市场竞争日趋激烈以及学生流动趋势多极化发展，近十年来，国际学者对新兴教育中心及中小留学目的地的研究日益增多。约兰塔等（Urbanovič Jolanta, Wilkins Stephen, Huisman and Jeroen）聚集东欧国家立陶宛，分析立陶宛高等教育系统的利益相关者对其国际化战略的观点，对该国力求大幅度提高留学生规模的策略的优劣势进行了考察，此类研究为其他小国提供了示范效应；艾哈迈德和侯赛因（Ahmad and Hussain）以推拉因子理论为分析基础，运用层次分析法考察了留学生选择阿联酋作为留学目的地的原

①RAUL CARUSO, HANS DE WIT. Determinants of mobility of students in Europe: empirical evidence for the period 1998−2009 [J]. Journal of Studies in International Education, 2015(3):265-282.

②HAO WEI. An empirical study on the determinants of international student mobility: a global perspective [J]. Higher Education, 2013(1):105-122.

③KRITZ M M. Why do countries differ in their rates of outbound student mobility? [J]. Journal of Studies in International Education, 2016(2):99-117.

④ ADRIANA PEREZ-ENCINAS, JESUS RODRIGUEZ-POMEDA. International students' perceptions of their needs when going abroad: services on demand [J]. Journal of Studies in International Education, 2018(1):20-36.

因，协助阿联酋教育机构制定吸引留学生的营销策略；[①]珍妮等（Lee Jenny and Sehoole Chika）对南非境内的7所大学的留学生进行调查，发现学生流动至南非的主要理论依据是人力资本和地缘政治理论，留学生的生源国的地理位置呈现出显著的差异；[②]亚萨尔（Kondakci Yasar）对331名在土耳其公立大学的留学生进行实证研究，分析土耳其留学教育的动因与特点。[③]

（3）流动项目研究日益丰富。

聚焦具体国际学生流动项目的案例研究是国际留学生教育研究的议题之一。传统国际教育强国资助的留学生交流项目一直以来是被关注与研究的重点。如，甘布尔等（Natalie Gamble, Carol Patrick and Deborah Peach）采用案例研究的方法分析澳大利亚吸引国际学生的策略，着重研究格里菲斯大学旗舰工业合作伙伴计划（IAP）和昆士兰科技大学（QUT）项目，考察了澳大利亚通过"工学结合"吸引国际学生参与的课程嵌入全过程，探讨了澳大利亚高等院校寻求与各组织合作，以培养能够应对不断变化的经济环境和在不确定时期为全球组织建设助力的毕业生的意义。[④]

欧盟伊拉斯谟计划促进国际学生流动，提振了欧洲疲软的经济，为学生和教育旅游市场稳步增长提供了机遇。该交流计划因其广泛的影响力和显著收益在近些年备受学者关注。卡洛斯（Rodríguez González Carlos）等针对伊拉斯谟计划进行实证研究，分析促使学生流动的主要因素；[⑤]米哈（Lesjak Miha）也聚焦伊拉斯谟计划，对来自欧洲26个国家的360位参与该计划的留学生进行动机调查，研究发现学生的个人及专业成长的欲望是驱动其选择该计划的主要原因，学生对学习目的地的选择同时也受到目的地的基础设施、形象、生活方式和商业化程度以及旅游等因素的影响。[⑥]

随着全球化与国际化趋势的深入，发展中国家资助的交流项目也渐趋受到国际学生的关注。如劳拉（Perna Laura）等采用个案研究的方法，探讨参与"哈萨克斯坦博拉沙

---

①SYED ZAMBERI AHMAD, MATLOUB HUSSAIN. An investigation of the factors determining student destination choice for higher education in the United Arab Emirates [J]. Studies in Higher Education, 2017(7):1324-1343.

②LEE JENNY, SEHOOLE CHIKA. Regional, continental, and global mobility to an emerging economy: the case of South Africa [J]. Higher Education, 2015(5):827-843.

③KONDAKCI YASAR. Student mobility reviewed: attraction and satisfaction of international students in Turkey [J]. Higher Education, 2011(5):573-592.

④NATALIE GAMBLE, CAROL PATRICK, DEBORAH PEACH. Internationalising work-integrated learning: creating global citizens to meet the economic crisis and the skills shortage [J]. Higher Education Research and Development, 2010(5):535-546.

⑤RODRÍGUEZ GONZÁLEZ CARLOS, BUSTILLO MESANZA, RICARDO, et al. The determinants of international student mobility flows: an empirical study on the Erasmus programme [J]. Higher Education, 2011(4):413-430.

⑥LESJAK MIHA. Erasmus student motivation: why and where to go? [J]. Higher Education, 2015(5):845-865.

克学者计划"(Kazakhstan's Bolashak Scholars Program)的留学生的特点，观察并探究促进和限制参与该计划的具体情境，提出留学生参与交流项目的"适当理论"，倡导在政府资助的流动计划中需要充分考虑国家文化、经济和政治背景如何影响留学生参与各类留学计划。[①] 此类调查研究聚焦现实，其研究结果为高等教育国际化领域提出了一些新的问题，例如，如何制定一个国际学生流动计划，使其在特定的国家范围内对留学生个人和社会均达到利益最大化。

2. 留学生文化适应研究

美国、加拿大、澳大利亚、英国等国的留学教育发展较为成熟，在不断扩大的留学教育红利刺激下，留学教育研究也已由宏观流动研究转向中观留学生文化体验与适应研究。通过梳理文献，发现国际学界目前对留学生文化适应研究主要集中于下述两个方面，即"异国社会文化体验与适应研究"及"留学生社交心理适应研究"。

（1）关于异国社会文化体验与适应研究

由于留学生群体身份的特殊性，留学生的跨文化适应研究一直是留学生教育研究领域的热门议题。学者们从不同视角入手开展相关研究，有的学者从教育文化学视角研究不同留学生群体的文化差异及其适应性；[②] 有的学者从社会行为学角度探析留学生群体文化适应态度对其学术行为的影响；[③] 也有学者针对具体留学生群体开展个案研究，如针对在加拿大留学的中国留学生的个人文化适应与转变进行研究，[④] 对美国3所大学的留学生民族文化认同感的变化进行研究。[⑤] 安德雷德（Andrade）的研究指出英语语言能力对留学生的社会适应至关重要。[⑥] 李和莱斯（Lee and Rice）的研究发现留学生在留学过程中遇到的问题不仅仅是文化适应问题，且文化适应问题不能仅归咎于留学生，

① PERNA LAURA, OROSZ KATA, JUMAKULOV ZAKIR, KISHKENTAYEVA MARINA, ASHIRBEKOV ADIL. Understanding the programmatic and contextual forces that influence participation in a government-sponsored international student-mobility program [J]. Higher Education, 2015(2):173-188.

② SIGNORINI PAOLA, WIESEMES ROLF, MURPHY ROGER. Developing alternative frameworks for exploring intercultural learning: a critique of Hofstede's cultural difference model [J]. Teaching in Higher Education, 2009(3):253-264.

③ SHAFAEI AZADEH, NEJATI MEHRAN, QUAZI ALI, HEIDT TANIA. "When in Rome, do as the Romans do" Do international students' acculturation attitudes impact their ethical academic conduct? [J]. Higher Education, 2016(5):651-666.

④ WANG YINA. Transformations of Chinese international students understood through a sense of wholeness [J]. Teaching in Higher Education, 2012(4):359-370.

⑤ JESSICA BATTERTON, SHERRI L HORNER. Contextual identities: ethnic and national identities of international and American students [J]. Journal of Studies in International Education, 2016(5):472-487.

⑥ ANDRADE M S. International students in English-speaking universities: adjustment factors [J]. Journal of Research in International Education, 2006(2):131-154.

留学教育的举办国也应该承担相应的责任。①

（2）关于留学生社交心理适应研究

人际交往是留学生在异国学习过程中的重要活动之一。许多学者从教育心理学、社会心理学等不同学科视角剖析留学生社交心理体验与调试过程。西蒙·马金森（Simon Marginson）基于跨文化心理学研究，发现留学生身份的自我形成过程是留学生在就读过程中在本国身份、东道国身份以及更大的国际化环境选择之间形成自我轨迹的过程，该研究认为国际教育计划亟须加强留学生的选择自由，以促进自我形成的这一教育过程。②也有学者聚焦特定关系的发展研究，如保罗（Paul）针对留学生与本地学生的交往过程及关系进行研究；③伊丽莎白（Elizabeth）等聚焦留学生与导师的合作和交往过程及关系的发展与变化。④

3. 留学生管理策略研究

留学生管理策略研究主要包括留学生培养研究和留学生管理研究，前者侧重课程建设与学业发展，如国际课程的实施研究、留学生学业成绩的影响因素研究等，而后者聚焦留学教育管理机制，如留学生选拔机制、资金支持计划、安全管理机制、治理模式研究等。海伦与克里斯（Helen and Chris）借鉴布尔迪厄文化与权力观对澳大利亚大学给予留学生资助的现状进行研究，发现澳大利亚为了建立和维持研究声誉，为留学生提供的资助服务经费不足，导致选择澳大利亚高排位大学的学生可能得不到他们所要求的支持服务；⑤马金森（Marginson）对留学生的人权进行探讨，认为跨境留学生处于"灰色地带"的监管下，人权、安全和能力不足，存在非公民身份和文化差异导致的信息不对称、沟通困难等困境，致使留学生属于弱势群体，亟须世界关注和权利规约；⑥海伦（Forbes Mewett Helen）基于权变理论，分析澳大利亚某高校组织结构与支持服务对留

①LEE J, J RICE C. Welcome to America? international student perceptions of discrimination [J]. Higher Education, 2007(3):381-409.

②SIMON MARGINSON. Student self-formation in international education [J]. Journal of Studies in International Education, 2014(1):6-22.

③J PAUL GRAYSON. The experiences and outcomes of domestic and international students at four Canadian universities [J]. Higher Education Research and Development, 2008(3):215-230.

④MARQUIS ELIZABETH, BLACK CHRISTINE, HEALEY MICK. Responding to the challenges of student-staff partnership: the reflections of participants at an international summer institute [J]. Teaching in Higher Education, 2017(6): 720-735.

⑤FORBES MEWETT HELEN, NYLAND CHRIS. Funding international student support services: tension and power in the university [J]. Higher Education, 2013(2):182-191.

⑥SIMON MARGINSON. Including the other: regulation of the human rights of mobile students in a nation-bound world [J]. Higher Education, 2012(4):497-512.

学生安全的影响；[①] 刘威等（Liu Wei and Lin Xiaobing）比较研究加拿大和中国大学在留学生服务方面的不同治理模式，通过实证数据的比较分析发现，加拿大的留学生服务属于分散的反应型模式，而中国高校则多实行的是更为集中的主动型模式，文章还讨论了加拿大大学借鉴中国制度的可能途径。[②]

综上，国外的留学生教育研究议题较为广泛，涉及留学教育领域的各个方面，既有宏观的流动研究，也有中观的院校管理机制研究，而且近年来越来越多的微观研究深入至留学生课堂、不同的留学生群体。

（二）国外留学生教育研究的主要理论

通过文献梳理发现，国外留学生教育研究涉及的理论较为丰富，相关留学生文献中，被引述频次最多的理论依次为经济学中的推拉理论（Push-Pull Theory）、人力资本理论（Human Capital Theory），社会学与心理学中的跨文化交际理论（Intercultural Communication Theory）、人类学理论(Anthropological Theory)，生物生态学理论（Bio-ecological Theory）。部分研究还考察了移民理论、人类发展理论及伦理学理论在留学生适应问题和留学生教育管理问题中的解释效力。从当前的研究来看，国际学者对学生国际化的理论框架建构主要依托跨学科理论。研究者多基于不同的学科背景和研究兴趣，通过借鉴和迁移其他学科（如心理学、语言学、社会学、经济学、人类学、生态学等）理论解释留学生教育问题。其中不乏具有创新性的理论框架应用，然而也有不少研究者仍旧停留在理论的简单借用，缺乏科学性的佐证。

（三）国外留学生教育研究的主要研究方法

根据Lopez-Fernandez等对教育研究方法的划分标准，将教育研究分为实证研究和非实证研究，实证研究又分为质性研究、定量研究和混合研究等类别。[③] 国外留学生教育研究以实证研究为主，非实证研究为辅。在实证研究收集数据过程中半结构访谈与问卷调查法被广泛使用，观察法、实验法与测量法也是常见的研究方法；在分析数据过程中，国际学者则以统计分析法、计算机法、理论模型及逻辑法居多。珍妮·罗素等（Russell Jean, Rosenthal Doreen and Thomson Garry）通过问卷调查墨尔本城市大学979

①FORBES MEWETT HELEN. The impact of regional higher education spaces on the security of international students [J]. Higher Education Research and Development, 2016(1):115–128.

②LIU WEI, LIN XIAOBING. Meeting the needs of Chinese international students: is there anything we can learn from their home system? [J]. Journal of Studies in International Education, 2016(4):357–370.

③OLATZ LOPEZ-FERNANDEZ, JOSE F MOLINA AZORIN. The use of mixed methods research in the field of behavioural sciences [J]. Quality and Quantity, 2011(6):1459–1472.

名留学生的"幸福感"，并基于类型学的划分机理对21项措施的反应集群分析确定了三种不同的模式：积极和相关模式、无关和压力模式、痛苦和冒险模式。[①]巴特和西蒙（Rienties Bart and Beausaert Simon）对荷兰5所商学院的958名国际学生进行跨机构比较，通过学生适应（SACQ）等调查问卷测评与归纳，发现对不同种族的留学生而言，影响其学业成绩的因素差异较大。[②]如上述研究所示，当前国外留学生教育研究方法以实证研究为主，主要通过量表观测研究目标问题。

（四）国外留学生教育研究的主要研究对象

从研究对象的国籍来看，基于国际留学生流动群体的特征，中国、印度、韩、日等国为代表的亚洲和中东地区留学生是当前国外留学教育研究的热门对象。马修（Bamber Matthew）对中国女性学生选择英国留学的动机进行研究；[③]李和金（Lee Jenny and Kim Dongbin）聚焦在美国学习的韩国博士留学生；[④]罗宾等（Sandekian Robyn E., Weddington Michael and Birnbaum Matthew）对在美国留学的沙特女性留学生的学习经历和体验进行研究，发现研究对象在语言能力、与男性互动、与教师关系等方面表现出显著不同的体验与满意度。[⑤]由于国外留学生教育研究领域的研究主体仍主要是美、英、澳、加等国际教育发达国家的高等院校和研究机构，在上述国家接受国际教育的留学生得到了较多的关注，如在美国的中国学生的文化适应问题、在澳大利亚的中国学生的语言适应问题、中国学生与非华裔学生的学业成绩影响因素的差异比较研究、中东和美英本科生的就读经历比较研究等。与此形成鲜明对比的是，极少国际学者将研究目光投放于中国土壤，国际期刊有关在华留学生的实证研究数量较少。

从研究对象的学历层次来看：本科、硕士和博士研究生，三个层次的留学生在近十年的国外留学教育研究中均被给予了关注与研究。从研究对象的专业来看，STEM（科学、技术、工程和数学教育）专业的留学生备受关注。科技浪潮推动了世界STEM领

---

① RUSSELL JEAN, ROSENTHAL DOREEN, THOMSON GARRY. The international student experience: three styles of adaptation [J]. Higher Education, 2010(2):235-249.

② RIENTIES BART, BEAUSAERT SIMON. Understanding academic performance of international students: the role of ethnicity, academic and social integration [J]. Higher Education, 2012(6):685-700.

③ BAMBER MATTHEW. What motivates Chinese women to study in the UK and how do they perceive their experience? [J]. Higher Education, 2014(1):47-68.

④ LEE JENNY, KIM DONGBIN. Brain gain or brain circulation? U.S. doctoral recipients returning to South Korea [J]. Higher Education, 2010(5):627-643.

⑤ SANDEKIAN ROBYN E, WEDDINGTON MICHAEL, BIRNBAUM MATTHEW. A narrative inquiry into academic experiences of female Saudi graduate students at a comprehensive doctoral university [J]. Journal of Studies in International Education, 2015(4):360-378.

域的飞速发展。英美等发达国家STEM领域毕业生的良好发展前景吸引了大批的国际生源，其中热情最高的莫过于亚洲留学生。2016年4月，学生与交流访问学者项目（SEVP）公布的国际学生分布报告显示，在美国就读STEM专业的国际留学生中有87％来自亚洲。国际学者们对STEM专业留学生，尤其是来自亚洲的留学生给予了最多的关注。沃尔什·伊莱恩（Walsh Elaine）对在英国高校STEM专业的博士留学生进行了文化适应、语言体验等研究；[①]福川孝雄等（Furukawa Takao, Shirakawa Nobuyuki and Okuwada Kumi）运用定量研究的方法，观测7 000名STEM专业留学生的发展轨迹，探析世界级研究型大学各类工程领域的流动性以及大学排名与学生流动之间的关系，发现在计算机视觉和机器人领域，世界高校排名是研究生流动的绝对拉动因素；[②]塔姆和苏珊（Le Tam and Gardner Susan K.）对美国研究型大学STEM专业的亚洲博士生进行调查研究，分析了学习体验对留学生取得博士学位的影响，研究过程中发现STEM领域的亚洲国际博士生常常面临着科研资金短缺等系列问题。[③]

二、国内留学生教育研究述评

（一）国内留学生教育研究的主要议题

囿于我国高等教育对外开放的进程以及来华留学教育的发展历史，国内对留学生教育的研究起步较晚。经过文献梳理发现国内学者对留学生教育的研究主要集中在以下议题：

1.来华留学教育发展历程及现状研究

国内学者多从宏观层面对留学教育发展的历史进程、质量现状及存在的问题进行回顾、归纳和总结。胡志平（2000）、徐瑞君（2003）、崔希亮（2008）、崔庆玲（2008）、程家福（2009）、邓秀华（2003）、姚云（2010）、蒋凯（2010）、栾凤池和马万华（2011）、赵金坡（2011）、郑刚（2013）、王军（2014）、刘宝存和张继桥（2017）、王辉耀（2014）、栾凤池（2018）、哈巍和陈东阳（2018）等分别从历史发展等角度，针对不同时期、不同背景下的来华留学教育结构、教育问题、与发达国家留学教育存在的现实

[①]WALSH ELAINE. A model of research group microclimate: environmental and cultural factors affecting the experiences of overseas research students in the UK [J]. Studies in Higher Education, 2010(5):545-560.

[②]FURUKAWA TAKAO, SHIRAKAWA NOBUYUKI, OKUWADA KUMI. An empirical study of graduate student mobility underpinning research universities [J]. Higher Education, 2013(1):17-37.

[③]LE TAM, GARDNER SUSAN K. Understanding the doctoral experience of Asian international students in the science, technology, engineering, and mathematics (STEM) fields: an exploration of one institutional context [J]. Journal of College Student Development, 2010(3):252-264.

差距、转型发展等议题，运用历史演绎法、归纳总结法、文献计量法等研究方法进行宏观阐释。董立均（2015）则以生态学原理为研究框架，试图对来华留学教育中存在的结构失衡、功能缺位和质量失调等制约来华留学生教育发展的严重问题进行破解。[①]研究普遍认为，我国来华留学生教育发展面临着教育层次偏低、学生所学专业和来源国别分布不平衡、战略地位未得到足够重视、政策和规章制度不适应发展需要等一系列瓶颈问题，提出了包括政府加快体制创新、建立与我国的国际地位和教育规模相匹配的来华留学教育体系和工作机制、加大留学生教育的扶持力度、加大政府奖学金规模和力度、放宽来华留学优秀毕业生的实习工作政策、允许优秀外国留学毕业生留华工作和生活；建立来华留学预备制度、健全来华留学服务体系；高校深化改革，完善院校留学教育发展规划、主动承担留学生教育发展重任、提供各具特色的教育与服务、加强学科专业实力、增加国际语言授课课程、培养国际化师资队伍，以及搭建良好的海外合作关系、提高教育国际化程度及实施吸引留学生的专项计划和示范工程等提高留学教育核心竞争力的系列措施和建议。

2.来华留学教育政策研究

教育政策是一种有目的、有组织的动态发展过程，是政党、政府等政治实体在一定历史时期，为实现一定的教育目标或任务，而协调教育的内外关系所规定的行动依据和准则。[②]教育政策研究也是高等教育国际化领域的组成部分。不少学者聚焦来华留学教育政策研究。如，王剑波（2004）、江彦桥（2005）、彭术连（2009）从政策视角剖析新中国成立以来我国留学教育的发展脉络，以及国家对外教育政策对来华留学教育的显性和隐形影响。覃壮才（2006）从教育服务的视角研究了面向东盟的来华留学教育政策路径，并提出了宏观性建议。[③]刘扬、王怡伟（2011）使用量化与国际比较的研究方法，回顾和分析了改革开放以来来华留学教育的政策变迁和实践发展，提出改进来华留学教育质量的建议。[④]郑刚、马乐（2016）聚焦2004年至2014年的来华留学教育数据，结合政策分析归纳了"一带一路"沿线国家来华留学发展特征与趋势，指出沿线国家来华留学生教育还存在总体规模偏低、结构有待优化、资助体系尚未建立、招生方式单一等问题；提出推动沿线国家来华留学生教育重在创新工作机制，提高高校的参与度，开设

---

①董立均.来华留学生教育生态及其优化研究[D].吉林:东北师范大学,2015.

②孙绵涛.教育政策学[M].武汉:武汉工业大学出版社,1997:10.

③覃壮才.面向东盟的来华留学教育政策路径选择[J].比较教育研究,2006(9):83-87.

④刘扬,王怡伟.我国的来华留学教育政策与实践[J].高教发展与评估,2011(6):73-80,136.

特色学科专业和课程，创新培养模式，提升教学质量。[1]王永秀、谢少华（2017）阐述了新中国成立后来华留学教育政策变迁的四大特征，并提出完善政策的意见。[2]刘宝存、张继桥（2018）梳理并归纳了改革开放四十年来华留学教育政策演进的五大特征，并对来华留学教育政策存在的问题进行分析，对政策的未来走向提出建议。[3]

3.来华留学生文化适应研究

鉴于留学生身份的特殊性，跨文化研究一直是留学教育研究中的热点议题。长期以来国内学者侧重以心理学理论及视角为基础研究学生的跨文化适应问题。[4]一些学者从宏观角度对来华国际学生的文化适应过程及存在的问题进行研究，具有代表性文献包括杨军红（2005）的博士论文《来华留学生跨文化适应问题研究》、朱国辉（2011）的博士论文《高校来华留学生跨文化适应问题研究》，二者是目前影响较为广泛的关于来华留学生文化适应的学位论文。此外还有不少学者分别从不同的视角出发探析留学生文化适应问题，如李丹洁（2007）探究了留学生的个性、心理特点等因素对留学生在中国的跨文化社会心理适应过程的影响，呼吁高等院校重视来华留学生在跨文化社会心理适应过程中的困难，建议采取主动措施帮助留学生们顺利地实现跨文化社会心理适应过程。[5]安然（2009，2015）研究来华留学生跨文化适应过程的影响因素并聚焦跨文化适应过程终端模式——夹心文化层，通过夹心文化层，跨文化者们融合式同化新文化、深度适应主流文化、超越式回归原有文化。研究以南方某高校330位留学生为样本，通过问卷调查探究留学生在华的文化适应特征及模式。[6][7]方媛媛（2010）结合定量分析和定性研究考察中国留学生文化适应现状和主要问题。[8]

国内学者还针对不同国别的留学生进行不同种群的文化适应研究。吕玉兰（2000）聚焦来华的欧美留学生文化适应过程，将目标留学生学习过程归纳为"观光心理""严重文化休克"和"文化基本适应"三个阶段，从生活适应、课程学习、课外交际情况和

①郑刚,马乐."一带一路"战略与来华留学生教育:基于2004—2014的数据分析[J].教育与经济,2016(4):77-82.

②王永秀,谢少华.关于来华留学教育政策的审思[J].高教探索,2017(3):102-106.

③刘宝存,张继桥.改革开放四十年来华留学教育政策的演进与走向[J].西北师范大学学报(社会科学版),2018(6):91-97.

④丁笑炳.国际留学生教育的现状与问题:基于莱维特产品分类框架的分析[J].教育发展研究,2010(7):14-21.

⑤李丹洁.来华留学生跨文化社会心理适应问题研究与对策[J].云南师范大学学报(哲学社会科学版),2007(5):49-51.

⑥安然.来华留学生跨文化适应模式研究[J].中国高等教育,2009(18):61-62.

⑦AN RAN, CHIANG SHIAO-YUN.International students' culture learning and cultural adaptation in China [J]. Journal of Multilingual and Multicultural Development, 2015(7):661-676.

⑧方媛媛.留学生文化适应现状、影响因素及策略的实证研究[J].内蒙古师范大学学报(教育科学版),2010(7):39-42.

思维情况等方面进行刻画。[①]安然、张仕海（2008）对来自亚洲26个国家的830名留学生的来华留学需求情况进行调查，发现"名城名校"是亚洲留学生普遍追求的目标，但区域差异性较为明显，东亚学生看重学术，东南亚学生看重生活设施，西亚等地学生看重毕业后的就业。[②]范祖奎、胡炯梅（2010）聚焦新疆师范大学国际文化交流学院的学历留学生（哈萨克斯坦、塔吉克斯坦和吉尔吉斯斯坦学生），从语言适应、学业适应、日常生活方面探索影响文化适应的方式差异及影响因素。[③]刘宏宇、贾卓超（2014）采用问卷及访谈的方式，对来华的中亚留学生（吉尔吉斯斯坦、哈萨克斯坦、塔吉克斯坦）的跨文化适应情况进行研究，发现对于该群体而言，社会环境、个体因素、语言障碍、原有的文化和心理特征是影响留学生跨文化适应的主要因素。[④]李雅（2017）则聚焦来华的塔吉克斯坦留学生，研究该留学生群体的文化适应能力的现状与发展。[⑤]

4.留学生流动研究

作为高等教育学生国际化过程的主要表现形式，自国际化研究兴起以来，国际流动一直是被热议的话题。李梅（2008）从宏观到微观层面，逐层描述和分析了国际学生流动特别是中国内地学生出国留学和求学香港、澳门的发展趋势及特点，利用"双向推拉互动理论"诠释学生跨境流动现象，[⑥]研究极大地丰富了国内关于"中国学生跨境流动"的研究和成果。此外，也有学者聚焦留学生流动的影响因素研究，如李联明、陈云棠（2004）从流入与流出、所选学科、学生层次、收费政策四个方面论述了留学生流动过程中的不均衡现象。[⑦]李联明、吕浩雪（2004）认为学生的国际流向主要受制于自然地理环境、历史文化传统、国际政治关系、经济发展水平、国家留学政策、教育发达程度等六方面的因素影响。高等教育要增强对留学生的吸引力，需要长期积淀，需要持续投资，还需要进一步改善我国国内的就业环境。[⑧]李秀珍、马万华（2013）基于推拉理论模型分析来华韩国留学生的就业流向影响因素，发现目标学生出于收入的考虑会选择

---

①吕玉兰.来华欧美留学生的文化适应问题调查与研究[J].首都师范大学学报(社会科学版),2000(增刊):158-170.

②安然,张仕海.亚洲来华留学生教育需求调查分析[J].高教探索,2008(3):103-108.

③范祖奎,胡炯梅.中亚来华留学生的文化冲突与适应[J].新疆师范大学学报(哲学社会科学版),2010(3):107-114.

④刘宏宇,贾卓超.来华留学生跨文化适应研究:以来华中亚留学生为个案[J].中央民族大学学报(哲学社会科学版),2014(4):171-176.

⑤李雅.来华塔吉克斯坦留学生跨文化适应问题研究[J].民族教育研究,2017(4):92-98.

⑥李梅.高等教育国际市场:中国学生的全球流动[M].上海:上海教育出版社,2008.

⑦李联明,陈云棠.高等教育国际化进程中国际学生流向不均衡现象[J].比较教育研究,2004(20):51-54.

⑧李联明,吕浩雪.高等教育国际化进程中制约国际学生流向的主要因素[J].比较教育研究,2004(6):71-75.

回国就业，而出于对未来发展的期待和自我价值的实现则会选择留华深造或就业。[①]杨晓平、王孙禺（2017）对北京市高校留学生进行调研，从人口学视角剖析不同特征的留学生来京留学动机的差异性。[②]

5.来华留学生管理研究

留学生管理研究是国内留学生教育领域重点议题，学者们多聚焦于中观层面，关注留学教育过程中的人才培养问题，招生、资助、留学教育效益问题，留学生危机处理与管理等议题，结合国内各案例院校的经验与做法，通过思辨、归纳等方式提出对策与建议。

在留学生资助及留学教育效益方面，卢晓东（2002）认为留学生教育是私人产品，高校应结合市场需求、自身教育质量等现实条件自主确定留学生学费，而非依据成本补偿政策理论进行学费定价。[③]陈昌贵、粟莉（2004）对1978年至2003年间我国留学教育效益进行宏观评估，并对发展过程中出现的人才外流、文化侵蚀等主要问题提出建议。[④]刘志民等（2018）借助"柯布-道格拉斯生产函数"探讨了"一带一路"沿线国家来华留学生对我国经济增长的贡献及所呈现出的空间特征，认为构建灵活的奖学金制度和宽松的就业政策、完善留学教育质量保障体系、建立"留学基地"至关重要。[⑤]张正秋（2018）对来华留学生的教育属性、培养成本补偿来源、教育产出收益、生均拨款体制等因素间的联系与存在的矛盾进行研究，为完善来华留学生学费与成本补偿机制提出了改进留学生学费定价策略、推动生态补助体系建设、完善教育监管与评价机制等措施。[⑥]

在留学生培养、留学生招生和危机管理方面，姚玲、周星、许爱伟（2006）结合我国研究型大学的做法和经验，论述了研究型大学培养高层次来华留学生的作用，并就如何发挥研究型大学的优势培养高层次来华留学生创新人才做了归纳与总结。[⑦]夏青（2010）基于经验，结合案例对留学生教育"趋同教学管理"模式进行探究。[⑧]尹妍妍（2017）对重庆九所高校的433名留学生实施问卷调查，通过观察和访谈方法对来华留

①李秀珍,马万华.来华留学生就业流向的影响因素研究:基于推拉理论的分析视角[J].教育学术月刊,2013(1):36-39.

②杨晓平,王孙禺.国际学生留学北京动机的实证研究[J].中国高教研究,2017(2):32-36.

③卢晓东.留学生学费定价与资助政策研究[J].高等教育研究,2002(6):39-43.

④陈昌贵,粟莉.1978—2003:中国留学教育的回顾与思考[J].中山大学学报(社会科学版),2004(5):115-119.

⑤刘志民,杨洲."一带一路"沿线国家来华留学生对我国经济增长的空间溢出效应[J].高校教育管理,2018(2):1-9.

⑥张正秋.高校来华留学生学费与成本补偿问题研究[J].中国高教研究,2018(7):84-88.

⑦姚玲,周星,许爱伟.试述我国研究型大学与高层次来华留学生培养[J].清华大学教育研究,2006(S1):200-203.

⑧夏青.对来华学历留学生实施"趋同教学管理"模式的思考[J].教育探索,2010(9):72-73.

学生危机事件诱因进行剖析并对防范管理和危机处理策略进行分析，发现超过半数的留学生拥有"文化诉求心理、跨国生活追求、经济衡量标准"的来华初衷，留学生在来华理想与现实间存在落差感，日常生活中存在孤独感，经济、学业、文化融合过程中存在窘迫感，人身、财产、信仰方面存在无助感等问题。[①]

6.来华留学生教育质量研究

囿于来华留学教育的发展进程和所处阶段，国内对来华留学生教育质量的研究尚不充分，质量研究仍是留学生教育研究的薄弱环节，与欧美等国家系统而丰富的留学生教育质量研究还有一定的差距。总体而言，国内的留学生教育质量研究仍偏重宏观层面，多基于资源投入、体系建构的视角，归纳和总结留学教育质量的整体现状及存在问题，缺少实践的考察及数据支撑。张慧君（2007）、黄勇和李小萌（2008）、朱志龙（2009）、沈曦和胡新（2017）、曾文革和杨既福（2017）、吕耀中（2018）、孙晓艳（2018）、刘占宇（2019）、林健和陈强（2019）、时萍（2020）、贾兆义（2020）等学者从质量保障体系、制度建设机制等宏观视角分析、解读留学教育质量问题。由于缺乏一手的实证数据，大多数留学教育质量的研究局限于经验的总结，相关对策及建议的可行性和适切性值得商榷。值得关注的是，随着来华教育的持续发展，近年来许多国内学者积极探索，在质量议题研究深度方面取得了长足的进展，在国际留学生教育质量研究范式的影响下，国内的相关研究也呈现出由宏观向中观、微观转向的态势。

国内学者们开始聚焦留学生主体身份，以留学生需求及满意度视角检验来华留学教育质量。如郭秀晶（2008）对北京地区留学生的满意度进行调查研究。[②]此研究的实证调研部分侧重留学生的留学动机，留学选择的影响因素和满意度调查较为笼统，不够具体明晰。丁笑炯（2010）借用营销学产品分类，从留学生需求出发将留学教育"产品"分为"一般产品""期望产品""附加产品"和"潜在产品"四类，认为包含在"一般产品"之内的，作为留学生核心需求的"优质的教学"是决定留学生教育成败的第一要素，但却在国内留学教育研究中极少被论及。[③]丁笑炯（2010）还通过对上海四所高校的留学生进行问卷调查，发现我国政府、高校的留学教育规章制度多从管理者视角出发，这在一定程度上脱离了留学生的切实需要，造成了留学生对来华留学教育的满意度相对较低的现状。[④]也有学者深入至微观课堂，聚焦留学生课堂学习质量。如朱剑峰等

①尹妍妍.来华留学生危机事件诱因与防范管理策略研究:以重庆九所高校为例[J].比较教育研究,2017(1):24-31.

②郭秀晶.北京高校留学生教育发展的限制性因素调查报告[J].中国高教研究,2008(7):48-50.

③丁笑炯.国际留学生教育的现状与问题:基于莱维特产品分类框架的分析[J].教育发展研究,2010(7):14-21.

④丁笑炯.来华留学生需要什么样的教育:基于上海市四所高校的数据[J].高等教育研究,2010(6):38-43.

（2011）采用参与式观察法，在"多元文化主义"和"身份认知"理论框架下对中国现行的"国际化"教学，即留学生与本土学生在课堂教学实践中分而治之的现状进行理论分析和讨论。[①] 文雯等（2014）聚焦微观课堂，依据"学生发展理论"和"学习环境"理论，分析清华大学课堂学习环境对留学生教育收获的影响，发现留学生对课堂学习环境的感知对留学生教育收获具有显著的预测作用。[②]

（二）国内留学生教育研究的主要特征

1.宏观研究多，微观研究少

从研究视角而言，现有研究较多地关注留学生发展历程与现状、留学生教育发展的意义和功能、来华留学史与来华留学政策发展等宏观层面；从中观层面探讨来华留学生管理的研究也不少；仅有的微观研究主要聚焦于留学生跨文化交际及适应问题。较少进入微观层面来研究高校留学生学习的真实状态、学习经验及感知，而与留学生学习过程及学业收获密切相关的微观就读经验、"课堂研究"等更是乏善可陈。总体而言，我国对留学生教育的研究及改革实践仍然在外围徘徊，还没有深入大学的留学教育系统核心，即"教"与"学"的具体实践中。对来华留学生的具体学情及教育质量研究匮乏，始终没有针对留学生教育过程中出现的具体问题开展系统的研究，致使留学生教育实践与改革处于"形式大于内容"的困境，缺乏针对性的理论指导和实施策略。

2.文化适应研究多，学业适应研究少

从研究内容而言，现有的国内研究对来华留学生的文化适应研究较多，而学业适应研究，如课程与教学模式、教师与学生关系等相关研究较少。如，杨军红（2005）从来华留学生日常生活中的语言交流障碍、人际交往、心理压力等方面入手，基于6所高校的200多位留学生的数据，对留学生文化适应及影响因素进行探索。[③] 近年来，伴随着我国高等教育国际化的发展，国内学者对留学生适应研究逐渐增多，但多数研究聚焦来华留学生的"外国人"属性，从来华留学生的社会适应、文化适应、心理适应等角度展开观察与讨论，而对来华留学生的"学生"属性关注不多，对留学生的学业适应，尤其是留学生在华留学期间的学情及存在的问题鲜少关注。

3.规模研究多，质量研究少

从研究议题而言，国内学者偏重对来华留学教育进行规模研究，而有关留学生培养

①朱剑峰,郭莉.自我身份与文化:中国高校中"国际化"教学实践的人类学思考[J].复旦教育论坛,2011(1):16-20.
②文雯,陈丽,陈强,等.课堂学习环境与来华留学生学习收获的研究:以清华大学为例[J].清华大学教育研究,2014(2):107-113.
③杨军红.来华留学生跨文化适应问题研究[D].上海:华东师范大学,2005.

质量方面的研究较为匮乏。李想（2010）在横向比较了美国、德国、日本等国留学生教育态势的基础上，介绍了来华留学教育的历史和现状，论述了留学生教育质量观的内涵以及制约在华留学生教育质量提升的因素，通过比较法提出了跨文化适应的策略设计、非学历和学历教育留学生的培养策略设计、留学生管理水平的策略设计以及留学生教育质量保障体系的策略设计等。① 宗晓蕾（2015）以 H 大学文科博士留学生为研究对象，采用质性研究方法，通过访谈 14 名博士留学生和 6 名留学生管理人员与导师，考察影响博士留学生教育质量的内外部原因。研究内容包括：博士留学生教育的管理和培养制度、影响博士留学生教育质量的内部和外部因素及其相互关系、留学生与教师对博士留学生教育质量的看法等。研究发现留学生个体的学习投入、兴趣、态度、留学目的、能力与素质等内部因素，以及高校的培养制度、资源、环境系统和师资等外部因素影响留学教育质量。研究型大学博士留学生教育质量的提升，一方面需要提升博士留学生专业素质，另一方面需要完善管理和培养制度，包括改革招生制度、改进课程教学、提高导师指导质量、提升管理和服务品质、促进博士留学生和本土学生的交流。② 刘水云（2017）通过实证研究发现我国政府资助的来华留学研究生数量稳步增长，该类留学生对培养质量的满意度比较高，但也存在留学生生源质量参差不齐、语言障碍大、对中国的课堂教学方式不适应，教师培养留学生的积极性不高，学校对留学生培养质量监控不力等问题。③

4. 留学生教育质量的实证研究不足

长期以来，国内研究侧重聚焦宏观、中观层面，从资源投入等外部质量保障视角进行留学教育质量研究，缺乏从微观层面对留学教育质量进行实证探究。作为留学生教育的主体，留学生群体在教育质量评价中的作用一直被无视，鲜少被关注。对留学生就读过程、就读体验与感知的实证研究极为匮乏。现有相关文献多数是"应然"式探讨与阐释，缺乏客观资料的支撑，导致建议与策略的实践性与应用性大打折扣。国内在评价留学生的留学质量方面缺乏研究，相应的评价机构和指标体系也无从谈起。④ 教育质量是留学生教育的生命线，是留学生教育国际声誉的生命力所在，是留学生教育可持续发展的关键所在。对留学生教育质量的关注是提高来华留学生教育质量的先决条件。现阶段留学生教育质量研究亟须实证研究予以辅佐，留学生的学习现状、就读体验、学习收获、学情特征等问题越发迫切需要合理解释，尤其需要运用理论和数据进行学理性研究。

① 李想. 国际化进程中在华留学生教育质量探究[D]. 西安:西安电子科技大学,2010.

② 宗晓蕾. 研究型大学博士留学生教育质量探究[D]. 上海:华东师范大学,2015.

③ 刘水云. 来华留学研究生培养质量调查[J]. 学位与研究生教育,2017(8):26-31.

④ 张德启. 塑造世界公民:美国高等教育国际化进程中的林肯计划[J]. 全球教育展望,2009(10):61-65+25.

5.以来粤留学生为研究对象的研究极少

从研究对象所在区域而言，北京、上海、厦门等城市的留学生受到了较多的关注。文雯（2014）、郭秀晶（2008）、陈强和郑惠强（2008）、王祖媛（2016）、陈强（2018）、马佳妮（2017，2018）、施晨（2018）等不少学者从政府、社会、高校、留学生个体等层面出发，围绕规模、层次、结构、留学生留学体验及满意度等问题对北京、上海、厦门等地的留学生群体进行研究。除上述来华留学重要城市，浙江、吉林、黑龙江、陕西等省份的留学生教育状况也有被学者关注。邹佳静等（2018）、谢君君（2018）、郜丹丹（2018）、许迪（2018）、陈眏可和郑崧（2018）、陈大庆（2017）、于亚慧（2017）、谢永飞和刘衍军（2010）、石琳（2010）等曾聚焦江苏省、海南省、安徽省、陕西省、浙江省、黑龙江省、吉林省、江西省、河北省的留学教育发展与现状，总结其地方留学教育的概况与特点，以及留学教育取得的各项成就和进展。

然而，国内关于来粤留学生教育研究的成果相对较少，以来粤留学生作为对象的研究较为匮乏。仅有少数几位学者聚焦来粤留学生群体开展调查。如曾丽平等（2016）通过调研和总结归纳的方式对留学生教育的学历层次、师资力量、招生宣传、奖学金设置等问题进行宏观分析，认为地方政府与学校的资助力度小、对外交流合作意识淡薄、招生宣传形式单一等原因导致广州地区留学生教育存在教育质量和层次偏低的局面。[①]张思恒和董晓梅（2015）、郭亚辉（2016）、游柏荣（2016）等聚焦中观、微观，对在粤留学生的学习现状、特点及存在的问题等进行调查与研究。

相较于其他地区留学生，学界对来粤留学生的关注与研究十分不足。作为我国改革开放前沿阵地、经济第一大省，广东高等教育国际化发展，尤其是省内留学教育发展状况长期以来与经济发展水平不相匹配。学界对来粤留学生缺乏重视，与其他国际化程度较高的城市和地区相比，以在粤留学生为研究对象的实证研究成果匮乏，而关于来粤留学生就读经历、就读体验和学习收获等就读经验的相关研究更是乏善可陈，极不利于地区留学教育的健康、可持续发展。

综上所述，国内关于留学生教育的相关研究以宏观研究为主，多采用思辨、归纳演绎的研究方法，少数研究聚焦微观领域。近年来，伴随着实证研究在我国哲学社会科学领域的发展，逐渐有学者通过调查问卷的方法对留学生开展量化研究，或基于扎根理论进行质性研究。国内学者的研究主要立足本土研究来华外国留学生，除史秋衡（2015）对巴基斯坦大学生满意度进行实证研究以外，鲜有国内学者关注他国留学生教育情况。

[①]曾丽平,杨伟光,张俊盛,等.广州地区高校留学生教育的发展问题与对策研究[J].教育现代化,2016(1):151-156.

我国高等教育领域对留学生教育在学校发展中的重要作用的认识还有待深化。[①]针对留学生群体进行大规模实证研究，全面掌握留学生就读经历、体验及收获，厘清留学生就读过程中各因素错综复杂的关系及影响路径对于优化留学生的就读经验、提升留学教育质量意义非凡。

三、国外留学生就读经验与学习收获研究述评

在欧美等留学教育发达国家，高等教育国际化领域的研究除了关注高等教育系统与外部的政治、经济、文化的关系等宏观研究，关于微观"教"与"学"的研究也一直是极为重要而活跃的研究领域，有着相对成熟的研究范式以及较为丰富的实证研究基础。尤其是自20世纪80年代以来，在新公共管理思潮和新自由主义理念的影响下，各国高等教育先后掀起了促进高等教育市场化的浪潮，大学与学生的关系发生了微妙的变化，大学提供高等教育服务，学生则投入金钱和时间来消费服务，成为高校的顾客，也成为高等教育的"核心利益相关者"。[②]与此同时，全球留学生规模和数量在这一时期也呈现出显著的扩张趋势，留学教育市场的竞争日益激烈，重视学生需求并满足其需要，渐趋成为各国高等教育发展，尤其是留学生教育发展的重要目标。学生的就读经历与体验渐趋成为高等教育质量保障系统的潜在参考因素。[③]国外学界对留学生群体的关注也由最初热衷于留学生文化适应研究，逐渐转向了对留学生就读过程的探究。

许多学者观测并探究留学生在校园生活与学习的经历和体验。周和科尔（Zhou and Cole）利用纵向调查数据，对美国加州大学洛杉矶分校的191名留学生和409名本地学生在大学生活中的参与程度及种族、性别、语言背景的影响程度进行比较研究，发现师生互动的程度会显著影响学生对学校生活的满意度；与本国学生相比，留学生在学习过程中更易产生孤独感，但孤独并没有降低留学生的整体满意度。[④]罗德尼和霍尔（Rodney and Hall）基于学生发展理论，尤其是学生个人发展与环境之间的相互作用关系，对留学生在异国学习的适应过程及学习满意度进行研究，利用结构方程模型处理来自5所澳大利亚大学的411位亚裔商科研究生的调查数据，认为大学外部社交环境比大学内部学习环境对学生满意度的影响更为显著，留学生个人价值观对于内外部环境的影响具

①陈强，郑惠强.留学生教育发展的思考[J].教育发展研究，2008(1):78-80.
②洪彩真.学生:高等教育之核心利益相关者[J].黑龙江高教研究，2006(12):118-121.
③史秋衡，吴雪，王爱萍，等.高等教育大众化阶段质量保障与评价体系研究[M].广州:广东高等教育出版社，2012:75.
④ZHOU JI, COLE DARNELL. Comparing international and American students:involvement in college life and overall satisfaction [J]. Higher Education, 2017(5):655-672.

有调节作用。① 艾略特（Elliot）等基于人类发展生态理论对留学博士生学术文化体验与适应进行研究，发现困扰博士生的不是缺乏动机与认知能力，而是留学生对留学国家的学术规则的缺位认识，有限学习时间也是留学生培养相关学术素养的主要障碍。② 有的学者针对在美国留学的中国学生对美国高校的期待值进行研究；③ 有的学者对留学生的满意度进行调研，通过回归数据分析发现留学生的自我效能感与获得的社会支持是其留学生活满意度的显著影响因子。④

随着研究不断向纵深发展，近些年相继有学者开始关注留学生课堂这一微观视域，聚焦留学生的课堂师生互动关系以及留学生课堂"教"与"学"的投入情况。坎贝尔和李（Campbell and Li）对新西兰某大学的22位亚裔留学生进行定性研究，探析留学生在校学习体验，尤其是课堂学习互动体验，认为亚裔留学生对新西兰的留学生活总体满意，但语言和社交障碍、对课堂互动方式的不习惯、对学术规范的不熟悉以及归属感的欠缺等仍旧是影响留学生满意度与学习收获的主要因素。⑤ 埃迪尔森·阿里纳斯（Edilson Arenas）通过实证研究，考察教师的态度如何影响他们教授国际学生的方法，发现教师倾向于调整他们的教学方法以匹配留学生教学课堂环境，并在一定程度上略微倾向于"以教师为中心"的教学方法来传播知识。⑥ 伊恩·巴希和理查德·海顿（Ian Bache and Richard Hayton）通过课堂实验，聚焦留学生的探究式学习状况，通过对比发现对语言、文化及教学环境有障碍和不适应的学生更希望教师通过"指导"而非探究的方式开展教学。⑦ 还有学者聚焦国际化课程的学生参与研究、语言的应用与适应研究、留学生学业成绩影响因素研究等。

①RODNEY ARAMBEWELA, JOHN HALL. The interactional effects of the internal and external university environment, and the influence of personal values, on satisfaction among international postgraduate students [J]. Studies in Higher Education, 2013(7):972–988.

②DELY LAZARTE ELLIOT, VIVIENNE BAUMFIELD, KATE REID.Searching for a third space: a creative pathway towards international PhD students' academic acculturation [J]. Higher Education Research and Development, 2016 (6):1180–1195.

③HENG TANG T. Voices of Chinese international students in USA colleges: "I want to tell them that…" [J]. Studies in Higher Education, 2017(5):833–850.

④MAK ANITA S, BODYCOTT PETER, RAMBURUTH PREM. Beyond host language proficiency: coping resources predicting international students' satisfaction [J]. Journal of Studies in International Education, 2015(5):460–475.

⑤CAMPBELL J, LI M S. Asian students' voice: an empirical study of Asian students' learning experiences at a New Zealand university [J]. Journal of Studies in International Education, 2008(4):375–396.

⑥EDILSON ARENAS. How teachers' attitudes affect their approaches to teaching international students [J]. Higher Education Research and Development, 2009(6):615–628.

⑦IAN BACHE, RICHARD HAYTON. Inquiry–based learning and the international student [J]. Teaching in Higher Education, 2012(4):411–423.

可见，随着国际留学生规模与数量的逐渐扩大，国外学界对留学生的文化适应研究已经从早期的"文化冲突与适应"研究转变为"学习体验"研究和"学习困难与应对"研究。这种转变，从根本上说是由于留学生规模扩张背景下留学生角色定位发生了变化，从过去的对跨国适应消极的遭遇者转变为现在的对变化的积极回应者和问题的解决者。[1] 愈来愈多研究将关注的重点转移至留学生的学习过程，包括留学生就读过程中的经历、课堂内外的学习体验以及留学生的学习收获。

四、国内留学生就读经验与学习收获研究述评

（一）国内大学生就读经验研究

国内大学生就读经验研究发端于21世纪初，主要基于对国际成熟调研工具的引进与汉化。周作宇、周廷勇（2007）率先提出将大学生就读经验作为高等教育质量的重要监控依据并应将其整合到高等教育评估活动中去，并指出就读经验对实现高等教育质量评估目的有重要的意义，范式的转移为评价高等教育质量提供了新视角，为高等教育研究拓展了新方向。[2]

2007年清华大学引进并汉化、改良"大学生学习投入调查"，将其扩展为"中国大学生学习与发展追踪研究"（China College Student Survey，简称CCSS）；于2009年启动"中国大学生学习性投入调查"，随后国内多所大学也开始关注大学生的就读经验，关注大学生的学习与发展研究，相继开展了一系列的学情调查研究，主要包括厦门大学的"国家大学生学情调查"（NCSS）研究；北京大学的"北京高校教学质量与学生发展状况"调查研究；北京师范大学的"中国大学生就读经验调查"（CCSEQ）；南京大学、西安交通大学、湖南大学等相继参加了美国加州大学主持的"研究型大学学生就读经验调查"（SERU）；中山大学等学校也使用相关问卷针对本校学生开展学习经验研究。国内高校与学者普遍通过调查问卷的方式搜集大学生的学习经历与体验，并以此为评价依据进行教育质量诊断。国内学情调查项目既有改进学校教育教学质量的目标定位，又有丰富和推进高等教育研究学科领域的功能考量，符合中国高等教育事业发展和研究拓展的需要，很有发展前景，值得坚持、需要完善。[3]

近年来，国内关于大学生就读经验的研究发展较快，大学生就读经验研究的成果日益丰富，龚放、史静寰、周作宇、陆根书、郭丽君、刘海燕、文雯、常桐善、吕林海、

①马佳妮.留学中国:来华留学生就读经验的质性研究[M].北京:社会科学文献出版社,2020:62.
②周作宇,周廷勇.大学生就读经验:评价高等教育质量的一个新视角[J].大学(研究与评价),2007(1):27-31.
③史静寰.走向质量治理:中国大学生学情调查的现状与发展[J].中国高教研究,2016(2):37-41.

汪雅霜、屈廖健、郭菲、白华、冉静、郑惠杰、黄琼萃等学者分别基于CCSS、NCSS、CCSEQ、SERU、NSSE（全国学生学习投入调查）等国内外知名就读经验调查工具的数据进行深度挖掘，对大学生的学习体验、学习参与、学习收获影响等问题开展实证研究。随着就读经验研究的不断深入，也有学者聚焦不同的研究对象和内容开展就读经验研究，如马佳妮、文雯等关注来华留学生就读经验研究；陈琼琼对比分析中日大学生就读经验差异；李金慧聚焦视觉障碍大学生进行就读经验研究；孙丽娟以就读经验为视角研究高校辅导员博士生的培养问题；等等。国内关于就读经验的研究内容、对象日益多元，极大地丰富了国内高校教育质量微观研究的成果。除了借鉴量表工具的实证研究，近几年，也有学者如马佳妮（2018）、何涛（2018）通过质性研究方法对目标留学生和大学生就读经验进行个案研究，利用叙事研究的方式进行就读经验探究。

（二）国内留学生就读经验研究

相较于欧美学界的研究进度，国内留学生就读经验研究尚处于起步阶段，研究数量、研究的议题范围都较为有限。目前，国内留学生就读经验的研究主要建基于大学生就读经验研究之上。

从研究的内容来看，郭秀晶（2008）从满意度及限制性因素视角出发对北京留学生进行调研。[①]此研究的实证调研部分主要侧重留学生的留学动机，而留学选择的影响因素和满意度调查较为笼统，不够具体明晰。文雯、王朝霞、陈强（2014）聚焦北京市7所高校的留学研究生，对其就读经历进行分析，发现学习、科研训练对来华留学研究生总体满意度的预测能力最强，而课程设置和内容则对学习科研训练满意度的预测能力最强。[②]马佳妮（2015）基于扎根理论研究方法，对20位来京留学生进行访谈，提出留学生就读经验受到与留学生个体或直接或间接、或在意识层面或在非意识层面发生作用的载体、留学生个体特征共同作用的形塑，同时留学生就读经验又对与其发生作用的载体、留学生个体特征产生影响。[③]此研究是目前国内仅有的聚焦留学生就读经验的博士论文，是对该议题的一次有意义的探索与研究，然而该研究仅针对在京的20位留学生开展质性研究，其结论的客观性、代表性及广泛适用性仍值得商榷。俞玮奇、曹燕（2015）对上海市8所高校留学生的教育需求和个人体验进行调查，发现留学生最主要的教育预期是学好汉语、了解中国社会文化以及有更好的个人发展机会。而高校教育质

①郭秀晶.北京高校留学生教育发展的限制性因素调查报告[J].中国高教研究,2008(7):48-50.

②文雯,王朝霞,陈强.来华留学研究生学习经历和满意度的实证研究[J].学位与研究生教育,2014(10):55-62.

③马佳妮.我是留学生:来华留学生就读经验的质性研究[D].北京:北京师范大学,2015.

量、声望及其所拥有的教育资源、国际化程度是影响留学生教育选择行为的重要因素。目标留学生的教育需求与实际体验之间存在较大差距。[①]丁笑炯（2016）通过问卷调查和深度访谈，获取上海留学生学习经验信息，发现汉语的独特性和国家持续的经济增长是吸引留学生的主要原因。国际学生对留学中国的学习生活经验的满意度依然较低，我国对高等教育和其他支持服务的供应没有给予足够重视，这可能威胁到国际学生市场的可持续增长。[②]马佳妮（2018）对26位"一带一路"沿线国家来华留学生进行深度访谈，通过对其留学动因、人际互动、学习投入、留学变化的探讨，获得"一带一路"沿线国家来华留学生就读经验图景，并将留学生就读经验归纳为四个维度，即行动选择性经验、互动性经验、实践性经验和反思性经验。[③]陈昳可、郑崧（2018）对浙江省高校留学生进行在读满意度的调查研究，发现影响来浙留学生择校的主要因素，依据其影响程度的高低排序依次是学校学术声誉、院校合作关系和学校所在城市，而留学生获取择校信息的来源主要为熟人介绍和网络信息。[④]蒋婷婷（2017）对南宁市3所高校的东盟留学生进行调查，发现东盟留学生普遍存在学习积极性不高、研究生的科研锻炼机会不足、留学生教学有效性及教育管理水平不高、留学生教育师资力量薄弱等问题。[⑤]该调研在一定程度上反映了东盟留学生教育现状，但该项研究存在调查问卷内容相对简单、样本数量较少等局限，研究结果的切实性还有待提高。

从研究对象的区域分布来看，国内关于留学生就读经验的研究主要以北京市、上海市、浙江省、广西壮族自治区等地区的高校来华留学生为调查对象。如，郭秀晶（2008），文雯、王朝霞、陈强（2014）及马佳妮（2015）以北京留学生为对象开展就读经验的研究；俞玮奇和曹燕（2015）、丁笑炯（2016）等关注上海留学生的满意度现状；马佳妮（2018）对26位"一带一路"沿线国家来华留学生进行深度访谈；陈昳可、郑崧（2018）对浙江省高校的留学生进行满意度的研究；蒋婷婷（2017）对南宁市3所高校的东盟留学生开展调研。

少数学者聚焦在粤留学生进行留学满意度、学习体验等就读经验的相关研究。张思恒等（2015）借助大学生满意度量表和生存质量量表对广州市5所高校的留学生进行生

---

①俞玮奇,曹燕.教育国际化背景下来华留学生的教育需求与体验分析:基于上海市八所高校的实证研究[J].高教探索,2015(3):90-95.

②DING X J. Exploring the experiences of international students in China [J]. Journal of Studies in International Education, 2016(4):319-338.

③马佳妮."一带一路"沿线国家来华留学生就读经验研究[J].比较教育研究,2018(4):19-28.

④陈昳可,郑崧.浙江高校留学生在学满意度调查:现状、影响因素及对策[J].浙江教育科学,2018(3):16-19.

⑤蒋婷婷.东盟来桂留学研究生教育质量保障机制研究[D].南宁:广西大学,2017.

存质量研究，发现留学生求学满意度对生存质量的生理领域和环境领域有影响，对环境设施和自我评价的满意度是主要影响因素。[1]郭亚辉（2016）基于英国大学生满意度调查（NNS）量表，对在粤4所高校的120位留学生进行调研，发现学校在留学生管理方面存在对文化差异认识不足、教育资源短缺、管理职能忽视留学生和中外学生文化融合程度低的问题。[2]游柏荣（2016）聚焦广东省A学院来华语言生，使用"留学生汉语教学管理调查问卷"测量研究对象，发现案例学校存在课程体系单一、相关文化课程数量匮乏、教材过时且脱节、教学评价方式单一片面等问题。[3]

上述聚焦来粤留学生的研究存在着一定的局限性，研究多基于已有调查问卷，虽然对问卷的个别题目进行修改，但并未就问卷内容是否适切于来粤留学生这一特殊群体进行科学的、合理的解释，研究的客观性有待进一步检验；上述来粤留学生研究的样本数量及院校数量较少，代表性不强，所得结论的广泛性及策略的适用性有待进一步考察。例如，游柏荣（2016）的研究聚焦留学生教学的微观领域，是微观领域有益的尝试，但仅选取一所学校为案例，其代表性和研究的客观性难以保障，且调查研究的样本主要以东南亚、中亚、俄罗斯及部分非洲地区的留学生为主，国籍数也只有36个国家和地区，样本的代表性不够丰富和完整，在一定程度上限制了研究的客观性与研究建议的可推广性。

（三）国内留学生学习收获研究

国内关于留学生群体学习收获的研究数量十分有限，研究内容也比较局限。袁靖（2019）对浙江大学的10名来自不同专业、不同国家的留学生进行了质性半结构化访谈，以探究来华留学生的学习收获及影响因素，研究发现来华留学生的学习收获主要包括知识、技能、情感态度价值观三个方面；留学生的学习收获存在数量、程度、质性上的个体差异。学习收获的产生是个人、环境、互动因素综合作用的结果，其中个人因素和环境因素既对学习收获产生直接影响，又通过互动因素对其产生间接影响；个人因素和环境因素共同影响留学生与外界的互动。[4]李莎（2018）对H大学来华留学生进行问卷调查，在对其学习收获、学习投入、跨文化敏感的特征进行细致描述的基础上，探讨

① 张思恒，叶云凤，王海清，等.广州市来华留学生生存质量与求学满意度的典型相关分析[J].中国卫生统计,2015(2): 235–239.
② 郭亚辉.广东省高校留学生跨文化管理研究[D].广州:华南农业大学,2016.
③ 游柏荣.多元文化视域中的来华语言生教学管理变革研究[D].桂林:广西师范大学,2016.
④ 袁靖.来华留学生的学习收获:基于浙江大学留学生的质性研究[D].杭州:浙江大学,2019.

学习投入在跨文化敏感与学习收获之间的中介作用机制。[①]于亚慧（2017）聚焦留学生满意度问题，选取了吉林省D大学的留学生作为研究对象，运用调查法对非短期在读的国际留学生进行调查，通过109个样本数据探究不同背景因素下的来华留学生就读满意度是否存在差异；探究来华留学生获得帮助、总体满意度以及再来意向之间的预测关系。[②]刘芙牡（2016）运用问卷调查分析法研究云南大学硕士留学生的学习收获，对其专业收获、语言收获、文化收获、情感体验等收获现状进行调查，发现留学生的情感体验收获最高，专业收获最低，认为大学的教学环境和生活环境对留学生的学习收获有重要影响。[③]侯小凡（2013）以南京大学欧美来华留学生为样本，通过问卷调查和语言测试研究目标留学生文化适应与学习收获之间的关系。研究主要聚焦留学生汉语学习的收获，并未涉猎其他方面的学习收获。[④]

国内现有留学生学习收获的实证研究十分匮乏，仅有的研究停留在对留学生部分学习收获的现状描述层面，并未论及留学生学习收获与留学生就读经验的关系，尚未有研究针对高校的留学教育环境、留学生的个人背景、留学生就读经历和体验等因素对学习收获的影响进行系统研究。研究来华留学生的学习收获状况、影响因素及影响路径有利于厘清来粤留学生学习过程、有针对性地提升留学教育质量。因此，加强对来华留学生学习收获的研究，尤其是探究留学生就读经验与学习收获的关系对明晰留学生学习收获路径具有重要意义。

第四节　核心概念的界定

一、来粤留学生

（一）"留学生"概念的界定

"留学生"与"国际学生"在语义中属同一范畴，英文表达为"international student"，"foreign student"或"overseas student"。《汉语大词典》将"留学"定义为"留在某处求学"和"留居他国学习研究"两层含义，并将"留学生"定义为"留于他国学习的学生"。[⑤]我国2017年7月正式施行的《学校招收和培养国际学生管理办法》指出：

①李莎.来华留学生学习收获影响机制的个案研究[D].长沙:湖南大学,2018.

②于亚慧.来华留学生就读满意度的调查研究[D].长春:东北师范大学,2017.

③刘芙牡.云南大学硕士留学生学习收获现状的调查研究[D].昆明:云南大学,2016.

④侯小凡.欧美来华留学生跨文化适应度与其学习效果的调查研究[D].南京:南京大学,2013.

⑤汉语大词典编辑委员会及编纂处.汉语大词典[W].上海:汉语大词典出版社,1997:4631.

"国际学生，是指根据《中华人民共和国国籍法》不具有中国国籍且在学校接受教育的外国学生……高等学校招收国际学生，接受学历教育的类别为：专科生、本科生、硕士研究生和博士研究生；接受非学历教育的类别为：预科生、进修生和研究学者。"[1] 2000年颁布的《高等学校接受外国留学生管理规定》指出："外国留学生是指持外国护照在我国高等学校注册接受学历教育或非学历教育的外国公民。"[2]

（二）"来粤留学生"概念的界定

本研究中的"来粤留学生"指在广东省内高等学校注册并接受学历教育或非学历教育的外国公民；其中接受学历教育的类别包括本科生、硕士研究生和博士研究生；非学历教育的类别为语言生。

二、就读经验

《现代汉语词典》中对"经验"的定义，作为名词指"由实践得来的知识或技能"；作为动词指"经历；体验"，[3]即亲身见（过）、做（过）或经受（过）。《辞海》中"经验"的含义为：（1）经历体验。（2）由实践得来的知识和技能。[4]第一种解释指主体行为的过程；第二种解释指主体行为的结果。

"就读经验"是外来词汇，是由中国学者依据英文词组"study experience"翻译而成。[5]在不同的语境，常见的英文表达还有"student experience"或"learning experience"，也常被翻译为"学生经验""学生体验""学习经验""学习体验"和"学习历程"。

留学生进入异国环境学习，在经历跨文化体验过程中，频繁地感知着异国的留学教育服务，进而逐渐形成个人独特的就读经验。"就读经验"内涵丰富、外延宽广，是个歧义丛生的概念。依据研究目的的不同，不同学者对"就读经验"的定义有着不同的理解和划分。泰勒（Ralph W. Tyler）认为，"学习经验是学习者与使他起反应的环境中的外部条件之间的相互作用，从本质上说，学习是通过学习者自身的经历而发生的，是学习者通过对身处环境所产生的反应而发生的。教育的方式就是学习者拥有的教育经

①学校招收和培养国际学生管理办法[EB/OL].[2020-02-16].http://www.moe.gov.cn/srcsite/A02/s5911/moe_621/201705/t20170516_304735.htm.

②高等学校接受外国留学生管理规定[EB/OL].[2020-01-12].http://www.gov.cn/fwxx/content_2267063.htm.

③中国社会科学院语言研究所词典编辑室.现代汉语词典[W].北京:商务印书馆,2012:683.

④辞海编辑委员会.辞海[W].上海:上海辞书出版社,1999:1148.

⑤屈廖健.研究型大学本科生就读经验的中美比较研究[D].南京:南京师范大学,2012.

验"[1]。乔治·库（George D. Kuh）认为就读经验包括学生行为和院校条件，其中学生行为主要包括学生的学习习惯和学习动机、投入学业的时间和精力、与教师和同伴的交往等；院校条件主要包括院校为学生提供的学习资源和机会，如教育资源、教育政策、校园环境、课程、项目和活动等。[2]周作宇、周廷勇（2007）认为所谓的大学生就读经验指的是学生对其自身与大学环境中的人、事、物所发生的交互作用的认识和体验。[3]屈廖健（2012）认为以大学生就读经验为调查内容，把学生作为调查主体，比较学生就读前与就读后，在知识、人格上的认识和体验及建构，通过对学生在整个大学就读期间或某个阶段的学习过程、学习结果的分析，描述学生学习成果进步的增量的调查即为大学生就读经验调查。[4]马佳妮（2015）认为留学生就读经验是指由留学动机产生、留学行为实现到对留学国世界感知、人际互动、学习投入以及变化的个体跨国学习实践与体验。[5]刘海燕（2017）认为就读经验的内涵主要包含两部分：一是正式的学术系统，学术投入，包括课堂参与、准备课业时间等学术与课程经验；二是非正式的学术系统，人际投入，包含师生互动、同学关系、社团参与等课外经验。[6]

综合上述词典定义及在前人过往研究中的具体释义，结合研究问题和研究目的，本研究将"就读经验"概念定义为"就读经历和体验"，意指学习过程中的经历和体验；将"留学生就读经验"界定为"留学期间，留学生在学校参与学习生活过程中的经历与体验，既包括学术活动的经历与体验，也包括非学术活动的经历与体验"。留学生就读经验调查是对留学生在高校就读期间的就读经历和体验进行调查，旨在了解留学生在就读过程中，在课堂学习活动、课外活动、师生互动中的参与程度以及对学校环境的感知和体验，探究哪些因素影响了留学生的就读经历与体验。本研究还关注留学生在就读经验形成的过程中经历了怎样的发展、获得了怎样的收获，研究就读经验中的哪些因素会对留学生的学习收获产生影响，产生了怎样的影响，并探究各因素间的相互作用关系和路径。

基于文献、现实问题和研究设计的综合考量，研究将"就读经验"概念进行了操作

①拉尔夫·泰勒.课程与教学的基本原理[M].罗康,张阅,译.北京:中国轻工业出版社,2014:65.
②KUH G D, PIKE G R. Relationships among structural diversity, informal peer interactions and perceptions of the campus environment [J]. Review of Higher Education, 2006(4):425-450.
③周作宇,周廷勇.大学生就读经验:评价高等教育质量的一个新视角[J].高等教育评估,2007(1):28-29.
④屈廖健.研究型大学本科生就读经验的中美比较研究[D].南京:南京师范大学,2012.
⑤马佳妮.我是留学生:来华留学生就读经验的质性研究[D].北京:北京师范大学,2015.
⑥刘海燕.本科教育质量提升研究:基于就读经验的视角[M].北京:高等教育出版社,2017:19.

化定义，将其划分为"就读经历"和"就读体验"两个维度，并对各维度的构念[①]和观测指标进行设计与检验。"留学生就读经历"指留学生就读过程中的主体参与行为，主要包含留学生在课外活动、课堂学习中的参与程度；留学生在与教师、与同辈的人际交往中的参与程度。"留学生就读体验"聚焦留学生对学校环境的体验，主要包含留学生对学校硬件环境设施的感知和软件资源投入的感知。简而言之，"就读经历"包含"课外活动""课堂学习""师生互动"及"同辈互动"4个维度；"就读体验"包含"硬件支持"与"软件支持"2个维度。每个维度还包含若干二级观测指标。后续研究会通过数理方法对上述操作化定义与二级指标的设计的合理性进行检验，并使用量表及统计工具检验上述维度之间的关系。

三、学习收获

学习收获是衡量学习产出的一个重要概念，在文献中也被称为"学习结果""学习效果""学习产出"，主要是指"由学习而产生的个人转变和收益"。[②]学习收获是学生在经过学习后取得的目标和结果，包括知识（认知的）、技能（行为的）、态度（情感的）。[③]弗雷泽（Malcolm Frazer）指出高等教育质量首先是指"学生发展质量"，即学生在整个学习历程中所学的"东西"，包括所知、所能做的及其态度。[④]学生在认知、技能、态度等方面的收益是衡量教学质量的核心标准。[⑤]学生发展质量即是学生的学习收获，这意味着学生学习收获的内容是学生在认知、技能、态度等方面的收益。阿斯汀（Astin）认为学习收获包含认知和非认知收获两个方面，其中认知收获方面包括学生成绩（绩点）、分析与批判性思维、专业知识等，而非认知收获方面涵盖自我认知和理解、社交关系、社交技能、归属感、认同度、对学校的满意度等。[⑥]学习收获的概念已在国际高等教育理论研究领域及高等教育质量评估领域被广泛应用，并逐步发展成为衡量高校卓越与否的评估方式。

对于跨境流动学习的留学生而言，其身份的特殊性赋予了其学习收获不同的内涵以及更加宽广的外延，在异国环境下的文化交流中习得的跨文化交际能力也是留学生学习

[①]构念是指心理学理论所涉及的抽象的概念或特质。

[②]吕林海.国际视野下的本科生学习结果评估:对"评估什么"和"如何评估"的分析与思考[J].比较教育研究,2012(1):39-44.

[③]黄海涛.美国高等教育中的"学生学习成果评估":内涵与特征[J].高等教育研究,2010(7):97-104.

[④]陈玉琨,等.高等教育质量保障体系概论[M].北京:北京师范大学出版社,2004:59.

[⑤]章建石.基于学生增值发展的教学质量评价与保障研究[M].北京:北京师范大学出版社,2014:76.

[⑥]ASTIN A W. What matters in college? Four critical years revisited [M]. San Francison: Jossey Bass, 1993:388.

收获的重要组成部分。可以说，留学生学习收获通常包含所学专业知识技能、社交能力、实践能力、文化认同等方面。基于文献分析和对现实情况的考察，本研究中的"留学生学习收获"的概念是指留学生在接受留学教育后所产生的知识、能力、情感态度价值观三方面的收获和发展。在研究过程中，对该定义进行操作化处理，将其界定为包含留学生"学业知识"方面的收获、"跨文化能力"方面的收获以及对学校留学教育的"认同度"三个维度，并最终通过12个二级观测变量来衡量。

第五节　研究内容与思路

留学生教育研究是国际化教育研究的重要组成部分。伴随着高等教育国际化的快速发展，留学生教育发展已逐渐由规模数量发展向质量提升转变，内涵与特色发展渐趋成为各国高等教育国际化发展及留学生教育研究的主要方向。

一、研究对象与研究问题

（一）研究对象

学生在高等教育质量评估体系中处于核心地位。重视并适当满足学生需求是高等教育市场化、全球化浪潮下的重要发展趋势。尤其在市场化倾向更加显著的留学教育领域，学生就读经验日益受到关注，已逐渐成为高等教育留学生教育质量保障系统的参考因素之一。

留学生群体多样化的核心特征是开展留学生就读经验与学习收获研究、探究留学生教育质量的重要基础。本研究聚焦来粤留学生群体，将研究对象锁定为广东省内高等学校的在读留学生。以中山大学、华南理工大学、暨南大学、华南师范大学、华南农业大学、广东外语外贸大学、南方医科大学、广州大学、广州医科大学、广东机电职业技术学院、广东财经大学、广东技术师范大学的在读留学生为调查对象及评价主体，以留学生在粤留学期间的就读经历、就读体验、学习收获等作为主要的调查维度，通过学生的自评数据刻画留学生就读经验图景。"留学生的就读经历"旨在考察来粤留学生在就读过程中，在课堂内外各项活动的参与程度；"留学生的就读体验"旨在调研留学生对学校软硬件环境支持的体验和感知，即留学生对学校硬件服务设施的满意度，以及留学生对学校教学资源投入的满意度与看法；"留学生的学习收获"意在获悉来粤留学生在学业知识、跨文化能力及认同度等方面的发展情况；"教师是如何教的"，通过对留学生进行调查和访谈、对留学生课堂进行实地观察、对任课教师进行深入访谈考察来粤留学教育教学过程中教学目标的实现程度、课程内容的难易程度、留学生教学课堂组织形式、教师教学模式、师生互动状态等现状；"学校是如何为留学生学习与生活提供支持的"，基于留学生问卷及访谈的报告以及对留学教育相关管理岗位教师的访谈，了解学校留学教育资源与环境对留学生学习生活的支持现状等。由此，揭示当前来粤留学生就读经验事实现状，诊断来粤留学生教育质量，探究来粤留学生就读经验的主要影响因素及其相互关系，考察留学生就读经验对学习收获的影响路径，厘清来粤留学生在就读过程中存在的困难与问题，进而为解决来粤留学生教育质量发展的症结提出适切性对策和建议。

（二）研究问题

本研究主要回答如下问题：

（1）来粤留学生的就读经验现状是怎样的？存在哪些现实问题？

（2）来粤留学生的就读经历是怎样的？留学生在课外活动中的参与情况如何？课堂学习的参与情况是怎样的？师生互动与同辈互动的具体情况如何？

（3）来粤留学生的就读体验是怎样的？留学生在就读过程中对校园环境的满意度如何？对硬件设施的满意度如何？对师资等软件投入的满意度如何？

（4）来粤留学生的个人背景是如何影响其就读经验和学习收获的？

（5）来粤留学生的就读经验与学习收获的关系是怎样的？留学生的就读经验是如何影响学习收获的？各变量之间的关系和影响路径是怎样的？

二、研究思路与研究方法

（一）研究思路

研究以分析"来粤留学生就读经验"为主线，在对来粤留学生就读经验现状进行调查与统计的基础之上，探究来粤留学生就读经验的影响因素及就读经验与留学生学习收获的关系，就读经验对留学生学习收获的影响路径，为提升留学生就读经验与留学生学习收获，以及提高留学生教育质量提供切实、可行的对策和建议。

研究首先对国内外留学生教育相关文献进行系统梳理，由表及里、由面至点，厘清国内外留学生教育研究现状及特征，进而聚焦于当前国内高等教育国际化领域亟待关注的留学生就读经验研究领域，并再次通过文献分析方法，着重对留学生就读经验研究的发展过程、理论基础、研究价值及研究现状进行细致梳理与述评。随后，通过分析现有研究对留学生就读经验、就读经验与学习收获的关系的论述，进一步明晰本研究中各变量之间的关联性。在借鉴国内外成熟问卷的基础之上，编制本研究所使用的"留学生就读经验与学习收获调查问卷"，以"留学生就读经历量表"作为留学生就读经历的测量工具，以"留学生就读体验量表"作为留学生就读体验的测量工具，以"留学生学习收获量表"作为留学生学习收获的主要测量工具，测量来粤留学生就读经验现状，并就留学生就读经验的影响因素和留学生就读经验对学习收获的影响路径展开实证分析。

怀着对上述问题的思索，本研究制定了技术路线：第一，基于文献和理论探源，形成理论基础与假设；第二，编制并检验研究使用的量表和问卷；第三，测量来粤留学生的就读经验与学习收获现状，根据留学生自我报告的结果对来粤留学生就读经验与学习收获做出整体性描述和基本判断；第四，通过统计分析，对就读经验的影响因素进行分析；第五，建构结构方程模型检验留学生就读经验对学习收获的影响，对留学生就读经验调查中所涉及的各个变量、留学生学习收获的影响路径及其影响效应进行分析；第六，依据留学生学习收获影响模型与各变量之间的相互作用关系，结合来粤留学生就读经验与学习收获现状，以及对来粤留学生和留学生教师的访谈，对广东高校提升留学生就读经验和学习收获进行讨论并提出适切性的建议与对策。

（二）研究方法

研究方法是决定一项研究能否顺利展开与完成的重要因素，其严谨性和可行性是促进研究深入的必备条件。本研究方法的选择基于研究目的与研究要解决的问题，从方法论层面而言，本文主要采用了实证方法，并通过访谈与观察等质性研究方法对研究予以辅证和细化，属于定量与定性相结合的研究。研究中使用的定量研究方法包括描述统计、卡方检验、因子分析等，用以验证各变量之间的相互关系及关联程度。从工具层面而言，在理论分析部分采用文献分析法，通过系统的文献梳理确定本研究的核心概念与理论框架，并在借鉴成熟量表的基础上生成适切于本研究的调查问卷；在实证研究部分采用问卷调查法，并辅之以访谈和观察法；在数据分析部分利用SPSS 25.0与AMOS 24.0软件对调查数据进行数理统计分析。除了对数据现状进行描述性统计外，还使用标准差、方差、独立样本t检验、相关性分析、多元回归分析、中介变量、结构方程模型分析方法进行数据检测与分析。具体而言有以下几种方法：

1.文献分析法

为了有效地构建研究框架，笔者在研究的过程中广泛收集、详细梳理了国内外相关文献，以准确把握留学生教育研究国际前沿与现状、国内研究发展进程，有效聚焦国内留学生教育研究突出问题，并深入探析留学生就读经验研究的国内外发展现状，掌握留学生就读经验与学习收获问题的研究脉络，厘清相关理论基础与框架，并在此基础上细化本研究的目标与问题，理顺本研究的设计与思路。可以说，文献梳理与述评贯穿于整个研究始终。

2. 问卷调查法

问卷调查法在一定程度上能够规避主观偏见等因素所产生的干扰与误差，可较客观地展现留学生就读经验全貌。本研究通过问卷调查获取数据，并基于数据分析验证研究假设与模型。借鉴美国 Robert C. Pace 设计的"美国大学生就读经验问卷"（CSEQ），结合前期专家访谈、留学生与相关教师访谈，并综合考虑留学生在异国社会场域中习得与感知的特殊性等因素，对问卷的维度、具体问项进行适应性改良，编制形成了本研究调查所用问卷，即"留学生就读经验与学习收获调查问卷"。问卷主要包含留学生就读经历、留学生就读体验及留学生学习收获三个量表。通过问卷调查测量留学生就读经验概况，并使用 SPSS 25.0 和 AMOS 24.0 软件对调研数据进行统计分析，以验证研究假设与模型。

3. 数理统计法

研究所使用的数据分析方法包括：描述性统计、Pearson 相关分析、独立样本 t 检验、多变量单因素方差分析、折半信度、探索性因子分析、验证性因子分析、结构方程模型（SEM）、发展指数模型。具体而言，本研究采用描述性统计分析对所取得的实证数据进行分析与全景展示；采用独立样本 t 检验对性别、婚姻状况进行分组检验；采用多变量单因素方差分析对国籍、年级、专业、学校、教学语言等多类别变量进行差异性检验；利用折半信度、探索性因子分析对初始问卷进行信效度检验，确定最终的正式问卷；对正式问卷再次进行信效度分析，对就读经历、就读体验与学习收获的潜变量进行验证性因子分析，并在此基础上将就读体验作为中介变量进行了显著性检验；利用结构方程模型验证性因素分析的方式，检验留学生就读经验与学习收获的关系模型，探明留学生就读经验各因素之间的相互影响关系及作用路径，并结合实证数据对研究假设进行验证与阐释。最后，根据所确定的路径系数，对就读经历、就读体验及学习收获进行加权求和，并转化为百分制分数，建立对应的发展指数，通过该指数评价来粤留学生在各维度的表现，为后续的对策建议提供数据参考。

4. 访谈与观察法

在问卷调查的基础之上，本研究还对部分高校的留学生、留学生教育一线教师、留学生教育行政管理人员及国际教育学院负责人、留学生教育及高等教育国际化研究专家进行了半结构式访谈，研究前期的访谈旨在验证和细化调查问卷中所涉及的重要变量，而研究后期的访谈目的在于进一步充实"数据"证据、进一步挖掘依存等关系背后的深层次原因，进而对问卷调查结果予以辅证和解释。为了收集留学生课堂教与学情境的一手资料，获得在课堂教学中留学生的真实状况，包括留学生的学习参与程度、课堂体验和反馈等，在问卷调查与深度访谈的基础之上，本研究还深入课堂进行实地观察，以更全面地掌握和分析留学生就读过程中的经历、体验与收获。问卷调查的数据与分析结果作为量化研究结果能够较客观地、科学地揭示研究变量间的相互依存关系及其紧密程度，而访谈与观察则有助于强化数据的解释力度，更全面、立体地阐释来粤留学生教育现状、留学生就读经验与学习收获现状及存在问题与成因。

三、研究框架与研究创新

（一）研究框架

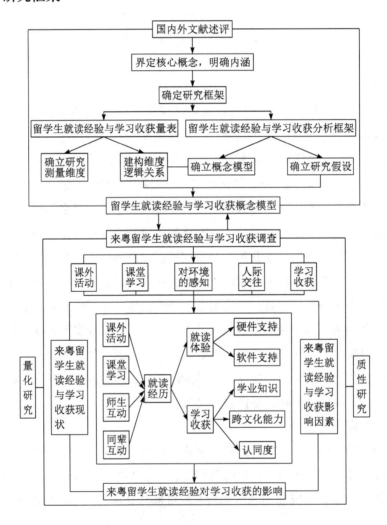

　　基于上述研究框架，具体章节安排如下：

　　第一章绪论部分首先阐述研究背景、研究缘起、研究目的、研究的理论与现实意义。随后，采用"由面至点""先分后合"的方式对相关文献进行梳理和述评。首先，对国外、国内留学生教育研究的总体现状进行系统梳理和总结，通过对国外、国内留学生教育研究的主要议题、理论依据、研究方法、研究对象等具体层面进行归纳与分析，总结出国内外留学生教育研究的不足，尤其是微观层面的教育质量研究亟待广泛关注与探究。基于当前研究所存在的问题，进一步对"留学生就读经验研究"这一深入微观透视留学教育教学事实现状的新视角进行文献梳理与分析，经过层层递进式文献评述，最终确立本研究试图解决的主要问题、明确界定的核心概念、研究内容及研究思路。

　　第二章主要阐释本研究的理论基础、概念模型及研究假设。社会心理学视角下的人本主义理论、三元交互理论，教育学视角下的学生参与理论、院校影响因素理论以及哲学视角下的存在主义哲学思想，为本研究提供了理论支撑，基于上述理论本研究提出了留学生就读经验的概念模型，在模型的基础上提出了来粤留学生就读经历与就读体验关系、就读经历与学习收获关系、就读体验与学习收获关系、就读经历经由就读体验影响学习收获，以及就读经验受到留学生个人背景特征影响等系列假设。

　　第三章主要阐述研究设计以及数据处理的方法、原则和问卷初试等方面内容。本章介绍了量表与问卷的设计原则、变量定义的操作化过程，以及处理和分析调查数据的数理方法与原则。本章还对初始问卷进行了系统检测，问卷中各分量表的信度和效度得到了有效验证。此外，本章还介绍了访谈设计与应用以及样本的选择和样本数据的概况。

　　第四章主要通过数据分析呈现来粤留学生就读经验与学习收获现状。本章通过描述统计全面地阐释了来粤留学生就读经验的现状，包括来粤留学生的就读经历现状和就读体验现状。同时，本章还展示了来粤留学生的学习收获概况，为下文就读经验的影响因素分析、就读经验与学习收获的关系探究奠定基础。

　　第五章聚焦来粤留学生就读经验与学习收获的影响因素，结合定量数据及质性访谈结果分析性别、婚姻状况、年级、专业、学校、使用的教育语言、住所现状、父母受教育情况、在中国居住时长、兼职时长、升学期望等背景特征对留学生就读经验及学习收获的差异性影响。

　　第六章主要运用结构方程模型探究来粤留学生就读经验与学习收获的关系。首先通过共同方法偏差检验、信效度检验等方式对数据进行检测，随后运用结构方程模型对留学生就读经验与学习收获的关系进行逐层检验与分析，最终获得就读经验对学习收获的影响路径模型。

第七章为研究结论与对策。本章主要阐述研究的发现，并基于研究发现对完善来粤留学生就读经验与学习收获，及提高来粤留学生教育质量提出对策和建议。此外，本章还对研究的局限性进行反思，并对未来如何完善和改进相关研究进行了阐述。

（二）研究创新

研究的创新之处主要体现在以下四个方面：

1.研究视角的创新

留学生就读经验的调查实则是对留学生教育质量的窥探，不同于以往的侧重资源投入的质量考察方式，研究突出留学生群体在来华留学教育研究中的主体地位，以留学生自我报告的就读经验为视角考察广东留学生教育质量。研究视角的创新实现了留学生在学习过程中将自身评价作为检视自己就读现状的判断依据和标准，进而改进自身学习行为；一手的来粤留学生就读经验数据也将为省内甚至全国高校留学教育管理者及教师提供丰富的信息，有助于管理者优化学校留学教育系统资源配置，改善校内留学教育教学组织与环境；有利于一线教师调整教学模式与方法，充分发挥留学教育中教师应有的指引者与促进者的作用。

2.研究工具的创新

本研究在借鉴相关理论和成熟问卷的基础之上，结合来粤留学生基本特征、研究目的和要解决的主要问题，量身定制了国内第一份"留学生就读经验与学习收获调查问卷"，通过严格的操作程序，包括清晰地界定研究问题，仔细地推敲问题措辞，通过科学、系统的项目分析，信效度检验等统计方法对问卷进行评估，确保了研究调查问卷的质量。"留学生就读经验与学习收获调查问卷"作为本研究的核心工具，其可靠性与稳定性确保了研究的顺利开展，也为后续留学生就读经验调查提供了重要参考和借鉴。

3.研究对象的突破

本研究对象为尚未得到国内留学生教育研究领域足够重视的"来粤留学生群体"，对来粤留学生就读经验和学习收获进行调查将有力地丰富国内留学生教育研究，为来华教育的区域差异性问题研究提供一手数据和丰富的资料。相较于面向本土学生的调查研究，对留学生开展大规模的调查研究过程是异常艰难而曲折的，文化的差异产生的沟通障碍使每一份问卷都凝结了更多的辛劳与汗水，收集问卷的难度远超于预期，这也正是目前国内鲜有大规模留学生实证研究的原因之一。

研究通过调查来粤留学生的个人背景信息、来粤留学生的就读经验与学习收获现状，探究影响留学生就读经验与学习收获的因素、就读经验与学习收获的关系和影响路径，进而评估当前广东省内高校留学生教育质量，诊断来粤留学生教育发展与管理过程中存在的问题，以探索提升来粤留学生教育质量，进而扩大来粤留学生规模的有效途径。

4.研究方法的突破

目前国内的留学生就读经验研究主要是基于扎根理论的质性研究，其宗旨是在经验资料的基础上建立理论，是一种基于个人直觉的"价值介入"的研究方法，是透过被研究者的视角描述现象、质化资料、归纳总结。在留学生就读经验的质性研究中，研究者看问题的方式、研究的具体情景、选取访谈的留学生样本特征都可能会令研究者产生不同的处理理论的方式。与质性研究范式不同，本研究基于大样本的实证分析，不完全拘泥于个体，在探索来粤留学生就读经验与学习收获时回到目标群体之中，以获得客观性和一定程度上的"普遍适用性"，以确保研究结论的可借鉴性和推广性。

考虑到留学生群体个性化差异显著的特征，本研究基于广泛调研与访谈，通过大样本实证研究方法探究留学生就读经验与学习收获现状、个人背景等因素的影响及来粤留学生就读经验对学习收获的影响，旨在为来粤留学生教育系统各方提供科学合理的"数字证据"，尽可能地避免研究者主观偏见的干扰，最大限度地保留来粤留学生就读经验与学习收获全貌。从零散的、经验主义的管理到基于数据、科学地关注留学生需求，基于实证研究方法的来粤留学生就读经验与学习收获调查将为来粤留学生教育与管理提供更加适切的对策和建议。

扫码查看
☑ 现状报告
☑ 教育研究
☑ 读者交流
☑ 必修课程

第二章

理论构建与研究假设

理论溯源、理论建构是科学研究得以合理化展开的重要基石。人的发展研究是哲学、教育学、心理学和社会学等学科关注的问题，[①]是多学科理论交互共建的复杂问题。而留学生发展、留学生就读经验的研究也是涉及教育学、社会学、心理学、哲学等诸多学科领域的综合性研究。教育学领域关注的焦点是留学教育系统环境的影响力；社会学关注的是留学生个人背景对留学生就读经历、体验与收获的影响；心理学关注的是留学生的学习动机与期望、留学感知与体验等对留学生学习收获的影响；哲学聚焦的则是研究存在的合理性基础。尽管上述各个学科的研究立场与视角不尽相同，但均涉及留学生个体与学校、社会环境系统之间的联系与相互作用关系等问题。人本主义理论、三元交互理论、学生发展理论、院校影响因素理论等学科理论，为本研究奠定了理论基础，证实了本研究在理论方面的科学性和合理性。基于此，本研究提出了留学生就读经验与学习收获研究的概念模型。

第一节　理论基础

一、基于社会心理学视角的理论基础

（一）人本主义理论

由美国心理学家马斯洛创立的"人本主义理论"是当代心理学主要流派之一。人本主义"需求层次""自我实现""自我评价"等理论指出，在高等教育阶段，学生普遍具有强烈的主动参与意愿、自我实现的需求和期望，学生的学习主要是通过师生互动、同伴互动、探究学习等方式自主、自觉、自由地学习。因此，人本主义教学思想关注的不仅是教学中认知的发展，更关注教学中学生情感、兴趣、动机的发展规律，注重对学生内在心理世界的了解，以顺应学生的兴趣、需要、经验以及个性差异，达到开发学生的潜能、激发起其认知与情感的相互作用，重视创造能力、认知、动机、情感等心理方面对行为的制约作用。[②]

20世纪50年代，心理学家罗杰斯（Carl Rogers）基于人本主义理论提出"以学生为中心"思想，强调学习是个体自我价值实现的需要，是个体潜能和人格充分发展的过程；教育的目标是要培养健全的人格，必须为学生创造一个积极的成长环境。"以学生

①方巍.美国高校学生发展理论评述[J].外国教育研究,1996(4):47-51.
②苏利荣.罗杰斯人本主义学习理论视角下加强高校学风建设路径探讨[J].课程教育研究,2017(6):10-11.

为中心"思想在一定程度上反映了教育的内在规律，引发了本科教育基本观念、教学方法和教学管理的系列变革。"以学生为中心"的本科教育理念在世界各国的高等教育领域产生了巨大影响。1998年联合国教科文组织在世界首届高等教育大会宣言中提出"高等教育需要转向'以学生为中心'的新视角和新模式"，要求国际高等教育决策者把学生及其需要作为关注的重点，把学生视为教育改革的主要参与者，并预言"以学生为中心"的新理念必将对21世纪的整个世界高等教育产生深远的影响。① "以学生为中心"理念现已体现在教育观念、教学目标、课程设计、教学模式、质量评价等教育领域的诸多层面。以"以学生为中心"为理论基础的PBL（Project Based Learning，项目式学习）教学模式在世界范围内的各类学校的诸多专业被广泛应用；"以学生为中心"的质量评价方式已成为众多国家高等教育领域的主要评价方式。美国、英国、澳大利亚等国相继开展的大学生学情调查研究正是基于"以学生为中心"的教育理念，将"学生为本"融入整个调查研究的各个环节之中。

在世界高等教育逐渐由数量规模扩张向质量内涵提升的发展过程中，以学生为视角的质量评价与反思渐趋成为高等教育领域的核心议题。马什（Marsh）② 和拉姆斯登（Ramsden）③ 均提出"学生评价是衡量高等教育质量的最有效、最可靠的方法之一"。来粤留学生就读经验与学习收获研究以"学生评价"为基础，聚焦于学生个体的就读经历、体验与收获。而视留学生为留学就读过程研究的主体，视留学生为教育质量评价的主体的价值判断正是基于人本主义理论、基于"以学生为中心"的教育理念。

（二）三元交互理论

20世纪60年代，心理学家班杜拉（Albert Bandura）在吸收行为主义、人本主义和认知心理学相关理论的基础之上，提出三元交互理论（Reciprocal Determinism），也称为"三元交互决定论"。④ 该理论认为从社会学习的角度来看，人的行为是人的因素、环境和个人行为交互而形成的，环境、人与其行为之间相互依赖，互为因果，相互决定，进而形成一个系统。⑤

①刘献君.论"以学生为中心"[J].高等教育研究,2012(8):1-6.

②MARSH H W. Students' evaluations of university teaching: research findings, methological issues, and directions for futureresearch [J]. International Journal of EducationalResearch, 1987(3):11.

③RAMSDEN P. A performance indicator of teaching quality in higher education: the course experience questionnaire [J]. Studies in Higher Education, 1991(2):16.

④BANDURA A. A social learning theory [M]. Englewood Cliffs, N.J.: Prentice Hall, 1977.

⑤阿尔伯特·班杜拉.社会学习理论[M].陈欣银,李伯黍,译.北京:中国人民大学出版社,2015:8.

三元交互理论强调个体、行为与环境之间是一种相互依存、相互关联、互为因果的动态交互机制，但在这种交互过程中，交互的双边并不具有同等的程度，相对影响也会发生变化，呈现出一种动态交互机制。学生、学生的学习、学校是构成教育系统的三个核心要素，三者及三者的交互作用和影响是教育研究的重要议题。而留学生、留学生的学习活动、学校所提供的环境等是构成留学生教育系统的主要要素。在留学生就读过程中，留学生个人因素、留学生学习行为、学校环境因素等形成了相互联系、相互作用的交互系统。三元交互理论在一定程度上解释了留学生就读经验影响因素的结构与关系，留学生就读经验与学习收获正是留学生个人因素、行为与环境之间交互作用、共同影响的结果。基于文献与理论基础，本研究对目标概念进行了操作化定义处理。班杜拉三元交互模型中的P（Person）为留学生个人因素，研究将其定义为留学生个人背景特征，具体包括留学生个体特征、学业背景、家庭背景、生活背景、学习动机与期望等；B（Behavior）为个体行为，研究将其定义为就读过程中留学生在学习等活动中的参与行为，即研究所指的"留学生就读经历"；E（Environment）在本研究中指学校对留学生提供的软硬件环境，具体通过研究调查的留学生对校园硬件服务设施和学校教学师资等资源投入的感知来反映，二者即是前文所述的本研究中"就读体验"的操作化定义。

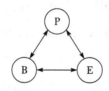

（Person, Behavior, Environment）

图2-1：班杜拉的三元交互理论模型

三元交互理论强调人的内在因素、行为与环境之间的相互作用和影响，对个体的活动与行为解释力较强，在教育及教学问题的结构化、系统化分析方面具有广泛的理论指导价值和应用价值，尤其是对成因复杂、行为多样性显著的问题能够进行有力的解释，为本研究提供了强有力的理论支撑。

二、基于教育学视角的理论基础

学生发展理论是基于人的发展及其影响因素关系的理论，主要包含两大类别：一类是基于心理学发展的学生发展理论，以学生个体为研究单位，强调学生自我发展属性；

另一类是基于大学生就读经验调查发展起来的院校影响因素理论。[①] 学生发展理论中的学生参与理论和院校影响因素理论为留学生就读经验与学习收获研究的合理性提供了有力支持。

（一）学生参与理论

学生参与理论是学生发展理论的重要分支。第二次世界大战以后，美国高校本科生人数持续增加、学费不断上涨等一系列问题致使本科教育质量受到社会问责。为提高本科教育质量，20世纪60年代，学者们相继开展了基于问卷调查的大学生学习经验研究，学生参与相关理论应运而生。佩斯（Pace）、帕斯卡雷拉（Pascarella）、弗雷泽（Frazer）、乔治·库、阿斯汀（Astin）分别提出了"任务时间"理论、"整合"概念、"发展变量评定模型"、"学习性投入"、"学生卷入理论"等概念和模型，相关研究的应用与成果推动了学生参与理论的形成和发展。

弗雷德里克斯（Fredricks）将学习参与度分为行为参与度、情感参与度以及认知参与度。[②] 科茨（Coates）则将参与程度定义为一个复杂、综合的概念，是学术活动与社交活动的融合，包括建构性教学、同辈合作学习、对学术挑战的认识、师生互动、充分参与各类学习活动、支持性学习环境、课外合作、课外活动等维度。[③] 在综合前人研究的基础之上，并结合自己多年的实践，乔治·库提出了更为完善的学生参与理论。他认为学习参与实质是学生的行为与学校的高效执行力度相互作用的结果，它包含两个必要因素：一是学生做了什么，即学生参与有效教学活动中的时间和精力；二是高校做了什么，即高校在支持学生参与学习活动中在教育资源、教育政策、学习环境等方面的投入力度。他又提出学生参与主要是指学习参与度，包括本科生的学业挑战度、主动与合作学习、师生互动、丰富的教育经历以及支持性校园环境五个维度。[④]

学生参与理论是一个不断向纵深推进的理论，从起初的观测学生的时间投入到综合测量学生、学校、教师等多因素互动影响；从简单的聚焦时间投入到强调有效利用各种资源及情感体验的有质量的时间投入；从单一的关注教育资源投入到对教育资源、管理

①屈廖健.美国大学院校影响因素理论模型研究[J].比较教育研究,2015(4):57-63.

②FREDRICKS J A, BLUMENFELD P C, PARIS A H. Scholl engagement: potential of the concept, state of the evidence [J]. Review of educational research, 2004(1):59-109.

③COATES H. A model of online and genral campus-based student engagement [J]. Assessment and evaluation in hgiehr education, 2007(2):121-141.

④KUH G D. What student affairs professionals need to know about student engagement [J]. Journal of college student development, 2009(6):683-706.

政策以及学习环境等多维支持的考察，学生参与理论的内涵与外延随着高等教育研究的发展而不断拓展，随着学生就读经验研究的发展而日益丰富。

尽管本研究的研究对象留学生与一般意义上的本土大学生存在文化背景等方面的差异，但学生参与理论聚焦"学生"和"就读过程"的理论本质与本研究的目的和特征完美契合。研究对象的"学生"属性确保了学生参与理论在本研究中的适用性，对留学生学习过程进行探究的根本目的也与学生参与理论的目标与用途相契合，可见，学生参与理论为来粤留学生就读经验与学习收获研究提供了适切的理论支撑。

（二）院校影响因素理论

产生于20世纪70年代的院校影响因素理论是学生发展理论的重要组成部分。院校影响因素理论模型以社会学为视角并基于调查数据形成分析模型，突出大学整体环境与学生个体发展的相互影响与互动，并从学生个人信息、院校组织与环境等因素分析影响大学生发展的原因，探究学生动态发展过程。[①] 院校影响因素理论的发展与实践有赖于统计方法和社会科学统计软件的不断进步。以斯帕蒂（William G. Spady）的学生辍学行为分析模型、阿斯汀的"投入-环境-产出"（Input-Environment- Outcome）模型（I-E-O模型）、丁托（Tinto）的学生离校纵向模型[②]、帕斯卡雷拉的学生发展综合因果模型[③] 等为代表的院校影响因素理论模型是基于不同的研究目的建构而成，但共同之处是都充分考察了人口学基本特征，如性别、种族、家庭背景、社会经济状况等在学生学习发展中的重要作用，聚焦学生发展动态过程，突出大学环境作用，强调学校组织环境与学生个体互动等特征，其实质在于阐释学生成果产出，即学习收获的影响因素及过程。

阿斯汀的"投入-环境-产出"运用三角模型直观地把投入、环境和产出之间的关系表达出来。

扫码查看
☑ 现状报告
☑ 教育研究
☑ 读者交流
☑ 必修课程

①PASCARELLA E T，TERENZINI P T. How college affects students: a third decade of research [M]. San Francisco: Jossey Bass，2005:18.

②TINTO V. Leaving College: rethinking the causes and cures of student attrition [M]. Chicago: University of Chicago Press，1987.

③PASCARELLA E T，TERENZINI P T. How college affects students: a third decade of research [M]. San Francisco: Jossey Bass，2005:55—58.

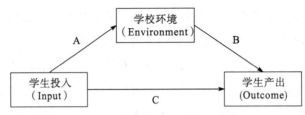

图2-2：阿斯汀的I-E-O模型 [①]

在此模型中，学生发展由投入、环境和产出三个部分组成。学生投入主要包括：学生的个体背景特征如性别、国别等；学生的家庭背景如父母文化程度、家庭收入等；学生进入大学之前的学习和社会经历。学校环境则包含高等教育机构对学生产生影响的各个环节。广义而言，大学环境包括学校的类型、设备资源、学校政策、校园文化、教学活动、同辈学习，以及学生就读期间在校内外的经历。学生产出则是指学生在学校期间获得的知识、技能，取得的成就以及价值观、态度、愿望等方面的转变。该理论模型强调了学生的发展是学生自身与学校环境的互动过程，而学习收获是学习投入和学校环境共同作用的结果。

与高校大学生群体相比，留学生群体的身份属性更具多元性与复杂性。国籍、年龄、母国文化等留学生所携带的身份特征与社会特征对其在异国学习过程中的影响是留学生就读经验研究的重要内容。与此同时，留学生作为就读经验的行为与感知的主体，其在整个留学就读过程中与校园环境、课堂氛围、教师、同辈等所有与其构成互动联系的客体产生交互作用，形成个体经历及体验。在此过程中，留学生个体与院校组织环境等因素存在相关甚至因果关系，因此基于社会学视角建构的院校影响因素理论模型对留学生就读经验具有显著的解释力度，院校影响因素理论中的阿斯汀I-E-O模型为来粤留学生就读经验与学习收获研究，尤其是探究留学生就读经验与学习收获的关系提供了重要的理论基础和分析框架。

综上，以心理学为基础的学生发展理论把学生个体作为研究单位，研究学生在不同阶段某种能力发展的内容和特点是什么，侧重学生的个体心理与行为的研究，而以社会学为基础的院校影响因素理论则主要阐述学生发展的整个过程是如何进行的，学生在就读过程中的经历和体验受到了哪些因素的影响。在当前纷繁复杂的高校内外部系统中，单纯的个体心理学研究并不能全面解释大学生发展行为与特点，而院校影响因素理论能够在学生发展研究、教育质量研究中发挥更适切的作用。院校影响因素理论基于社会学视角构建模型，研究学生发展的动态过程、突出学校环境模块的作用、强调环境与学生

---

① ASTIN A W. The methodology of research on college impact [J]. Sociology of Education, 1970(3):225.

个体互动、展现学生就读全貌。因此，院校影响因素理论为留学生就读经验研究的合理性提供了强有力的理论支撑，同时也为就读经验与学习收获的关系研究提供了思路与分析框架。

三、基于哲学视角的理论基础

教育学研究离不开哲学的观照。存在主义哲学强调对个体生存境遇的解读，发轫于对现实中的人的问题的观照。存在主义哲学思想强调人的主观性的存在，关注个体自身的主观情绪体验，阐释了有关个体的自由、选择、责任，倡导尊重人的个性。存在主义哲学主要关注人的体验、观念等如何决定人的行为，以及二者之间的关系。作为学习的主体，有主观自我意识的学生，是一切高等教育教与学活动的出发点和落脚点，是自由选择的个体，有自由选择的能力，有自我感知的能力，对学生生活和自身发展有着极其重要的影响，并在自由行动和实践中创造、实践自身的价值。[①]存在主义哲学关注个体自身非理性的主观情绪体验，强调自我感知的价值与意义。存在主义哲学思想为留学生就读经验研究的合理性提供了哲学依据。留学生身处异国，生存环境的差异在一定程度上影响了留学生的身心发展及情绪表达，留学生就读经验研究聚焦留学生个体的主观感知的表达，有利于研究获悉留学生在校学习生活中的真实感受与体验，并基于其主观感知探究留学生的就读过程和收获。

上述理论从不同角度为本研究的科学性与合理性提供了理论支撑。因此，本研究基于"人本主义理论""三元交互理论""学生参与理论""院校影响因素理论"等心理学、教育学、哲学理论，借鉴"三元交互理论模型"和"I-E-O模型"构建就读经验影响因素、就读经验与学习收获的关系的分析框架。在此基础上，遵循实证研究范式进行问卷和访谈设计，基于留学生对自身就读经验的价值判断和事实陈述两方面的数据，考察留学生背景信息、高校组织环境、学生参与互动等多重因素之间的相互作用与影响，全方位分析来粤留学生的就读经验以及就读经验对学习收获的影响路径。留学生的发展质量是留学教育质量的关键要素，科学、合理的就读经验调查研究不仅能够对高校留学生学习情况进行客观评价，引导学生调整学习行为，提升学生学习收获，优化留学生就读体验，更有利于促进高校留学教育遵循留学生学习发展规律，优化留学教育资源配置与服务，实现留学教育可持续发展。

[①]肖毅.高职院校学生学情研究:基于学习参与视角的实证调查[M].北京:知识产权出版社,2016:37.

第二节　概念模型与研究假设

本节主要介绍研究的概念模型以及该模型所假定的各类关系的立论依据，进而提出研究假设。

一、概念模型

研究必须建立观念架构，它是整个研究的建构基础，用以描述研究变量之间的关系。[1]观念架构与研究目的相互呼应，呈现出研究核心概念的结构关系。留学生是就读经验的行为与感知主体，在整个留学就读过程中与校园环境、课堂氛围、教师、同学等所有与其构成互动联系的客体产生交互作用，形成个体就读经历及体验。在文献研究、理论分析和前期访谈的基础之上，研究将通过调研数据检验图2-3所示的概念模型。

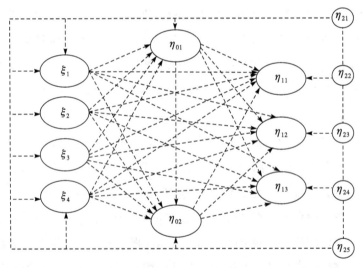

图2-3：概念模型

注：（1）$\xi_i(i=1,2,3,4)$为外因潜变量，是对"就读经历"的相关构念，其中ξ_1表示"课外活动"，ξ_2表示"课堂学习"，ξ_3表示"师生互动"，ξ_4表示"同辈互动"；

（2）$\eta_{0a}(a=1,2)$为内因潜变量，是对"就读体验"的相关构念，η_{01}表示"硬件支持"，η_{02}表示"软件支持"；

（3）$\eta_{1j}(j=1,2,3)$为内因潜变量，是对"学习收获"的相关构念，η_{11}表示"学业知识"，η_{12}表示"跨文化能力"，η_{13}表示"认同度"；

（4）$\eta_{2k}(k=1,2,3,4,5)$为内因控制潜变量，η_{21}表示"基本特征"，η_{22}表示"学业背景"，η_{23}表示"家庭背景"，η_{24}表示"生活背景"，η_{25}表示"学习动机与期待"。

---

[1]荣泰生.AMOS与研究方法[M].重庆:重庆大学出版社,2016:24-25.

图2-3中的虚线表示待探索的结构关系，由概念模型可见，研究将考察来粤留学生"就读经验"的影响因素及留学生的"就读经验"与"学习收获"的关系，并检验"就读体验"的中介作用和内因控制潜变量的影响效应。具体而言，研究将基于调研数据通过数理统计分析检测"就读经历"和"就读体验"对留学生"学习收获"的影响；分析留学生个人背景特征等五个变量对"就读经验"和"学习收获"的影响。通过对留学生就读过程的解析，探究来粤留学生就读经验的影响因素及路径。

二、研究假设

基于文献综述、理论分析与现实背景，提出以下研究假设：

（一）来粤留学生"就读经历"对"就读体验"的影响假设

国外相关研究探讨了大学生课程学习经历对其学习方式、学习结果的影响，通过实证研究分析了学生的学习经历与学习方式之间的关系，[1] 发现学生感知的教学情景对他们的学习行为有显著的影响，学生与教师的交往与互动是影响学生学习体验的重要因素。师生交往得越频繁，学生的学习体验越好。学生的学习参与程度对学习体验和满意度有积极的正向影响。留学生在就读过程中的活动参与经历越丰富、参与课外活动的频率越高，在课堂学习中的投入性越高，与教师、同学之间的交流互动活动越多、程度越深，对留学教育的感知体验越好，对学校的各项投入的满意度就会越高。此外，不少研究也证实了师生互动对学生学习体验的正向影响，不论是课堂上的，还是课外的，频繁的师生交流是影响学生学习参与的重要因素，教师的关心能够帮助学生攻克难关，能够为学生带来更好的学习体验。[2] 基于文献梳理、前期访谈与课堂观察，提出如图2-4所示的来粤留学生就读经历对就读体验的影响假设：

H1：就读经历对就读体验有显著正向影响。

H1a：课外活动对就读体验有显著正向影响。

H1b：课堂学习对就读体验有显著正向影响。

H1c：师生互动对就读体验有显著正向影响。

H1d：同辈互动对就读体验有显著正向影响。

①WILSON K L, LIZZIO A, RAMSDEN P. The development, validation and application of the course experience questionnaire [J]. Studies in Higher Education, 1997(22):33-53.

②CHICKERING A W, GAMSON Z F. Seven principles for good practice in undergraduate education [J]. Biochemistry and Molecular Biology Education, 1989(3):140-141.

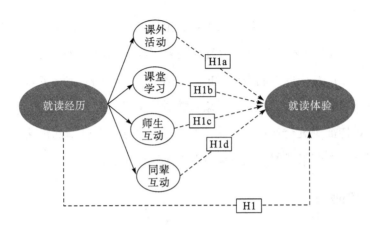

图2-4：就读经历影响就读体验的研究假设结构图

（二）来粤留学生"就读经历"对"学习收获"的影响假设

早在20世纪80年代，研究者们就已通过实证研究发现学生的学业收获与其在学习过程中的努力程度成正相关关系，即在相同的时间内学生的参与越多，质量越高，学习收获就越多。韦伯（Webber）等也认为"花更多时间准备上课或以其他方式从事学术任务的学生学习收获更大，对整体就读经历的满意度更高"。[①]帕斯卡雷拉等提出影响学生发展的首要因素不是学校规模、结构和组织特征等硬件指标，而是学生在学校系统中的参与、学生与高校内部环境和群体的互动以及融合程度。[②]阿斯汀指出应该重视学生参与学校课内外活动、重视师生互动，认为学生在校期间学习参与程度与学业收获相关，同时也是高校及各利益群体评价高等教育教学质量的重要参考因素。[③]乔治·库则认为学生的学习性投入，即学生的参与程度对学习收获有影响，学生参与学习活动、校园活动、社会活动时间越多，频率越高，质量越高，相应的能力就会得到越快增长。[④]

可见，学生的学习参与程度对学习收获有正向影响。积极的、频繁的学习参与反映的是一种积极的学习态度，而学习收获则是学习态度驱动下取得的学习成果，学生在学

①WEBBER K, KRYLOW R, ZHANG Q. Does involvement really matter? Indicators of college student success and satisfaction [J]. College Student Development, 2013(54):591–611.

②PASCARELLA E T, TERENZINI P T. How college affects students: a third decade of research [M]. San Francisco: Jossey Bass, 2005:18.

③ASTIN A W. Achieving education excellence: a critical assessment of priorities and practices in higher education [M]. San Franciso: Jossey Bass 1985:135–137.

④KUH G D. Assessing what really matters to student learning: inside the national survey of student engagement [J]. Change, 2001(3):10–17.

习过程中的参与程度越高，表明他们越愿意在学习上付出努力，由此也会在学习过程中收获更多、更好的体验。投入程度不同的学生的学习经历和学习产出均会有所差异。考虑到研究中的"就读经历"是一个包含了四个观测变量的维度，也就是说，每一个观测变量的积极反馈都可能促进留学生个体在学业知识、跨文化能力以及对学校留学教育的认同度三个方面取得收获。据此，提出以下研究假设：

H2：就读经历对学习收获有显著正向影响。

H2a：课外活动对学习收获有显著正向影响。

H2b：课堂学习对学习收获有显著正向影响。

H2c：师生互动对学习收获有显著正向影响。

H2d：同辈互动对学习收获有显著正向影响。

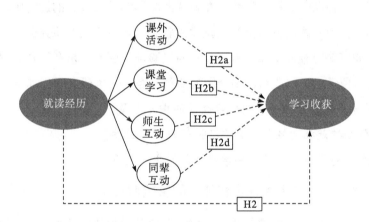

图2-5：就读经历影响学习收获的研究假设结构图

（三）来粤留学生"就读体验"与"学习收获"的关系假设

本研究中的"就读体验"主要通过留学生对学校所提供的硬件设施投入的满意度和对教学软件资源投入的满意度来体现。现有研究表明，院校环境是大学生学习产出的间接影响因素，院校环境可能不会直接对学生学习收获产生影响，但会直接影响留学生学习活动积极性，进而影响学生学习收获。支持性的校园环境会对学生学习收获各个维度产生积极影响，呈现出显著的正效应。[①] 留学生群体与学校环境存在着交互耦合关系，留学生在就读期间对校园环境支持的感知与判断影响着学生的学习行为，也影响着留学生的学习收获。因此，本研究提出以下假设：

---

①白华.本科生就读经验影响学习收获的路径研究:基于结构方程模型[J].中国高教研究,2013(6):26-32.

H3：就读体验对学习收获有显著正向影响。

H3a：留学生对学校硬件设施投入的满意度与学习收获存在显著正向影响。

H3b：留学生对学校软件资源投入的满意度与学习收获存在显著正向影响。

（四）来粤留学生"就读体验"的中介作用假设

留学生就读经历对就读体验和学习收获产生影响，同时就读体验也会对学习收获产生正向影响。已有研究发现学生参与有效学习活动中的时间越多、程度越深，他们在知识理解和能力提升中的收益就越大，学生的发展就越好；高校为学生参与教育活动提供的支持力度越有效，学生的感知越好，学生参与有效活动的积极性越高，在活动中投入的时间和精力就越大，从而获得的学习效果就越好。[①]结合现实观察与实践经验，我们假设在就读经历影响学习收获的过程中，就读体验既是就读经历的一种结果，同时又是影响学习收获的一种动因。这意味着，在就读经验影响学习收获的过程中，就读体验发挥着中介作用。目前，国内聚焦留学生就读体验影响学习收获的研究极少，就读体验的中介效果究竟如何缺乏数据支撑。本研究将通过验证性因素分析和结构方程分析就读体验及其分维度对留学生学习收获的中介影响路径。综上，本研究提出如下假设：

H4：就读体验是就读经历影响学习收获的中介变量。

H4a：硬件支持是就读经历影响学习收获的中介变量。

H4b：软件支持是就读经历影响学习收获的中介变量。

（五）来粤留学生"个人背景特征"的影响假设

帕斯卡雷拉曾指出"学生学习产出和个体发展会受到学生背景的直接影响。学生的发展是个人原有条件与学校的环境、师生交往、学生对学校环境的感知，以及学生努力程度等多方面因素相互作用的结果"。学生的就读体验和收获与学生的个体特征存在关系。[②]谢里（Sherry）等的研究认为留学生之间的跨种族互动关系微妙，多种国籍和民族交织在一起会影响留学生间的互动。[③]与本土大学生群体相比，在留学过程中经历文化冲突的留学生的个人特征对其就读经历和体验的影响可能更加显著。不同国家及文化背景的留学生出于不同的动机与目标选择出国留学，动机不同可能会造成留学生在就读

①KUH G D. Assessing what really matters to student learning: inside the national survey of student engagement [J]. Change, 2001(3):10–17.

②PASCARELLA E T, TERENZINI P T. How college affects students: a third decade of research [M]. San Francisco: Jossey Bass, 2005:18.

③SHERRY M, THOMAS P, CHUI W. International students: a vulnerable student population [J]. Higher Education, 2010 (60):33–34.

过程中的就读经验呈现显著差异。研究发现，发展中国家与发达国家的学生来华留学的影响因素存在较大差异，前者更看重中国的发展潜力和科技教育水平，而后者则较少考虑上述因素。在性别影响方面，研究发现女性学生投入学习中的时间普遍比男性学生多，在同辈互动、交流沟通方面更加积极主动。① 因此，研究认为来粤留学生的就读经验受到个人背景特征的影响，研究假设如下：

H5：就读经历受到留学生个人背景特征的影响。

H6：就读体验受到留学生个人背景特征的影响。

H7：学习收获受到留学生个人背景特征的影响。

综上，本章基于社会心理学、教育学等学科的人本主义理论、三元交互理论、学生参与理论提出概念模型与研究假设（如表2-1所示），为下文基于数据的统计分析和结构方程模型的建构奠定基础。

表2-1：研究假设汇总

序号	研究假设	作用类型
H1	就读经历对就读体验有显著正向影响	因果关系
H1a	课外活动对就读体验有显著正向影响	因果关系
H1b	课堂学习对就读体验有显著正向影响	因果关系
H1c	师生互动对就读体验有显著正向影响	因果关系
H1d	同辈互动对就读体验有显著正向影响	因果关系
H2	就读经历对学习收获有显著正向影响	因果关系
H2a	课外活动对学习收获有显著正向影响	因果关系
H2b	课堂学习对学习收获有显著正向影响	因果关系
H2c	师生互动对学习收获有显著正向影响	因果关系
H2d	同辈互动对学习收获有显著正向影响	因果关系
H3	就读体验对学习收获有显著正向影响	因果关系

---

① LEONARD SAX. Why gender matters: what parents and teachers need to know about the emerging science of sex differences [M]. New York: Doubleday, 2005:22.

序号	研究假设	作用类型
H3a	留学生对学校硬件设施投入的满意度与学习收获存在显著正向影响	因果关系
H3b	留学生对学校软件资源投入的满意度与学习收获存在显著正向影响	因果关系
H4	就读体验是就读经历影响学习收获的中介变量	中介作用
H4a	硬件支持是就读经历影响学习收获的中介变量	中介作用
H4b	软件支持是就读经历影响学习收获的中介变量	中介作用
H5	就读经历受到留学生个人背景特征的影响	调节作用
H5a	就读经历受到留学生基本特征的影响	调节作用
H5b	就读经历受到留学生学业背景的影响	调节作用
H5c	就读经历受到留学生家庭背景的影响	调节作用
H5d	就读经历受到留学生生活背景的影响	调节作用
H5e	就读经历受到留学生学习期待的影响	调节作用
H6	就读体验受到留学生个人背景特征的影响	调节作用
H6a	就读体验受到留学生基本特征的影响	调节作用
H6b	就读体验受到留学生学业背景的影响	调节作用
H6c	就读体验受到留学生家庭背景的影响	调节作用
H6d	就读体验受到留学生生活背景的影响	调节作用
H6e	就读体验受到留学生学习期待的影响	调节作用
H7	学习收获受到留学生个人背景特征的影响	调节作用
H7a	学习收获受到留学生基本特征的影响	调节作用
H7b	学习收获受到留学生学业背景的影响	调节作用
H7c	学习收获受到留学生家庭背景的影响	调节作用
H7d	学习收获受到留学生生活背景的影响	调节作用
H7e	学习收获受到留学生学习期待的影响	调节作用

第三章

研究设计与数据收集

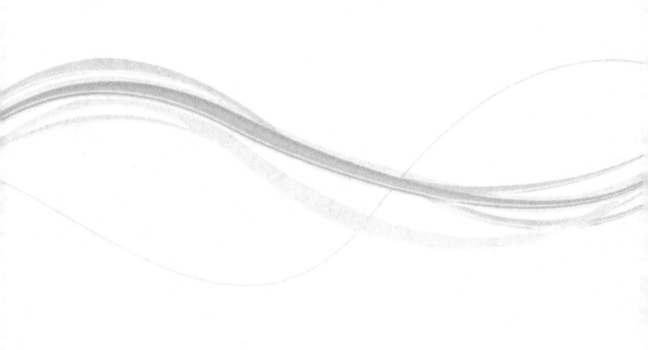

研究设计是实现研究目的、回答研究问题的蓝本。[①] 通过系统梳理留学生教育研究文献，基于研究问题和目标，确立了本研究的观念架构、变量间关系以及研究假设。本章将在前期研究的基础之上，结合概念模型设计中使用的量表，对变量进行操作性定义，确定留学生就读经历、就读体验和学习收获的维度结构及观测指标。此外，为确保整个研究的科学性与合理性，本章还对数据处理方法进行选择和评价，并对调查问卷进行初试，为后续分析与检验变量间的关系奠定基础。

第一节　量表与问卷的确立

国外关于就读经验的研究发端较早，较为成熟的调查研究包括 CSEQ、CEQ、NSS、NSSE、SERU 等。20 世纪 70 年代，罗伯特·佩斯（Robert Pace）研制出了"美国大学生就读经验问卷"（CSEQ），并分别于 1983 年、1990 年和 1998 年进行修订与改进。CSEQ 的运营工作于 1994 年转移到印第安纳大学高等教育研究与规划中心，开始由乔治·库负责。CSEQ 主要用来衡量高校学生就读期间，在课堂内外的学习经历，以及学生的发展与进步，最早起源于对大学环境的研究，因此校园活动及与校园环境资源的互动和感知是该问卷的主要部分，也是问卷的特色所在。目前已有超过 500 所高等教育机构的数十万学生参与了该问卷的调研，[②] 该量表的信效度已得到了反复检验并获得了广泛的认同。

保罗·拉姆斯登（Ramsden）、艾因利（Ainley）、麦金尼斯（McInnis）等人在英国兰卡斯特大学进行了系列研究并于 20 世纪 90 年代初编制出了"课程学习经验调查问卷"（Course Experience Questionnaire，CEQ），研究的初始问卷包括良好的教学、清晰的目标、适当的课业负担、适当的评价和强调独立性五个维度，共 30 个测量题项。[③] "学生对课程、教学与评价的感知是决定其学习方式和学习结果的关键因素"是 CEQ 问卷设计立足的基础。CEQ 主要用来测量本科生感知的教学情境，重点聚焦课堂教学环境中的学习经历，为高校教学质量提供了丰富的绩效指标，是比较学生对课程满意度的重要数据来源。CEQ 的信效度在国外教育领域得到了广泛证实与肯定，问卷被广泛用于澳

---

① 荣泰生. AMOS 与研究方法[M]. 重庆：重庆大学出版社，2016：28.

② 章建石. 基于学生增值发展的教学质量评价与保障研究[M]. 北京：北京师范大学出版社，2014：82.

③ RAMSDEN P. A performance indicator of teaching quality in higher education: the Course Experience Questionnaire [J]. Studies in Higher Education，1991(2)：129–151.

大利亚、英国和我国多所研究型大学。[①] 研究表明CEQ在我国高等教育情境下亦是可行的，但其结构效度和信度还有待持续改进。[②] 英国全国学生调查（National Student Survey，NSS）是一项关于学生学习状况的调查，其问卷数据是英国高校教学质量评价的重要来源之一。NSS问卷来源于CEQ，虽曾对部分问项和各个子维度的名称进行了修订，但仍保存了原始问卷的基本结构，[③] 共包含22个问项，涵盖了课程教学、评价与反馈、学习支持、课程组织和管理、学习资源、个人发展以及总体满意度七个维度。

1998年美国高等教育协会前主席拉塞尔·埃尔顿委托全国高等教育管理系统中心（National Center for Higher Education Management Systems）的彼得·尤厄尔（Peter Ewell）开发了NSSE量表。[④] 该量表是通过学生学习现状衡量大学教育质量的重要工具。量表主要针对四年制本科院校学生投入高层次学习和发展程度进行调查，聚焦学生的学习生活，调查学生的学习行为、学校投入有效教学实践的努力程度以及学生对学校促进学习和自身发展程度的看法，涉及学校的各项教学活动、学生的学习投入行为，以及学生对个人学习经验的评价、对学校的满意度等，通过该测量工具探究教育质量，推动学校重视学生学习质量，进而提升教学质量。自2000年在美国推行以来，参与该项调研的人数逐年递增，已成为同类研究中最具权威性、信息最丰富的一项调查。[⑤] 2002年，加州大学主持开展了"研究型大学学生就读经验调查研究"（Student Experience in the Research University，SERU），旨在了解研究型大学教学服务和学习质量。该问卷的核心模块包括学生学习时间、学习投入程度、学习进步情况、合作性课程活动、对自己专业学习和学习状况的满意程度。SERU调查每两年进行一次，为顺应环境和学生需求的变化，量表也在不断修订与完善，越来越多的研究型大学利用该项调查进行教育质量诊断，现已形成SERU国际调查联盟，参与调查的学校和学生遍及亚洲、欧洲、北美洲、南美洲和非洲。[⑥]

上述成熟量表对本研究的量表设计和维度规制具有重要的启发和借鉴价值，其各自

①屈廖健,孙靓.研究型大学本科生课程学习参与度的影响因素及提升策略研究[J].高校教育管理,2019(1):113-124.

②YIN H, WANG W. Assessing and improving the quality of undergraduate teaching in China:the course experience questionnaire [J]. Assessment & Evaluation in Higher Educaiton, 2015(8):1032-1049.

③RAMSDEN P. A performance indicator of teaching quality in higher education: the course experience questionnaire [J]. Studies in Higher Education, 1991(2):129-151.

④罗晓燕,陈洁瑜.以学生学习为中心的高等教育质量评估:美国NSSE"全国学生学习投入调查"解析[J].比较教育研究,2007(10):50-54.

⑤KUH G D. What we're learning about student engaement from NSSE [J]. Change, 2003(35):24-32.

⑥The SERU international consortium [EB /OL]. [2018-12-12]. http://cshe.berkeley.edu/research/seru/mission.htm.

具有不同的研究目的，针对不同学生群体进行测量，也呈现出显著不同的设计特点，在 NSS、NSSE 与 SERU 调查中，学生满意度是重要的调查板块。[1] 它们关注学生的学习体验、高校的教育能力，强调从学生参与的角度了解学生的学习经历和发展现状。CESQ 调查则突出校园活动及校园环境对学生发展的影响。CEQ 和 NSS 调查量表将研究重点落脚至课程学习，认为课堂是教学质量生成的主要场所，也是教育质量控制和保障的重心，凸显了微观教育质量评价的现实意义。上述调查工具的应用与实践也促使高等教育领域逐渐意识到高校的声誉和资金资源等外在条件并不是高等教育领域质量评估的唯一内容和尺度。

本研究借鉴的成熟量表应用广泛，经过了众多国家、高校的实证数据的检验。然而，学生学习活动是一种社会组织行为，高等教育是一种复杂的社会活动，二者均与其所在的社会与文化体系紧密相关。把形成于英美，并在美国等国家取得成功的学生学习调查工具运用到我国的高等教育情境之中，不可避免地要面临文化适应问题和文化理解问题。为此项目组进行了积极的前期探索，根据我国高等教育的实际情况，通过前期调研与访谈，依据留学生教育情境与留学生学习生活的特殊性，对问卷的具体维度与题目进行了适应性调整与改良，并通过双向翻译，反复确认问卷语言表达的准确性。为降低调查问卷中的题目偏误，在问卷设计与编制阶段，在中山大学、华南师范大学、暨南大学和广东外语外贸大学 4 所高校，分别随机选取了 4、3、2、2 名留学生进行面对面的交流与访谈，判断并确立调研的主要维度。此后，采用"德尔菲法"，即专家调查法，访谈了华南师范大学、广东外语外贸大学、暨南大学、华南理工大学、广州医科大学、广东机电职业技术学院、广东轻工职业技术学院及岭南师范学院等院校的 20 位留学教育领域专家学者，对初步设计的来粤留学生就读经验主要维度进行"必要性"和"重要性"测评，依据专家打分及意见对核心维度进行调整，初步形成了调研所需问卷，问卷涵盖的维度提炼于留学生学习就读的现实环境，符合学生教育特点并能够体现出留学生群体的独特性。为确保问卷题目表述的精准性，再次在 4 所高校随机选取 6 名留学生，就问卷内容设置、语言形式的准确性及语义表达的适切性等方面与留学生进行当面阐释与沟通，收集留学生对初始问卷的修改意见和建议，结合访谈内容对问卷中的相关题目及表达方式进行适应性改良，进而确立本研究所使用的主要工具，即"留学生就读经验与学习收获调查问卷"。问卷重点关注来粤留学生在粤高校就读过程，通过其自我评测

[1] MORO EGIDO. An analysis of student satisfaction: full time vs part time students [J]. Social Indicators Research, 2010 (2):363-378.

的课堂内外学习体验、学习参与程度、与教师和同学的人际互动，以及留学收获和对留学教育满意度等来诊断留学生的学习过程和在粤高校留学教育质量。

一、自述式调查问卷的可行性

在高等教育发展过程中，在"以人为本""以学生为中心"等理念的影响与推动下，大学生的自主感知与个性反馈逐渐受到了教育界、教育研究者的关注与重视，"自我报告数据"（Self-Report Data）被广泛地应用于大学生学习参与等相关研究之中，国内外学者针对"自我报告数据"的有效性和可靠性进行了研究与论证。学生自述式评价的可靠性和有效性获得了验证。

在可靠性方面，默里（Murray）等的研究表明"如果问卷设计得当，并且调查的学生数量足够，同一群体不同学生的评价结果会是高度一致的，同一批学生在不同的时间段所给出的评价也是高度一致的"[①]。在实践性方面，派克（Pike）证实了大学生自我评价的结果可以作为衡量和改进教学质量的信息。[②] 在内容方面，戈尼亚（Gonyea）对高校中学生自我报告式评价进行了分类与检验，认为自我报告信息应包括个人背景、行为和能力的发展。[③] 乔治·库认为"自我报告"评价问卷在满足下面五项条件时，具有较高的有效性：（1）受访者清楚问题所询问的具体信息；（2）问题表述清晰且无歧义；（3）问题询问的是近期发生的事情；（4）受访者认为问题的内容值得严肃认真回答；（5）回答问题不会对受访者的隐私造成威胁、困扰或冒犯，或鼓励受访者提供社会期许的答案。[④]

本研究的受访者是来粤留学生，研究旨在对留学生的就读经历、就读体验及学习收获进行广泛调研，探究留学生的主体性感受及个性化反馈，为准确体现受访者"学习体验主体"这一特征，宜采用"自我报告数据"测量方式。通过严谨的问卷、量表设计与检验，本研究能够满足上述五项条件以确保研究的有效性。

①MURRAY G H, RUSHTON J P, PAUNONEN S V. Teacher personality traits and student instructional ratings in six types of university courses [J]. Journal of Educational Psychology, 1990(2):250-261.

②PIKE G. The relationship between self-reports of college experiences and achievement test scores [J]. Research in Higher Education, 1995(36):1-21.

③GONYEA R M. Self-reported data in institutional research:review and recommendations [J]. New Directions for Institutional Research, 2005(127):73-89.

④KUH G D, HAYEK J C, CARINI R M, OUIMET J A, GONYEA R R, KENNEDY J. NSSE technical and norms report [R]. Indiana University Center for Postsecondary Research and Planning, Bloomington, 2001:9.

二、量表的设计原则

本研究中使用的"留学生就读经验与学习收获调查问卷"包含3个量表，即留学生就读经历、留学生就读体验和留学生学习收获量表。量表的设计是本研究获取样本数据进行实证分析的重要前提与基础，罗伯特（Robert F. DeVellis）指出为了提高测量量表的信度和效度，在量表的开发过程中需要遵循四个原则：

（一）理论为本原则

实证研究的概念模型需要坚实的理论基础，测量量表也以大量的相关理论作为设计的基础。邱吉尔（Churchill）提出在量表开发设计初期需要建立可信的理论研究框架，基于指定的理论研究框架再进行量表及具体问项的设计。[①] 本文在充分梳理文献，厘清就读经验、学习收获等相关概念和理论，综合分析国内外广泛使用的调查工具的基础上，结合来粤留学生实际特征，形成概念模型框架，在该概念模型框架基础之上设计了调查所使用的包含就读经历、就读体验和学习收获三个量表的调查问卷。

（二）简洁原则

为提高测量效度与数据质量，在设计量表时还遵循了简洁原则，尽量选择较为简洁且易于受访者群体理解的词语，选择符合国际交流习惯的表达方式，尽量减少对问题含义的不同解释，尽量缩短各问项的长度，极大程度地避免中英文不同语言版本的差异性，确保受访者能够准确理解问项含义，使答案的差异反映人们在问题立场上的差异，而不是对问题解释的差异。

（三）信度和效度原则

调查问卷及各测量量表的信效度问题是实证研究的工具基础。初步设计好的量表须经过实证数据的信度和效度分析才能用于后续的分析。因此，本文遵循这条原则，在获取实证数据后，首先检验各量表的Cronbach's α系数值，并采用探索性因子分析对问卷的效度进行分析，测量量表良好的信效度是后续结构方程模型分析的基础。

（四）多题项测量原则

邱吉尔（Churchill）指出测量一个"构念"时常需要两个或两个以上的观测变量。本研究中所涉及的留学生就读经历、就读体验和学习收获三个变量都是潜变量，无法直

① CHURCHILL G A. A Paradigm for Developing Better Measures of Marketing Constructs [J]. Journal of Marketing Research, 1979(2):64–73.

接对其进行测量，需要通过相应的观测变量加以测量。为充分展现目标潜变量的内涵与外延，基于前期文献梳理及专家访谈与调研，研究为三个核心潜变量分别附以20个、9个和15个观测变量。（见表3-1、3-2和表3-3）

三、量表结构及变量的操作化定义

为了更准确地测量，保证研究的信效度，基于前期的研究，本文对相关成熟量表进行了编制与修改，确立了本研究中三个核心潜变量，即来粤留学生就读经历、就读体验和学习收获，并据此设计完成了实证调查问卷所包含的三个调查子量表。

（一）来粤留学生就读经历子量表

变量的设计与构想是相对抽象的、不确定的，而操作性定义则是将抽象具体化的关键步骤。操作性定义是对变量的操作性加以说明，是具有明确的、特定的测试标准的陈述。[①]

从学理角度而言，留学生"就读经历"是一个非常复杂的概念，指留学生在就读中参与各项活动及关系的总和。留学生在就读过程中的经历比仅仅学习新知识与文化要复杂得多，其涉及各种参与实践与身份的建构，通常表现为参与行为以及参与程度，而在现实中，学生的参与是全面而广泛的，涵盖学生在校期间在各项教育活动中的参与程度。从实证分析的角度而言，留学生的"就读经历"是调查研究中的一个核心变量，是一个多维的、抽象的，不能直接进行观察和测量的变量，即潜变量。为测量潜变量，研究需要对其进行操作性定义并赋予其能够直接测量的观测变量，即建立调查量表的测量指标，或称为题项、问项。建构观测变量与潜变量的关系也是整个研究模型建构的重要基础。

在总结文献和先前的研究成果，借鉴CSEQ、CEQ、NSSE、SERU等调查研究的成熟量表，并在调研留学生、走访留学生教育研究专家及各高校一线教师后，研究确立了"就读经历"概念所包含的4个维度，即潜变量"就读经历"包含"课外活动""课堂学习""师生互动"和"同辈互动"4个观测变量。

量表中的"课外活动"是指留学生在课堂之外的各类活动，主要表现为参与校内外各种组织或团体活动，比如学术讲座、沙龙及论坛；参与社会实践或实习，如校外兼职或创业等活动，包含下面7个二级指标。"课堂学习"维度着重对目标留学生课堂参与程度进行观察与测评。国内外已有研究发现，课堂是学习活动进行的最主要场所，学生

---

①荣泰生.AMOS与研究方法[M].重庆:重庆大学出版社.2016:29.

对课堂学习环境的感知会影响学生的教育收获和就读满意度。[①]留学生课堂学习的投入程度会影响其就读体验及学习收获吗？留学生对课堂教师教育投入等软环境的感知会影响其学习参与，继而影响其学习收获吗？出于上述考量，本研究设计了"课堂学习"维度，共包含4个二级指标，即参与各科课堂学习活动、课堂上认真听讲、课堂上积极参与讨论、完成课堂规定任务和作业。"师生互动"维度则包含与教师讨论课程相关知识、与教师讨论个人学业规划、与教师讨论社会文化等议题、教师对你的学习表现予以反馈和评价、课后与教师保持联系5个二级指标。"同辈互动"意为留学生与其他留学生或本地学生的交流与互动过程和关系，该维度包含与同学讨论课程相关知识、与同学交流留学体会、结识与自己宗教信仰不同的同学、结识与自己人生观价值观不同的同学4个二级指标。

综上，如下表3-1所示，本研究实证分析所使用的"来粤留学生就读经历子量表"，预计通过留学生的"课外活动""课堂学习""师生互动""同辈互动"4个维度、共计20个二级指标测量来粤留学生在就读过程中各项活动的参与现状。

表3-1：来粤留学生就读经历子量表

维度	二级指标	题项内容
课外活动	KW1	参加校内各种学术讲座、沙龙、论坛等活动
	KW2	参加校内文化艺术节或音乐戏剧表演等活动
	KW3	参与校内社团或学生组织等活动
	KW4	使用图书馆、实验室等场所提升研究或学术技能
	KW5	参加社会实践或实习
	KW6	参加校外兼职或创业
	KW7	参加校外社会团体、组织活动
课堂学习	KT1	参与各科目的课堂学习
	KT2	课堂上认真听讲
	KT3	参与课堂上的讨论
	KT4	完成课堂规定任务和作业
师生互动	SS1	与教师讨论课程相关知识

①文雯,陈丽,陈强,等.课堂学习环境与来华留学生学习收获的研究:以清华大学为例[J].清华大学教育研究,2014(2):107-113.

维度	二级指标	题项内容
师生互动	SS2	与教师讨论个人学业规划
	SS3	与教师讨论社会文化等议题
	SS4	教师对你的学习表现予以反馈和评价
	SS5	课后与教师保持联系
同辈互动	TB1	与同学讨论课程相关知识
	TB2	与同学交流留学体会
	TB3	结识与自己宗教信仰不同的同学
	TB4	结识与自己人生观价值观不同的同学

（二）来粤留学生就读体验子量表

本研究中的"就读体验"这一概念的操作性定义为"留学生在粤各高校就读过程中对学校所提供的软硬件环境支持的体验和感知"。研究确立了"就读体验"两个维度，这意味着，潜变量"就读体验"包含留学生对学校硬件服务设施的体验、对学校教学资源等投入的感知，下文中简称为"硬件支持"和"软件支持"。如表3-2所示，研究所使用的"来粤留学生就读体验子量表"，主要从留学生对学校图书馆、实验室、宿舍、运动设施及场所、校园生态环境等"硬件支持"和课程质量、课程安排、教师教学水平、教师教学语言等"软件支持"，合计共9个二级观测指标来测量来粤留学生就读体验现状。

表3-2：来粤留学生就读体验子量表

维度	二级指标	题项内容
硬件支持	YJ1	对学校图书馆的满意度
	YJ2	对学校实验室的满意度
	YJ3	对学校留学生宿舍的满意度
	YJ4	对学校运动设施及场所的满意度
	YJ5	对学校校园生态环境的满意度
软件支持	RJ1	对课程质量的满意度
	RJ2	对课程安排的满意度
	RJ3	对教师教学水平的满意度
	RJ4	对教师教学语言的满意度

（三）来粤留学生学习收获子量表

综合对留学生群体特征的考量以及相关研究基础，本研究将"学习收获"定义为"留学生在粤各高校就读过程中学业知识、跨文化能力和对院校留学教育的认同度的收获"。据此，研究确立了留学生学习收获主要涵盖的3个维度，即"学业知识""跨文化交际能力""认同度"。由下表3-3可见，上述3个维度分别包含了5、3、7个二级观测指标。

"认同"的含义复杂，在不同学科领域存在不同的理解，尚缺乏一个被普遍接受的定义，心理学领域主要包括自我认同和社会认同两种取向，社会学认同理论包括社会认同和角色认同两个方面。本研究的目的是从留学生就读经验视角考察来粤留学质量现状，基于该目的，研究中的"认同度"特指"对学校的认同"。石中英（2006）在探讨学校文化与学校认同和学校发展之间的关系时，在文化与认同关系的基础上阐述了"学校认同"的内涵，他强调学校认同属集体认同，是学校师生在心理上对所属学校文化的一种接纳、肯定和欣赏等广泛的内容。[①]

本研究量表中的"认同度"被预设为考察留学生对学校留学教育的接纳与肯定程度，具体包含5个二级观测指标，即是否认同学校促进了留学生学术和学业的发展；是否认同学校促进了留学生语言能力的发展；是否认同学校促进了留学生跨文化交际能力的发展；是否认同学校促进了留学生沟通与合作能力的发展；是否认同学校促进了留学生对未来职业的规划与发展。"学业知识"维度包含汉语知识与能力、专业基础理论知识和专业知识的实践技能3个二级观测变量。"跨文化能力"维度包含自主学习能力、跨文化交际能力、团队协作能力、独立生活能力、理解了不同的文化与习俗、适应环境变化的能力以及了解自己（性格、能力与兴趣等）7个二级观测变量。

表3-3：来粤留学生学习收获子量表

维度	二级指标	题项内容
认同度	RT1	学校促进了留学生学术和学业的发展
	RT2	学校促进了留学生语言能力的发展
	RT3	学校促进了留学生跨文化交际能力的发展
	RT4	学校促进了留学生沟通与合作能力的发展
	RT5	学校促进了留学生对未来职业的规划与发展
学业知识	ZS1	在汉语知识与能力方面得到了发展

[①]石中英.学校文化、学校认同与学校发展[J].中国教师，2006(12):4-6.

维度	二级指标	题项内容
学业知识	ZS2	在专业基础理论知识方面得到了发展
	ZS3	在专业知识的实践技能方面得到了发展
跨文化能力	NL1	在自主学习能力方面得到了发展
	NL2	在跨文化交际能力方面得到了发展
	NL3	在团队协作能力方面得到了发展
	NL4	在独立生活能力方面得到了发展
	NL5	在理解了不同的文化与习俗方面得到了发展
	NL6	在适应环境变化的能力方面得到了发展
	NL7	在了解自己(性格、能力与兴趣等)方面得到了发展

综上，研究将对"就读经历""就读体验"与"学习收获"3个量表中的"课外活动""课堂学习""师生互动""同辈互动"等9个维度与44个二级观测指标进行调查，采用客观的数据分析对来粤留学生的就读经验及影响因素的关系进行量化研究，获悉来粤留学生就读经验与学习收获现状，分析就读经验的影响因素以及就读经验对留学生学习收获的影响，揭开来粤留学生就读经验的黑箱。

第二节　问卷数据处理方法

在数据分析方面，本研究利用SPSS 25.0和AMOS 24.0软件对问卷调查的数据进行统计分析，分别从频数、频率、平均数、中位数、众数及标准差等角度对问卷中的变量进行描述。之后，进行了独立样本 t 检验及多变量单因素方差分析，主要分析不同性别、年级、国籍、入学目的、受资助方式等分类变量对就读经验、学习收获方面是否存在显著性差异。通过相关系数分析、可靠性分析、因子分析、中介作用分析等方法进行了变量间相关关系、信效度检验及中介效应的分析，进而建立结构方程模型，通过模型的路径系数等数据分析变量间的相关关系及影响作用大小和方向。其中，通过相关系数分析各变量、各维度间的线性相关方向及大小；通过可靠性分析对初始问卷及正式问卷进行折半信度检验；因子分析主要用于提取调查中各个量表的因子及验证分析；最终使用结构方程模型建构就读经验对学习收获的影响模型。具体而言，研究将采用下述方法处理数据：

一、测量题项的相关性分析

在正式问卷发放前，需要对初始问卷的信效度进行检验和分析。效度即有效性，在统计学中经常被定义为测量的正确性。它是指测量工具或手段能够准确测出所需测量事物的程度，即构念的概念性定义及操作性定义之间是否契合。表面效度作为量表测量的基础效度，是最容易达成也是最基本的测量工具效度。评价表面效度，经常采用逻辑分析与统计分析相结合的方法进行。其中逻辑分析一般是由研究者或专家主观评判所选项目"看上去"是否符合测量的目的和要求，并以此来判断指标是否真的测量到了所欲测量的构念。① 而统计分析则主要采取相关分析、项目分析和同质性检验等方法，来判断和评价测量指标能否测量出预先设计的构念。

二、测量效度的检验方法

建构是用来解释个体行为的假设性的理论架构心理特质，因而建构效度"能够测量到理论建构心理特质的程度"。建构效度对于社会行为科学的测量来说是一个极为重要的效度指标。如果依据理论的假设架构，编制一份心理测试量表，经过实际测试，受试者所得实际分数经统计检验能够有效解释受试者的心理特质，则意味着此量表具有良好的建构效度。统计学中检验建构效度最常用的方法就是因子分析。判断是否适用因子分析的方法是进行取样适应性检验（KMO, Kaiser-Meyer-Olkin）和 Bartlett 球体检验。KMO统计量主要用于检验变量间的偏相关性是否足够小，是简单相关量与偏相关量的相对指数。表3-4显示的是使用KMO统计量判断是否适合做因子分析的具体标准。

表3-4：因子分析判断指标和标准 ②

指标	判断标准
KMO 统计量	KMO＞0.9，非常适合做因子分析
	0.8—0.9 之间，适合做因子分析
	0.7—0.8 之间，可以做因子分析
	0.6—0.7 之间，勉强可以做因子分析
	0.5—0.6 之间，不适合做因子分析
	KMO＜0.5 时，非常不适合做因子分析
Bartlett 球体检验	显著，可以做因子分析

①许长勇.大学生专业承诺对学习投入和学习收获影响机制的研究[D].天津:河北工业大学,2013.
②马国庆.管理统计:数据获取、统计原理、SPSS工具与应用研究[M].北京:科学出版社,2002:117.

指标	判断标准
Bartlett 球体检验	不显著，不适合做因子分析

因子分析的主要功能是从量表全部项目中提取一些公因子，各公因子分别与某一群特定变量高度关联，这些公因子即代表了量表的基本结构。通过因子分析可考察问卷是否能够测量出研究者设计问卷时假设的某种结构。

在编制量表过程中，可以依据探索性因子分析的结果，根据题项在相应因子上的载荷大小，进行删减以优化量表。合理的题项应该是在一个因子上的载荷尽可能较大，而在其他因子上的载荷尽可能小。如果一个题项在两个以上的因子中有较大的因子载荷，说明被试者对于该题项有不同的理解，使得其交叉载荷较大，应对其进行修改，避免歧义。一般保留因子负荷值在0.5以上的题项，如果该因子的题项较多，可以进行进一步的删减，则保留因子载荷最大的所需数目的题项。较好的因子分析结果，还应使得保留因子的累积方差贡献率较大。方差累积贡献率反映了主成分保留原始信息量的多少。一般而言，主成分累积贡献率达到75％以上就可以很好地说明和解释问题，因此可以此为标准选取累积贡献率达到75％以上的主成分作为公因子。在自然科学的研究中，累积贡献率应以达到95％以上为宜，而在社会科学研究中，累积贡献率则以达到60％以上为宜。[①]

三、测量信度的检验方法

统计学中的信度分析又称为可靠性分析，是指测量结果的一致性或稳定性。信度包含两个方面，即可重复性和内在一致性。可重复性是指一个好的测量量表，它的结果是可靠的，即可以多次反复测量。内部一致性是指受试者在回答问题时是否存在一致性。[②]本研究采用克隆巴赫系数（Cronbach's α）来检验测量指标之间的内在一致性。克隆巴赫系数是斯坦福大学克隆巴赫（Lee J. Cronbach）教授专门针对李克特（Likert）量表开发的信度评估方式，主要用于检验测量指标之间的内在一致性，被广泛视为权威的信度检验工具。在编制量表时常用内部一致性来作为信度的指标，指标完全不相关时，它们的共同变异量为零，即量表的信度为零；测量指标之间相关性越高，它们的共

---

①王保进.多变量分析:统计软件与数据分析[M].北京:北京大学出版社,2007:69.

②荣泰生.AMOS与研究方法[M].重庆:重庆大学出版社.2016:77.

同变异量越大，量表的信度也越大。[1] 按照统计分析标准，在实际应用中，α 值在0.9以上表示量表具有很好的信度；在0.8之上表示可以接受；而在0.7左右则表示问卷的信度不好，应该删除和修改一些问题；在0.7以下则表示问卷价值不大，实践中一般要求Cronbach's α 值要在0.7以上。[2]

四、变量因果关系的验证方法

本研究使用结构方程模型（Structural Equation Model, SEM）检验变量的因果关系。结构方程模型是一种高级多变量统计的分析技术，整合了多元回归、因子分析和路径分析等统计方法，常用来分析心理学、社会学等领域中复杂的变量或变量群之间的内在联系。作为一种验证性的研究方法，结构方程模型优势在于它是能够同时处理多个因变量，而且因变量之间还存在相互影响的复杂关系的模型检验，这意味着结构方程模型能够同时处理潜变量及其指标，因此本研究将使用结构方程模型分析就读经验等核心概念的维度（潜变量）、维度下的二级指标以及它们之间的复杂关系。

相对于传统的回归分析来说结构方程模型有以下优点：同时处理多个因变量；容许自变量和因变量含测量误差；同时估计因子结构和因子关系；容许更大弹性的测量模型。上述优点有助于本研究的数据统计与处理。研究还将使用结构方程模型的适配度指标（又称为拟合指数指标，是对模型是否符合实际数据的评价指标）。适配度指标越好，说明模型与样本数据的一致性程度越高。同样的一组变量，可能有多种模型组合，可能都有理想的适配度。[3]

表3-5：结构方程模型适配度指标及其建议值

指标	数值范围	建议值
CMIN/DF	0以上	小于5，小于3更佳
RMR	0以上	小于0.1，小于0.05更佳
RMSEA	0以上	小于0.1，小于0.06更佳
GFI	0—1之间	大于0.8，大于0.9更佳

①HINKIN T R. A brief tutorial on the development of measures for use in survey questionnaires [J]. Organizational Research Methods, 1998(1):104–121.

②王保进.多变量分析:统计软件与数据分析[M].北京:北京大学出版社,2007:353.

③BOLLEN K A, LONG J S. Tests for structural equation models:introduction [J]. Sociological Methods and Research, 1992(2):123–131.

指标	数值范围	建议值
CFI	0—1之间	小于0.1，小于0.05更佳
AIC	尽量小	Default model值比Saturated model和Independence model的值更小

五、变量中介作用的验证方法

中介作用分析是用来考察某项数据是否具有中介结构的统计方法。中介结构指向一种特定形式的因果关系机制，即某个自变量是通过某个中介变量而间接影响某个因变量的。[1]当一个变量能够解释自变量和因变量之间的关系时，理论上就认为它起到了中介作用。研究中介作用的目的是在我们已知某些关系的基础上，探索产生这一关系的内部作用机制。

只有两个变量之间的关系已经存在时，才需要用中介变量讨论这个关系中间的影响机制。而当自变量和因变量的关系非常强时，通常比较适合引入中介变量，用以说明自变量对因变量的作用是通过什么途径发生以及为什么发生。中介变量分为完全中介（Full Mediation）和部分中介（Partial Mediation）两种。完全中介就是自变量对因变量的影响完全通过中介变量，如果没有中介作用，自变量就不会影响因变量；部分中介就是自变量对因变量的影响部分是直接作用的，另外有部分影响作用是通过中介变量的。完全中介作用的检验体现为：当控制中介变量时，自变量对因变量的影响为0。部分中介作用则体现为：当控制中介变量时，自变量对因变量的影响不为0，而且其影响的强度显著小于没有控制时的影响。[2]

本研究采用结构方程模型对中介作用进行检验，首先检验部分中介作用，即验证是否有中介效应；如果有中介效应再继续验证是否为完全中介作用。具体步骤如下：首先，分别验证自变量对中介变量的影响、自变量对因变量的影响，以及中介变量对因变量的影响，这些作用如果都显著，则继续下一步。其次，控制中介变量，将中介变量加入自变量与因变量的关系中，检验自变量对因变量的影响。如果自变量对因变量的影响强度降低但不为0，且其他关系显著，模型拟合较好，则部分中介作用存在，则进入下一个步骤。否则，不存在中介作用。再次，控制中介变量，将中介变量加入自变量与因变量的关系中，假设自变量对因变量的影响为0，若其他关系显著，且模型拟合更好，

---

①道恩·亚科布齐.中介作用分析[M].李骏,译.上海:上海人民出版社,2017:2-3.
②许长勇.大学生专业承诺对学习投入和学习收获影响机制的研究[D].天津:河北工业大学,2013.

则存在完全中介作用（拒绝部分中介作用假设）。若其他关系不显著或模型拟合不好，则不存在完全中介作用，而只是存在部分中介作用。[①]

第三节　调查问卷的初试

为避免研究设计及测量工具出现漏洞，为了检验量表的有效性和问卷的可信度、有效性，在初始问卷形成以后，在进行大规模、正式调查之前，本研究通过小样本进行问卷初试（Pilot Testing），初试调查中也将对问卷进行探索性因子分析，以对来粤留学生就读经验影响因素结构进行初步检验。

一、问卷的整体结构

如前文所述，在选择好测量工具并明确各变量构念及具体问项的基础上，本研究设计编制了"留学生就读经验与学习收获调查问卷"。问卷由两个部分组成，第一部分为留学生个人基本信息调查，问项包含人口学基本特征信息，如性别、国籍、婚姻状况、学业等背景信息，如年级、学校、专业、父母受教育情况、学费来源、住宿现状、兼职情况，以及留学动机、升学意向等18个题项。问卷中"个人基本信息"部分的18个题项均采用"按类型"赋值方法。

第二部分是留学生"就读经验"与"学习收获"的自我报告，该部分由三个子量表组成，即"留学生就读经历""留学生就读体验""留学生学习收获"量表。量表采用Likert五点计分法编制。依据测量题目的不同，设计具体的区分度，如对参与活动的频率的测量界定为"从不""偶尔""有时""经常"及"总是"；对满意程度的测量界定为"不满意""不太满意""一般""比较满意"和"非常满意"；对认同程度的测量设置为"非常不同意""不同意""一般""同意"及"非常同意"，依其情况分别给予1到5分，均采取正向计分，分数越高代表其程度越高，反之越低。

表3-6：初始问卷结构

问卷构成	项目序号	项目数量	题目类型	计分方式
个人基本信息	一（1—18）	18	单项选择题（T13、T14、T19多选）	按类别赋值
就读经验与学习收获	二（1—44）	44	矩阵量表题	按程度赋值

[①]许长勇.大学生专业承诺对学习投入和学习收获影响机制的研究[D].天津:河北工业大学,2013.

二、初始问卷的基本情况

为确保问卷的样本质量，根据"初试对象的性质应与未来正式问卷要抽取的对象性质相同"的原则，本研究对来粤留学生以不同学校层次作为分层抽样依据进行随机初始问卷发放，预测对象人数以问卷中包含最多题项的"分量表"的3—5倍人数为原则。[①]本研究调查问卷第二部分题项最多，共44个题项。此次初试调查共发放调查问卷320份。在初试过程中，首先向随机受访者说明调查目的和意义、保密承诺等事项，获得口头同意后，由受访者独立填写问卷，完成后当场回收。并在问卷发放过程中对受测对象不明白的地方予以指导，听取其对问卷的意见和建议。去掉无回答、重复无效回答、显著倾向性回答、错误数据回答等问卷，初试调查最终获得303份有效问卷，回收率达94.7%，可以用来作问卷分析。预调查样本概况见表3-7：

表3-7：初始问卷样本概况（n=303）

特征描述		人数（人）	比例[②]
性别	男	123	40.6%
	女	180	59.4%
婚姻状况	已婚	25	8.3%
	未婚	278	91.7%
所在学校	广东外语外贸大学	66	21.8%
	华南理工大学	60	19.8%
	中山大学	40	13.2%
	华南农业大学	26	8.6%
	华南师范大学	22	7.3%
	广东机电职业技术学院	20	6.6%

①吴明隆.问卷统计分析实务:SPSS操作与应用[M].重庆:重庆大学出版社,2000:207.
②因为数据取值作了四舍五入，故加总不完全为100%，以下多有此类情况，特此说明。

续表

特征描述		人数（人）	比例
所在学校	广州医科大学	19	6.3%
	广州大学	16	5.3%
	广东技术师范大学	15	5.0%
	暨南大学	13	4.3%
	南方医科大学	6	2.0%
父母接受高等教育情况	均无	119	39.3%
	仅爸爸	38	12.5%
	仅妈妈	24	7.9%
	均有	102	33.7%
	不清楚	20	6.6%
所处学段	语言生	39	12.9%
	大学一年级	24	7.9%
	大学二年级	61	20.1%
	大学三年级	52	17.2%
	大学四年级	51	16.8%
	硕士研究生	45	14.9%
	博士研究生	31	10.2%
专业	文学	92	30.4%
	医学	49	16.2%
	经济学	45	14.9%
	管理学	39	12.9%
	工学	28	9.2%
	教育学	25	8.2%
	理学	7	2.3%
	艺术学	5	1.7%
	法学	4	1.3%
	历史学	4	1.3%
	农学	4	1.3%
	哲学	1	0.3%

特征描述		人数（人）	比例
教学语言	汉语为主	142	46.9%
	中英文结合	69	22.8%
	其他	4	1.3%
住所	校内	192	63.4%
	校外	105	34.7%
	其他	6	2.0%
与谁居住	独自居住	59	19.5%
	与留学生同住	205	67.7%
	与中国学生同住	6	2%
	与家人同住	26	8.6%
	与非本校学生同住	4	1.3%
学费来源 （多选）	家人	178	48.1%
	奖学金和助学金	112	30.3%
	自己	67	18.1%
	贷款	7	1.9%
	有雇主支持	3	0.8%
	其他来源	3	0.8%

注：1.频率低于1%的分类会进行合并放在"其他"部分；2.多选题的结果合并会大于303，多选题的百分比为响应百分比；3."与谁居住"中存在3个无效数据，合计为300。

在对样本的背景特征进行统计描述的基础上，本文使用SPSS 25.0软件对研究中所使用到的潜变量对应的观测变量的最小值、最大值、均值、方差、偏度及峰度等值进行计算，除"对学校的校园生态环境"题项外，其他所有题项的偏态绝对值均小于3，峰度绝对值均小于1，服从正态分布[①]，符合分析数据的要求。

三、初始问卷项目分析及修改

如前所述，项目分析主要目的在于检验编制的量表或测验个别题项的适切或可靠程

①KLINE R B. Software review: software programs for structural equation modeling: Amos, EQS and LISREL [J]. Journal of Psychoeducational Assessment, 1998(4):343-364.

度，通常会分析测验的难度、鉴别度与诱答力。[1] 基本的检验方法是探究高低分的受试者在每个题项的差异，对题项间的同质性进行检验，项目分析结果可作为对个别题项进行筛选、修改的依据。

（一）临界比值与 t 检验

项目分析的判别指标中，最常用的是临界比值法，此法又称为极端值法，旨在求出问卷题项的决断值，即CR值。CR值又称临界比，其根据测验总分区分出高分组受试者与低分组受试者后，再求高低两组在每个题项的平均数差异的显著性，其原理与独立样本 t 检验相同。[2] 当被测数据通过 t 检验不存在显著差异时，则需要对该题项进行修改。由于初试问卷的样本量足够大，分析时先将整体问卷的44项进行总分加总，并选前27％为高分组，后27％为低分组。利用SPSS 25.0重新编码程序，将高分组受试者编成1，低分组受试者编成2，中间部分设为0，依次对44个题项进行 t 检验，由于题量较多，表3-8仅展示部分题项。

表3-8：临界比值法的 t 检验

		莱文方差等同性检验 Levene's Test		平均值等同性 t 检验 (T-test for Equality of Means)				
		F	显著性	t	自由度	Sig.	平均值差值	标准误差差值
Q1	等方差	16.623	.000	−8.261	159	.000	−1.412	0.171
	方差不等			−8.243	140.060	.000	−1.412	0.171
Q2	等方差	4.821	.030	−6.271	159	.000	−1.100	0.175
	方差不等			−6.262	150.580	.000	−1.100	0.176
……	……	……	……	……	……	……	……	……
Q44	等方差	8.482	.004	−11.023	159	.000	−1.415	0.128
	方差不等			−11.059	126.539	.000	−1.415	0.128

以题项Q1、Q2、Q44为例，从表3-8的 t 检验结果来看，Q1的方差不等，对应的

---

① 吴明隆.问卷统计分析实务:SPSS操作与应用[M].重庆:重庆大学出版社,2000:158.

② 赵静波.大学生抑郁评定量表的编制及应用研究[D].广州:南方医科大学,2012.

检验t值为-8.261，其双侧的检验显著性水平Sig.<0.05，说明Q1在高低分组中具有显著的差异，题项Q1对整个问卷具有较好的区分度，能够对回答进行一定效力的鉴别。同理，Q2和Q44双侧的检验显著性水平Sig.<0.05，均说明该题项具有较好的鉴别能力。经临界比值法检验，问卷中第二部分的44个题目均有同样的t检验结果，说明所有题项均具备一定的适切性与可靠性。

（二）同质性检验的相关分析

在项目分析中，除了采用极端值法外，也可采用同质性检验法。若量表的所有题项是在测量相同的构念或某种潜在特质，则个别题项与此潜在特质间应有中高程度的相关，此部分的分析可采用积差相关法，求出量表总分与量表每个题项的相关，若是相关系数小于0.4，表示个别题项与量表构念只是一种低度关系，题项与量表构念间的关系不是十分密切，此量表题项可以考虑再次进行专家修订或删除等操作。[①]

表3-9：初始问卷题总相关分析

题项	题总相关	题项	题总相关	题项	题总相关	题项	题总相关
1	0.490**	12	0.693**	23	0.523**	34	0.554**
2	0.401**	13	0.610**	24	0.529**	35	0.600**
3	0.437**	14	0.679**	25	0.303**	36	0.666**
4	0.469**	15	0.670**	26	0.627**	37	0.617**
5	0.521**	16	0.660**	27	0.647**	38	0.675**
6	0.215**	17	0.602**	28	0.590**	39	0.667**
7	0.380**	18	0.571**	29	0.564**	40	0.691**
8	0.464**	19	0.585**	30	0.617**	41	0.557**
9	0.547**	20	0.589**	31	0.573**	42	0.612**
10	0.528**	21	0.534**	32	0.560**	43	0.578**
11	0.522**	22	0.435**	33	0.596**	44	0.567**

注：**表示在0.001水平（双侧）上显著相关。

从表3-9的结果可见，若以每个题项与量表总分的相关系数均大于0.4这个标准而言，仅第6题、第7题和第25题，可能存在其题项与量表构念的低度关系，但由于其Pearson检验结果在0.01下均显著，故暂时考虑保留这些题目。

[①]赵静波.大学生抑郁评定量表的编制及应用研究[D].广州:南方医科大学,2012.

四、初始问卷的信度分析

（一）来粤留学生就读经历量表的信度分析

问卷量表的设计必须能够稳定地、一致地测量研究所使用的构念。为检验来粤留学生就读经历量表测试所得结果的一致性和稳定性，需要对问卷进行信度分析。在检验信度时，本研究采用前文提及的内部一致性分析方法，选取 α 信度系数法对来粤留学生就读经历量表的信度进行了克隆巴赫系数检验，该数值越大则表示问卷中的各问项之间相关性越好，即量表信度越高。由表3-10的结果可知，来粤留学生就读经历量表信度系数为0.892，说明初始问卷的信度较好。

表3-10：来粤留学生就读经历量表信度

量表名称	问项数量	Cronbach's α
来粤留学生就读经历	20	0.892

在量表整体信度分析的基础之上，还需对量表全部题项逐一进行可靠性分析。研究采用校正项总计相关性（Corrected Item-Total Correlation, CITC）分析方法对题项进行校正，剔除个别不符合信度要求的题项，以进一步提高问卷的信度。依据海尔（Joseph F. Hair）提出的基本原则对就读经历量表进行进一步纯化。第一，对题项之间的两两相关系数进行检测，要求数值结果超过0.3；第二，修正后的项与总计相关性（CITC）＞0.5；第三，成熟量表中，α 值＞0.7。

表3-11：来粤留学生就读经历初始问卷项总计统计量

题项	删除项后的标度平均值	删除项后的标度方差	修正后的项与总计相关性	删除项后的Cronbach's α	Cronbach's α
KW1	14.23	24.908	0.552	0.790	0.814
KW2	14.3	24.759	0.585	0.784	
KW3	14.47	23.839	0.673	0.769	
KW4	13.98	25.606	<u>0.432</u>	0.812	
KW5	14.11	23.987	0.593	0.783	
KW6	14.97	26.708	<u>0.420</u>	0.811	
KW7	14.68	24.138	0.625	0.777	
KT1	11.75	5.962	<u>0.489</u>	0.802	0.789

题项	删除项后的标度平均值	删除项后的标度方差	修正后的项与总计相关性	删除项后的Cronbach's α	Cronbach's α
KT2	11.42	6.224	0.669	0.709	0.789
KT3	11.63	6.003	0.611	0.730	
KT4	11.42	5.854	0.652	0.709	
SS1	14.08	12.014	0.775	0.897	0.915
SS2	13.9	12.202	0.741	0.904	
SS3	14.01	11.692	0.833	0.885	
SS4	14.01	11.616	0.820	0.888	
SS5	14.12	11.71	0.745	0.904	
TB1	10.02	8.387	0.676	0.864	0.877
TB2	9.85	8.259	0.683	0.862	
TB3	9.94	7.509	0.813	0.810	
TB4	10.02	7.943	0.768	0.829	

注：数字下的下划线意指其数值小于0.5。

基于修正后的项与总计相关性（CITC）＞0.5的准则，"课外活动"维度中的题项4"使用图书馆、实验室等场所提升研究或学术技能"和题项6"参加校外兼职或创业"没有达标。结合各题项之间的相关系数来看，题项6"参加校外兼职或创业"与该维度下的题项1"参加校内各种学术讲座、沙龙、论坛"、题项2"参加校内文化艺术节或音乐戏剧表演等活动"以及题项4"使用图书馆、实验室等场所提升研究或学术技能"的相关系数均低于0.3；同时题项4与题项6、题项7的相关系数也均小于0.3，故考虑剔除。"课堂学习"维度中的题项1"参与各科目的课堂学习"的CITC为0.489，当剔除该题项时，能够使得整体信度加以提升，因此考虑剔除该题项。

（二）来粤留学生就读体验量表的信度分析

同理，为了证明来粤留学生就读体验问卷测试所得结果的一致性和稳定性，需要对问卷进行信度分析。首先，对该量表进行整体性检验。从表3-12的结果来看，来粤留学生就读体验问卷信度系数为0.827，说明初始问卷已经具有非常好的信度。

表3-12：来粤留学生就读体验量表信度

量表名称	问项数量	Cronbach's α
来粤留学生就读体验	9	0.827

其次，还需对单个题项进行可靠性分析，以剔除不符合信度要求的单个题项。

表3-13：来粤留学生就读体验初始问卷项总计统计量（1）

题项	删除项后的标度平均值	删除项后的标度方差	修正后的项与总计相关性	删除项后的Cronbach's α	Cronbach's α
YJ1	13.31	12.951	0.575	0.579	
YJ2	13.68	12.994	0.512	0.596	
YJ3	14.05	13.253	<u>0.440</u>	0.621	0.674
YJ4	13.67	12.996	0.566	0.582	
YJ5	13.25	10.2	<u>0.301</u>	0.769	
RJ1	11.06	6.542	0.75	0.862	
RJ2	11.21	6.341	0.753	0.860	
RJ3	10.75	6.22	0.801	0.842	0.890
RJ4	10.88	6.277	0.731	0.869	

注：数字下的下划线意指其数值小于0.5。

从表3-13可见，在"硬件支持"维度中，题项YJ3（对学校留学生宿舍的满意度）对应的CITC为0.440，在删除该题项后，整体的平均信度为0.621，较0.674有一定下降，但该题项与其他题项之间的相关系数均大于0.3；而题项YJ5（对学校校园生态环境的满意度）对应的CITC为0.301，删除此题项后，整体信度得到显著提高。此外，从题项间的相关系数来看，YJ5与其他各个题项之间的相关系数均未超过0.3。因此，首先考虑删除题项5，并进一步进行信度分析，结果如表3-14所示。删除后，信度结果明显提升，据此可知，将其剔除有利于问卷整体质量的提升。此外，当剔除YJ3时，整体问卷的信度为0.753，没有超过整体信度的0.769，故不考虑剔除。

表3-14：来粤留学生就读体验初始问卷项总计统计量（2）

题项	删除项后的标度平均值	删除项后的标度方差	修正后的项与总计相关性	删除项后的Cronbach's α	Cronbach's α
YJ1	9.57	6.120	0.632	0.682	0.769
YJ2	9.93	6.174	0.551	0.724	

题项	删除项后的标度平均值	删除项后的标度方差	修正后的项与总计相关性	删除项后的Cronbach's α	Cronbach's α
YJ3	10.31	6.207	0.501	0.753	0.769
YJ4	9.93	6.217	0.606	0.696	

（三）来粤留学生学习收获量表的信度分析

对该量表进行克隆巴赫α信度系数检验，由表3-15可见，来粤留学生学习收获问卷信度系数为0.912，说明学习收获量表具有非常好的信度。

表3-15：来粤留学生学习收获量表信度

量表名称	问项数量	Cronbach's α
来粤留学生学习收获	15	0.912

对单个题项进行可靠性分析，各题项间的相关系数均超过了0.3。从表3-16中CITC数据和删除后的α值两项指标来看，来粤留学生学习收获问卷的信度高，无需修改。

表3-16：来粤留学生学习收获初始问卷项总计统计量

题项	删除项后的标度平均值	删除项后的标度方差	修正后的项与总计相关性	删除项后的Cronbach's α	Cronbach's α
RT1	13.20	12.466	0.697	0.813	0.852
RT2	13.33	11.726	0.739	0.800	
RT3	13.29	12.678	0.629	0.830	
RT4	13.35	12.558	0.667	0.820	
RT5	13.57	12.915	0.585	0.841	
ZS1	6.83	3.015	0.627	0.751	0.802
ZS2	7.07	2.979	0.636	0.741	
ZS3	7.00	2.950	0.680	0.696	
NL1	22.50	23.496	0.739	0.902	0.915
NL2	22.57	22.835	0.781	0.898	
NL3	22.74	23.366	0.681	0.909	
NL4	22.39	22.888	0.725	0.904	

题项	删除项后的标度平均值	删除项后的标度方差	修正后的项与总计相关性	删除项后的Cronbach's α	Cronbach's α
NL5	22.35	23.035	0.795	0.897	
NL6	22.38	23.197	0.762	0.900	0.915
NL7	22.32	23.283	0.705	0.906	

五、初始问卷的效度检验

效度是测量的首要条件。效度体现了量表或问卷从多大程度上反映了变量，具体又通过内容效度和结构效度两方面体现出来。内容效度是指问卷中问项的内容本身所包含的概念和意义是否具有适当性与代表性，结构效度则用来检验问卷与所要反映变量的吻合程度。[1] 由于本研究所使用的问卷题项主要借鉴了国内外成熟的量表，且在修改、合并个别题项内容时都严格遵循了各个变量的概念内涵，可以说本研究问卷具有较好的内容效度。结构效度测量的是各个题项是否反映了同一个构念以及构念间的差异化程度，常用的测量方式即前文所提及的探索性因子分析（Exploratory Factor Analysis，EFA），即计算测量观测题项的因子载荷。

（一）来粤留学生就读经历初始问卷的效度检验

对问项纯化后的初始版本的来粤留学生就读经历问卷进行巴特莱特球体检验得出KMO值为0.895，巴特莱特球体检验的显著性概率值约为0.000（$P<0.01$），代表母群体的相关矩阵间有共同因素存在，说明量表数据适合进行因子分析。

表3-17：来粤留学生就读经历问卷的KMO和Bartlett检验

KMO 取样适切性量数		0.895
巴特莱特球体检验	近似卡方	2877.893
	自由度	136
	显著性	0.000

在进行的探索性因子分析时，研究采用被广泛应用的Kaiser标准化正交旋转法，并采取主成分分析法，在特征根大于1的条件下提取因子。结果显示采用Kaiser标准化正交旋转法经5次迭代后，所有题目共旋转出4个因子，4个因子的累计方差贡献率为

[1]荣泰生.AMOS与研究方法[M].重庆:重庆大学出版社.2016:78.

69.428%，大于50%，方差贡献率达到可以接受水平 [1]，4个因子对所有题项的代表性相对较好，与研究设计的观测题项相符，详见表3-18。

表3-18：来粤留学生就读经历因子解释的总方差

成分	初始特征值			提取载荷平方和		
	总计	方差贡献率(%)	累积方差贡献率(%)	总计	方差贡献率(%)	累积方差贡献率(%)
1	6.388	37.574	37.574	6.388	37.574	37.574
2	2.180	12.825	50.399	2.180	12.825	50.399
3	1.871	11.007	61.406	1.871	11.007	61.406
4	1.364	8.022	69.428	1.364	8.022	69.428
5	0.820	4.822	74.250			
……	……	……	……	……	……	……
17	0.143	0.839	100			

结合来粤留学生就读经历问卷的碎石图来看，拐点出现在图3-1中左起的第五个碎石，此后的特征值变化相对微弱，边际效应不足，故提取4个因子较为合理。

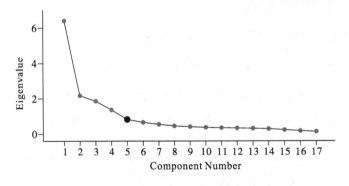

图3-1：就读经历因子提取碎石图

再者，对经探索性因子分析关于旋转后的成分矩阵进行因子载荷分析。海尔（Hair）认为，因子载荷的范围是绝对值大于0.5具有比较好的实际意义。此外，交叉载荷的绝对值需要小于0.4，对于交叉载荷较高的题项可考虑删除。对于共同度（Communality）而言，如果大于0.5，表示该题项的信息得到了有效的使用，能够得到足够的解释。

①张文彤.SPSS数据分析教程[M].北京:高等教育出版社,2013:63.

表3-19：来粤留学生就读经历问卷的成分矩阵

题项		因子				共同度
		KW	KT	SS	TB	
课外活动	KW1	0.643				0.503
	KW2	0.702				0.514
	KW3	0.826				0.699
	KW5	0.666				0.584
	KW7	0.781				0.633
课堂学习	KT2		0.820			0.740
	KT3		0.780			0.693
	KT4		0.797			0.695
师生互动	SS1			0.787		0.734
	SS2			0.814		0.717
	SS3			0.863		0.814
	SS4			0.858		0.799
	SS5			0.789		0.715
同辈互动	TB1				0.720	0.669
	TB2				0.771	0.676
	TB3				0.883	0.834
	TB4				0.841	0.786
						总计
特征值						14.690
方差解释率(%)						69.428
KMO＝0.895，Bartlett chi^2(df)＝2877.893(163)***						

注：1.提取方法：主成分；2.旋转法：具有Kaiser标准化的正交旋转法；3.旋转在5次迭代后收敛；4.<0.4的因子载荷被隐去；5.***表示$P<0.001$。

从表3-19的结果来看，KMO值为0.895，且在0.1％下是显著的，因此适合进行因素分析。因子成分矩阵结果显示，来粤留学生就读经历问卷的所有问项都较为合理地从属于这4个因子，每个因子下的题项皆反映了同一个子构念，且各因子构念存在差异。综上，本研究所采用的来粤留学生就读经历问卷具有良好的结构效度。

（二）来粤留学生就读体验初始问卷的效度检验

对来粤留学生就读体验初始问卷进行巴特莱特球体检验，获得KMO值为0.855，巴特莱特球体检验的显著性概率值约为0.000（$P < 0.01$），说明相关矩阵间有共同因素存在，表示问卷数据非常适合进行因子分析。

表3-20：来粤留学生就读体验问卷的KMO和Bartlett检验

KMO 取样适切性量数		0.855
巴特莱特球体检验	近似卡方	1222.639
	自由度	28
	显著性	0.000

随后进行探索性因子分析，检验结果显示（见表3-21）采用Kaiser标准化正交旋转法经3次迭代后，所有题目共旋转出2个因子，方差贡献率达到可以接受水平，2个因子对所有题项的代表性相对较好，与研究设计的观测题项相符。

表3-21：来粤留学生就读体验因子解释的总方差

成分	初始特征值			旋转载荷平方和		
	总计	方差贡献率(%)	累积方差贡献率(%)	总计	方差贡献率(%)	累积方差贡献率(%)
1	4.334	54.180	54.180	3.003	37.541	37.541
2	1.115	13.934	68.114	2.446	30.572	68.113
3	0.741	9.262	77.376			
4	0.504	6.298	83.674			
5	0.481	6.017	89.691			
6	0.359	4.483	94.174			
7	0.263	3.283	97.457			
8	0.203	2.543	100			

从对应的来粤留学生就读体验问卷碎石图来看，对应的拐点是图3-2中左起的第二个碎石。此后，碎石分布的变换微弱，边际效应不足。因此表3-21和图3-2的结果已清晰表明了来粤留学生就读体验的两个因子的存在。

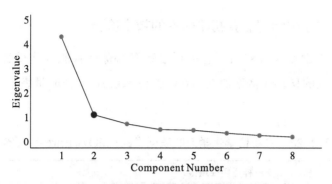

图3-2：就读体验因子提取碎石图

随后进行因子载荷分析，表3-22的成分矩阵结果显示，来粤留学生就读体验问卷的所有问项都较为合理地从属于2个因子下，每个因子下的题项皆反映了同一个子构念，且子构念间存在差异，显示了本研究所采用的来粤留学生就读体验问卷具有良好的结构效度。

表3-22：来粤留学生就读体验问卷的成分矩阵

	题项	因子		共同度
		YJ	RJ	
硬件支持	YJ1	0.789		0.684
	YJ2	0.823		0.684
	YJ3	0.599		0.462
	YJ4	0.677		0.593
软件支持	RJ1		0.754	0.735
	RJ2		0.813	0.741
	RJ3		0.858	0.798
	RJ4		0.854	0.753
				总计
特征值				5.449
方差解释率(%)				68.113
KMO=0.855，Bartlett chi^2(df)=1222.639(28)***				

注：1.提取方法：主成分；2.旋转法：具有Kaiser标准化的正交旋转法；3.旋转在3次迭代后收敛；4.＜0.4的因子载荷被隐去；5.***表示$P < 0.001$。

（三）来粤留学生学习收获初始问卷的效度检验

对来粤留学生学习收获初始问卷进行巴特莱特球体检验，测得KMO值为0.915，巴特莱特球体检验的显著性概率值约为0.000（$P<0.01$），说明量表数据适合进行因子分析。

表3-23：来粤留学生学习收获问卷的KMO和Bartlett检验

KMO 取样适切性量数		0.915
巴特莱特球体检验	近似卡方	2712.197
	自由度	105
	显著性	0.000

在随后进行的探索性因子分析中可见（表3-24），研究采用Kaiser标准化正交旋转法，并采取主成分分析法，在特征根大于1的条件下提取因子。经5次迭代后，所有题目共旋转出3个因子，3个因子的累计方差贡献率为67.659%，方差贡献率达到可以接受水平，3个因子对所有题项的代表性相对较好，与研究设计的观测题项相符。

表3-24：来粤留学生学习收获因子解释的总方差

成分	初始特征值			旋转载荷平方和		
	总计	方差贡献率(%)	累积方差贡献率(%)	总计	方差贡献率(%)	累积方差贡献率(%)
1	6.923	46.155	46.155	4.048	26.986	26.986
2	2.224	14.83	60.985	3.366	22.441	49.427
3	1.001	6.674	67.659	2.735	18.232	67.659
4	0.731	4.875	72.534			
……	……	……	……	……	……	……
15	0.182	1.212	100			

从对应的来粤留学生学习收获问卷碎石图来看，拐点出现在图3-3中左起的第四个碎石，此后，碎石分布的变换微弱，边际效应不足。因此，该问卷提取3个公因子是恰当的。

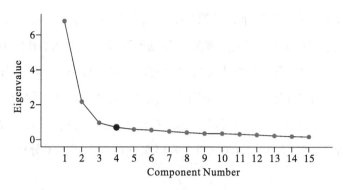

图3-3：学习收获因子提取碎石图

表3-25：来粤留学生学习收获问卷的成分矩阵（第一次）

	题项	因子			共同度
		RT	ZS	NL	
认同感	RT1	0.784			0.666
	RT2	0.861			0.754
	RT3	0.739			0.586
	RT4	0.754			0.618
	RT5	0.702			0.538
学业知识	ZS1		0.752		0.662
	ZS2		0.739		0.673
	ZS3		0.806		0.764
跨文化能力	NL1		0.548	0.603	0.699
	NL2		0.484	0.672	0.710
	NL3	0.399		0.554	0.614
	NL4			0.810	0.703
	NL5			0.800	0.750
	NL6			0.841	0.759
	NL7			0.758	0.652
				总计	
	特征值				6.923
	方差解释率(%)				69.223
KMO＝0.901，Bartlett chi^2(df)＝2712.197(105)***					

注：1.提取方法：主成分；2.旋转法：具有Kaiser标准化的正交旋转法；3.旋转在3次迭代后收敛；4.<0.4 的因子载荷被隐去；5.***表示 $P < 0.001$。

表3-25的成分矩阵结果显示，题项NL1"在自主学习能力方面得到了发展"、题项NL2"在跨文化交际能力方面得到了发展"和题项NL3"在团队协作能力方面得到了发展"三个因子在公因子1和2上的载荷均比较大，且差异较小，无法区分因子载荷和交叉载荷的效应，不能较好地属于某个子构念。需要考虑剔除或者提取新的公因子。本研究中首先考虑固定提取的公因子数为3，其结果显示依然存在交叉载荷较高的情况。依据海尔的研究结果，尝试删除NL1—NL3后再次进行探索式因子分析，结果如表3-26所示。

表3-26：来粤留学生学习收获问卷的成分矩阵（第二次）

	题项	因子			共同度
		RT	ZS	NL	
认同感	RT1	0.790			0.674
	RT2	0.863			0.754
	RT3	0.746			0.589
	RT4	0.755			0.624
	RT5	0.699			0.542
学业知识	ZS1		0.766		0.689
	ZS2		0.758		0.697
	ZS3		0.810		0.766
跨文化能力	NL4			0.813	0.718
	NL5			0.79	0.751
	NL6			0.856	0.796
	NL7			0.771	0.686
					总计
特征值					8.284
方差解释率(%)					69.042
KMO＝0.863，Bartlett chi^2(df)＝1843.356(66)***					

从表3-26的结果来看，KMO值为0.863，且在0.1％下是显著的，因此适合进行因素分析。第二次成分矩阵的结果显示，来粤留学生学习收获问卷的所有问项都较为合理地从属于3个因子下，每个因子下的题项皆反映了同一个子构念，且子构念间存在差异，因此，本研究所采用的来粤留学生学习收获问卷具有良好的结构效度。

综上，通过对初始问卷的信效度进行检验与分析，进而对初始问卷进行修订，对题项进行重新编码，确立了"就读经历""就读体验"和"学习收获"三个量表的9个维度及37个观测变量（见表3-27），并最终形成研究所使用的正式问卷（具体见附录1）。

表3-27：来粤留学生就读经验量表结构

潜变量	维度	二级指标	题项内容
留学生就读经历	课外活动	KW1	参加校内各种学术讲座、沙龙、论坛
		KW2	参加校内文化艺术节或音乐戏剧表演等活动
		KW3	参与校内社团或学生组织
		KW4	参加社会实践或实习
		KW5	参加校外社会团体、组织活动
	课堂学习	KT1	课堂上认真听讲
		KT2	课堂上积极参与讨论
		KT3	完成课堂规定任务和作业
	师生互动	SS1	与教师讨论课程相关知识
		SS2	与教师讨论个人学业规划
		SS3	与教师讨论社会文化等议题
		SS4	教师对你的学习表现予以反馈和评价
		SS5	课后与教师保持联系
	同辈互动	TB1	与同学讨论课程相关知识
		TB2	与同学交流留学体会
		TB3	结识与自己宗教信仰不同的同学
		TB4	结识与自己人生观价值观不同的同学
留学生就读体验	硬件支持	YJ1	对学校图书馆的满意度
		YJ2	对学校实验室的满意度
		YJ3	对学校留学生宿舍的满意度
		YJ4	对学校运动设施及场所的满意度
	软件支持	RJ1	对课程质量的满意度
		RJ2	对课程安排的满意度
		RJ3	对教师教学水平的满意度
		RJ4	对教师教学语言的满意度

潜变量	维度	二级指标	题项内容
留学生学习收获	学业知识	ZS1	在汉语知识与能力方面得到了发展
		ZS2	在专业基础理论知识方面得到了发展
		ZS3	在专业知识的实践技能方面得到了发展
	跨文化能力	NL1	独立生活的能力得到了发展
		NL2	理解了不同的文化与习俗
		NL3	适应环境变化的能力得到了发展
		NL4	了解自己（性格、能力与兴趣等）
	认同度	RT1	学校促进了留学生学术和学业的发展
		RT2	学校促进了留学生语言能力的发展
		RT3	学校促进了留学生跨文化交际能力的发展
		RT4	学校促进了留学生沟通与合作能力的发展
		RT5	学校促进了留学生对未来职业的规划与发展

第四节　访谈设计与应用

一、访谈的意义

抽样调查数据使我们判定样本在目标社会群体中的代表性，量化数据分析为我们进行横向和纵向比较研究提供基础，有助于克服研究者既有的"价值取向"，用客观数字来检验人们惯性思维中的"印象"是否符合客观事实。[1] 定量研究的优势显而易见，但相关系数等作为统计量仅仅表明了几个特征或变量间相互依存的紧密程度，却无法揭示存在这种依存关系的深层复杂原因。为更全面、更深入探明来粤留学生就读经验及存在的现实问题，本研究将在大样本实证调研的基础上辅以深度访谈，对留学生、授课教师、行政管理岗位教师及相关专家进行深度访谈，通过与目标群体的深入"对话"，获悉授课教师对留学生教育的看法和态度，将有助于更好地理解留学生面临的问题与挑战，[2] 辅证、检验研究的假设，深度诠释实证数据结果，以进一步丰富和完善"证据"，形成完整的"数据证据链条"，透析问题成因的完整路径。

①谢宇.社会学方法与定量研究[M].北京:社会科学文献出版社,2017:13.
②CAMPBELL J. Asian students' voice:an empirical study of Asian students' learning experiences at a New Zealand university [J]. Journal of Studies in International Education, 2008(4):391.

二、访谈设计与应用

本研究访谈提纲遵循实证调查量表的设计逻辑，围绕量表的核心维度进行问题设计，旨在通过深入访谈实现大学生就读经验的个体自我叙事、留学生教师的自我叙事，以了解大学生在就读中自身发展的过程和对过程的收获与感想，教师在留学教育各项教学管理工作中的体会与反思。在夹叙夹议的基础之上，探讨影响大学生就读经验的因素，以及各个维度的具体表现，并结合实证调研的数据以及对访谈资料的分析，对现存问题进行合理诠释，并对提升来粤留学生就读经验和教育质量提供对策思路。访谈的主要目的是通过挖掘深层次信息，去理解大样本数据背后的生动活泼的小故事，通过访谈对象的个人经验和意义辅助，提升样本数据的解释力。

从访谈的对象来看，研究中的访谈包含对专家的访谈、对留学生的访谈、对授课教师的访谈以及对留学教育管理教师的访谈，对专家的访谈主要在研究的初期进行，而对留学生及相关教师的访谈贯穿于整个研究的全过程。

从访谈的时间来看，主要包含调查问卷形式前的"初期访谈"、初始问卷发放后的"反馈访谈"以及调查问卷发放后的"正式访谈"。

从访谈的内容来看，问卷形成前的初期访谈意在分别从留学生、相关教师的角度了解来粤留学生就读现状、留学教育现状存在的问题等，以便设计更加切实的维度和问项；问卷初试后的反馈访谈旨在了解初始问卷尚未解决的问题以及继续改进的可能性；调查问卷发放后的正式访谈则是全面了解受访对象在相关问题中所处的状态，广泛吸纳受访者的经验与看法。

从访谈的具体操作来看，在确立了具体问题的前提下，采用最大目的抽样原则，依据不同阶段访谈的现实条件与访谈目标的差异，进行差异化的设计与安排。具体而言，初期访谈采取开放式交流方式，广泛了解留学生就读情况以及留学生教师的工作经验与感受；反馈访谈主要针对初始问卷存在的问题及改良建议进行；正式访谈围绕预先设计的访谈提纲，以单独交谈和集体访谈两种方式进行。本研究均采用半结构式访谈，所有访谈均持续50至180分钟，依据受访者的要求通过不同的记录方式进行，并严格例行访谈协议（Protocols）模式，[①] 即提前确保访谈中"问题是否恰当地覆盖了受访者应该描述的内容；受访者是否能够并愿意完成问题所交代的回答任务；问题的用词和描述是否传达了一致的含义；受访者对问题的理解是否符合研究概念的设定"，以极大地提高访谈调查研究的质量。

---

①弗洛德·福勒.调查问卷的设计与评估[M].蒋逸民,等译.重庆:重庆大学出版社,2018:109.

表3-28：研究访谈概况

单位：人

序号	访谈分类	访谈时间	访谈学生	访谈教师	专家
1	初期访谈	2016年12月—2017年12月	10	4	1
2	反馈访谈	2018年6月—2018年12月	4	3	
3	正式访谈	2019年1月—2020年1月	18	13	2
合计			32	20	3

三、访谈数据的处理

在正式访谈前，笔者通过阅读大量参考文献形成访谈提纲（详情见附录3、4、5）。为确保访谈数据的有效性与可靠性，在访谈提纲初步确定后，笔者分别对来自不同学校的7名留学生和4名留学生教育教学及研究领域的相关教师进行预访谈，依据访谈过程、访谈结果对访谈提纲进行修订，最终确定正式访谈提纲。为更全面和准确地收集访谈数据与信息，正式访谈采用半结构式访谈形式。首先，向受访的学生与教师介绍本研究以及研究中设计的核心概念，确保受访的学生与教师对访谈的目的及内容有清晰的认识；随后，访谈者基于访谈提纲提出问题，并在访谈现场依据实际情况对提问的方式和顺序进行灵活处理，在受访者给予回答的基础之上，引导受访者积极参与，尽可能全面地展示对相关问题的经验与看法。访谈过程中，采用笔记方式收集访谈信息与数据；访谈结束后基于访谈笔录及时撰写访谈日志，总结访谈中发现的问题并在下次访谈时加以调整和改进。

第五节　样本的选择与概况

一、抽样总体的选择

依据研究目的及来粤留学生的数量分布、层次分布、代表性等因素特点并结合研究的现实条件，本次正式调查在中山大学、华南理工大学、暨南大学、华南师范大学、华南农业大学、广东外语外贸大学、广东技术师范大学、广州大学、广东机电职业技术学院、南方医科大学、广东财经大学、广州医科大学12所不同类型的高等院校发放了问卷。

二、抽样调研的规模

在定量研究中，样本量的确定是抽样设计中的一个重要的组成部分。然而，样本量的确定并不存在一种完美或万能的方法，而是一个在多种约束条件下进行折中后的结果。为了既抽选出有代表性的样本，又考虑到研究的实际情况和条件，确定样本容量的大小就成了比较复杂的问题，既要有定性的考虑也要有定量的考虑。[1]从定性的角度而言，本研究属于探索性研究，但涉及变量较多且需要采用多元统计方法处理分析数据，因此应采用大样本；而从定量的角度来看，通常情况下，样本量越大，越能客观反映总体特征。然而在统计学计算样本量的公式中，总体规模在分子和分母中同时存在，对大规模总体（超过5 000）而言，总体的实际容量对样本规模几乎没有影响。此时样本容量（n）主要受到由置信度决定的统计量（Z）、误差值（E）和目标总体的比例期望值（p）影响，简单随机抽样最小抽样数目则表现为：

$$n = \frac{Z^2 p(1-p)}{E^2}$$

近五年来，广东省每年流入的留学生人数均超过20 000人，总体规模在22 000人至26 000人之间。这里在5%的显著性水平下，Z梯度值为1.96，公允误差E尝试取值为3%，[2]由于现有文献中，尚无研究聚焦、分析来粤留学生就读经验，因此，当出现对总体比例参数的研究时，可考虑使得样本容量达到最大时$p=0.5$的方式，代入计算对应的样本容量为1 068人，当公允误差E取值为4%时，此时的样本容量为601人。此外，依据海尔提出的结构方程分析中要求样本容量应该是观测变量的5倍或者是10倍以上的要求，由于观测变量为44个，对应的样本容量至少为220至440。基于上述综合考量，样本数以600以上为宜。

通过线上与线下相结合的方式，本次共发放正式问卷800份。由于文化、思维方式等观念与认知的差异，对留学生的调查研究过程异常艰难与曲折，问卷的发放、回收与访谈历时一年半。发放问卷800份，去掉无回答、重复无效回答、显著倾向性回答、错误数据回答等问卷，最终获得了748份有效问卷，问卷回收率达到了93.5%。满足了抽样调查的数据要求，成对剔除缺失样本点，最终的有效问卷数为717份，有效率为89.6%。

①姜林.基于学习性投入的大学生职业认同发展研究[D].大连:大连理工大学,2018.
②姜林.基于学习性投入的大学生职业认同发展研究[D].大连:大连理工大学,2018.

三、样本数据概况

本节将对样本特征包括人口学基本特征（性别、国籍、婚姻状况）、学业背景（年级、专业、学校、教学语言、住所、就读期间与谁居住）、家庭背景（父母受教育情况、学费来源、受资助情况）、生活背景（在中国居住时长、兼职时长）及学习动机与升学期待（来华留学原因、继续升学期望）等五个方面进行统计描述，基于人口学统计数据分析不同特征的来粤留学生在就读经验与学习收获上的差异性。

（一）基本特征

表3-29：来粤留学生样本分布概况

特征描述		人数（人）	比例
性别	男	300	41.8%
	女	417	58.2%
婚姻状况	已婚	69	9.6%
	未婚	648	90.4%
国籍分布	亚洲	474	66.1%
	非洲	145	20.2%
	欧洲	68	9.5%
	南美洲	20	2.8%
	北美洲	6	0.8%
	大洋洲	4	0.6%

如表3-29所示，研究的有效样本数量为717人，其中男性300人，占比41.8%，女性417人，占总样本的58.2%；婚姻状况方面，已婚人数为69人，占比9.6%，未婚人数为648人，占比90.4%。

图3-4：性别分布

图3-5：婚姻状况分布

国籍分布方面，考虑到留学生国籍分布广泛，描述统计过程中对数据按洲分布进行归类，其中来自亚洲的留学生群体最大，共474人，占总样本的66.1%。非洲次之，共

145人，占比为20.2％。欧洲的留学生为68人，占样本总数的9.5％。南美洲留学生20人，约占2.8％。来自北美洲和大洋洲的留学生数目较少，分别为6人和4人，占比分别为0.8％和0.6％。排名前三的亚洲、非洲及欧洲的留学生人数合计687人，占比达到95.8％。样本的国籍地域分布符合来粤留学生群体的实际情况。

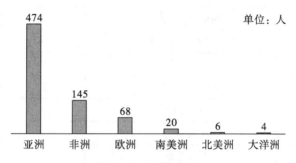

图3-6：国籍分布

亚洲留学生主要来自印度（84人）、泰国（71人）、越南（66人）、印度尼西亚（57）、哈萨克斯坦（19人）、老挝（16人）、巴基斯坦（15人）、韩国（15人）、马来西亚（14人）、孟加拉国（14人）、尼泊尔（12人）、沙特阿拉伯（12人）、柬埔寨（11人）等30个亚洲国家。东南亚与南亚地区是留学生的主要来源地。其中，东南亚留学生为243人，占亚洲留学生总数的51.3％，约占总样本的33.9％；南亚留学生为128人，占亚洲留学生总数的27.0％，约占总样本的17.9％。

非洲留学生主要来自喀麦隆（15人）、尼日利亚（15人）、科特迪瓦（11人）、埃塞俄比亚（10人）、刚果（10人）、赤道几内亚（7人）、莫桑比克（7人）、塞拉利昂（7人）、坦桑尼亚（7人）、加纳（6人）等34个非洲国家。样本中的欧洲留学生主要来自俄罗斯（32人）、法国（7人）、乌克兰（7人）、西班牙（6人）、德国（4人）、英国（4人）等12个国家。

（二）学业背景

表3-30：样本学业背景概况

特征描述		人数（人）	比例
学校	华南理工大学	152	21.2％
	广东外语外贸大学	131	18.3％
	中山大学	98	13.7％
	广州医科大学	62	8.6％

特征描述		人数（人）	比例
学校	华南农业大学	54	7.5%
	广东机电职业技术学院	53	7.4%
	暨南大学	43	6.0%
	华南师范大学	43	6.0%
	广东技术师范大学	34	4.7%
	广州大学	26	3.6%
	南方医科大学	13	1.8%
	广东财经大学	8	1.1%
所处学段	语言生	94	13.1%
	大学一年级	66	9.2%
	大学二年级	132	18.4%
	大学三年级	125	17.4%
	大学四年级	115	16.0%
	硕士研究生	110	15.3%
	博士研究生	75	10.5%
专业	文学	192	26.8%
	医学	125	17.4%
	经济学	104	14.5%
	管理学	96	13.4%
	工学	66	9.2%
	教育学	61	8.5%
	理学	23	3.2%
	农学	20	2.8%
	艺术学	9	1.3%
	法学	9	1.3%
	哲学	7	1.0%
	历史学	5	0.7%
教学语言	汉语为主	323	45.0%
	英文为主	212	29.6%
	中英文结合	174	24.3%
	其他	8	1.1%

续表

特征描述		人数（人）	比例
住所	校内	474	66.1%
	校外	230	32.1%
	其他	13	1.8%
与谁居住	独自居住	132	18.5%
	与留学生同住	509	71.3%
	与中国学生同住	13	1.8%
	与家人同住	50	7.0%
	与非本校学生同住	10	1.4%

注：多选题的结果合并会大于717人。

　　为全面诊断学校类型对来粤留学生就读经验的影响，基于研究对象的特殊性以及研究问题的指向性，本研究依据学校是否为教育部来华留学示范基地、是否为"双一流"建设高校等两种方式对样本学校进行分类。

　　2013年，为贯彻落实《国家中长期教育改革和发展规划纲要（2010—2020年）》，实施《留学中国计划》，教育部启动来华留学示范基地建设工作，以近三年学校的留学生规模、结构、发展速度，以及留学生管理服务体系、参与国家来华留学重大项目和活动等作为主要指标，确立了第一批示范基地建设高校共38所，其中部属院校22所，地方院校16所；第二批来华留学示范基地14所。可以说，入选高校的留学生教育水平在全国名列前茅。广东省有两所高校入选示范基地，分别是华南理工大学（第一批）和广东外语外贸大学（第一批），这两所大学也正是本研究样本数量最多的高校。以"是否为教育部来华留学示范基地"为一种分类依据，试图分析留学生教育水平较高的院校是否在留学生就读经验的反馈方面也表现突出。

　　此外，研究还将以"是否为'双一流'建设高校"为分类依据。2017年，我国"双一流"建设高校名单正式公布。[①]首批"双一流"建设高校共计137所，其中世界一流大学建设高校42所，世界一流学科建设高校95所。"双一流"建设高校代表着目前国内高校的领先水平，研究试图考察学校的综合实力与留学生的就读经验是否存在相关关系。

---

① "双一流"建设高校名单[EB/OL].[2019-11-17].http://www.moe.gov.cn/s78/A22/A22_ztzl/ztzl_tjsylpt/sylpt_js-gx/201712/t20171206_320667.htm.

图3-7：是否为教育部来华留学示范基地　图3-8：是否为"双一流"建设高校

学校类型的分布情况如上图3-7和3-8所示，以"是否为教育部来华留学示范基地"为分类标准，"教育部来华留学示范基地院校"与"非教育部来华留学示范基地院校"包含的样本数分别为283人和434人，比例分别为39.5％和60.5％；以学校是否为"双一流"建设高校为分类标准，来自"'双一流'建设高校"的留学生为336人，"非'双一流'建设高校"的留学生人数为381人，占比分别为46.9％与53.1％。

从年级分布来看，大一、大二、大三、大四留学生人数分别为66人、132人、125人和115人，分别占样本总量的9.2％、18.4％、17.4％和16.0％。参与调研的语言生为94人，占比为13.1％；样本中的研究生总数为185人，其中硕士研究生110人、博士研究生75人，合计占样本总量25.8％。2016—2018年来粤留学生数据显示，研究生群体在来粤留学生总数的比例分别为20％（2016年）、21.1％（2017年）、23％（2018年），可见，本研究中研究生群体样本分布基本符合来粤留学生群体的实际情况。数据显示，各年级的样本人数差异不大，样本分布较为均匀，最少为66（＞30）人，占比9.2％，大学二年级留学生群体最大，为132人，占样本总量的18.4％。

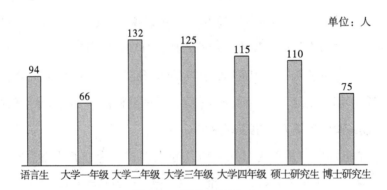

图3-9：所处学段分布

专业分布方面，依据我国普通高等学校本科专业目录（见附录2），将调查问卷中的学科门类划分为哲学、经济学、法学、教育学、文学、历史学、理学、工学、农学、医学、管理学、艺术学等12个专业。由表3-30的数据分布可知，留学生主要就读于文学、医学、经济学、管理学、工学和教育学等6个专业，各专业的样本数均为总样本的

8.5％及以上，人数分别为192人、125人、104人、96人、66人和61人，合计644人，约占总样本的90％。其余73人分别来自理学（23人）、农学（20人）、艺术学（9人）、法学（9人）、哲学（7人）、历史学（5人）等6个专业。可见，目前在粤留学生修读的专业以文科、医科和经管类居多，其留学生总数比例超过留学生总数的72％。

在教学语言方面，统计结果显示，来粤留学生群体在就读过程中教师所使用的授课语言主要是汉语，人数为323人，占总人数的45.0％；使用英文为主的，人数为212人，占比为29.6％；日常使用中英文结合的，有174人，占样本总量的24.3％；其他为8人，占比1.1％。当前在粤留学生课堂主要的授课语言仍是汉语。为了从不同的视角考察留学生的语言使用情况，为在最大程度上保证问卷的准确性，研究使用了中文、英文、中英文对照3个版本的问卷，受访留学生可选择使用相对熟练的语言填写问卷，结果发现，有401位受访的留学生自行选择英文问卷，占总受访人数的55.9％；196位留学生选择了中英文对照问卷，占比为27.3％；仅有120位留学生选择使用中文作答，占比仅为16.7％。

数据分布说明对于来粤留学生而言，其学习交流的主要语言仍是英文，能够熟练使用汉语进行学习的留学生占比较低。结合留学生在访谈中的感受，可以说汉语语言障碍仍是留学生在粤就读过程中的主要问题之一，从这个角度而言，一国语言在世界范围内的普及度也是制约该国留学教育发展的原因之一。因此，现阶段，增设英语授课课程在一定程度上有利于持续扩大来粤留学生规模，是提升留学生教育质量的重要基础。

表3-31：本学期的学分分布

学分选项（分）	样本人数（人）	百分比（%）
≤6	113	15.8
7—11	173	24.1
12—14	58	8.1
15—16	32	4.5
≥17	104	14.5
不清楚	237	33.1
合计	717	100.0

从学分的分布情况来看（见表3-31），有15.8％的留学生本学期的课程较少，仅需修读6个学分或少于6个学分，如果以每门课程2个学分计算，这意味着上述学生本学期的课程小于或者等于3门；本学期需要修读的学分大于等于17分的留学生为104人，

占比为14.5％，按每门课程2个学分计算，这部分学生大概需要修读8门以上的课程；7到11个学分的留学生有173人。经过交叉表分析发现，博士生的课程与学分最少，其中33.3％的博士生留学生当前学期少于6个学分。本科生与硕士生的课程相对较多，大于等于17个学分的留学生在各自群体中占比分别为17.8％和15.5％，远高于语言生的7.4％和博士生的2.7％。

表3-32：留学生在本学期学分的差异分布概况

			本学期的学分（分）						合计
			≤6	7-11	12-14	15-16	≥17	不清楚	
类别	语言生	计数（人）	18	21	3	1	7	44	94
		所占比例	19.1％	22.3％	3.2％	1.1％	7.4％	46.8％	100.0％
	本科生	计数（人）	52	103	41	19	78	145	438
		所占比例	11.9％	23.5％	9.4％	4.3％	17.8％	33.1％	100.0％
	硕士研究生	计数（人）	18	28	10	7	17	30	110
		所占比例	16.4％	25.5％	9.1％	6.4％	15.5％	27.3％	100.0％
	博士研究生	计数（人）	25	21	4	5	2	18	75
		所占比例	33.3％	28.0％	5.3％	6.7％	2.7％	24.0％	100.0％
合计		计数（人）	113	173	58	32	104	237	717
		所占比例	15.8％	24.1％	8.1％	4.5％	14.5％	33.1％	100.0％

值得注意的是，调查中有237位留学生表示对学分不清楚，这个群体约占总样本的三分之一，也在一定程度上说明这些留学生对自身学业情况不够了解。经过交叉表分析发现不同学段类别群体，"不清楚学分"的比例存在差异和规律，语言生、本科生、硕士生、博士生群体比例依次为46.8％、33.1％、27.3％和24.0％，可见学历越高，该比例越低，相较而言，学历越高，留学生对自身课业的现状越了解。本题项也在一定程度上反映了当前来粤留学生在就读过程中普遍存在学习投入、对课业重视程度不足的情况。

从留学生的住所情况来看（见图3-10），住在校内的留学生人数为474人，占比66.1%；住在校外的留学生群体人数为230人，占比32.1%；其他人数为13人，占比1.8%。在访谈中也了解到，在粤高校普遍存在留学生宿舍不足的情况，受访留学生所在的12所高校，有4所高校在校外居住的留学生比例超过50%，甚至有个别学校的留学生全部居住在校外。

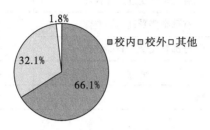

图3-10：留学生住所情况

在有关留学生居住情况的问项中，剔除3个无效作答，剩余714个有效个案。由下图3-11可见，"独自居住"的留学生人数是132人，占样本总量的18.5%；"与留学生同住"的有509人，占比71.3%，为最大群体；"与家人同住"的留学生有50人，占比7.0%；"与中国学生同住"的留学生人数仅为13人，占比1.8%；还有10人选择"与非本校学生同住"，占样本总量的1.4%。可见，当前在粤留学生主要与留学生同住，与中国学生同住的比例极少，仅为1.8%，这意味着在粤高校仍旧将留学生视为独立群体，从住宿现状来看，并未与本土学生形成趋同化管理。

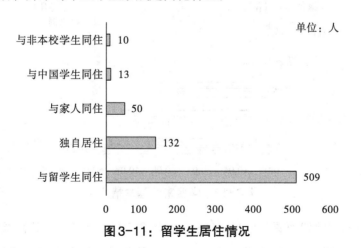

图3-11：留学生居住情况

（三）家庭背景

表3-33：留学生父母接受高等教育情况

选项		人数（人）	比例
父母接受高等教育情况	父母都没有接受过高等教育	289	40.4%
	只有父亲接受过高等教育	97	13.6%
	只有母亲接受过高等教育	52	7.3%
	父母都有接受过高等教育	234	32.7%
	不清楚	44	6.0%
合计		716	100.0%

　　本题项旨在了解留学生父母的受教育情况，并在后续考察父母的受教育情况对留学生就读经验的影响。统计结果如上表3-33所示，除去1个无效样本，289位留学生选择了"父母都没有接受过高等教育"，也就是说40.4%的来粤留学生父母均没有接受过高等教育，这一群体的占比最多；32.7%的留学生父母双方均接受过高等教育；"只有父亲接受过高等教育"的留学生占样本总数的13.6%；"只有母亲接受过高等教育"的留学生占比为7.3%；另外，有44位留学生对父母是否接受过高等教育的情况表示不清楚，占样本的6.0%。

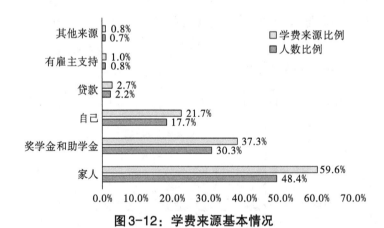

图3-12：学费来源基本情况

　　从留学生的"学费来源"分布图来看（见图3-12），有17.7%的留学生学费来源于自己，48.4%的留学生学费来源于家人，30.3%的留学生学费来源于奖学金和助学金；从学费来源选择总量来看，学费来源于自身的留学生群体占总学费来源选择总量比例的21.7%，学费来源于家人的留学生群体占总学费来源选择总量比例的59.6%，来源于奖学金和助学金的人群占比37.3％，可见，来粤留学生群体主要以自费就读为主，学费的主要来源是家庭、奖助学金和个人负担。当前在粤高校奖学金设置差异较大，与学校的综合实力和留学教育发展水平紧密相关。目前中山大学、华南理工大学等一流大学奖学金种类多，资助力量较强，如中山大学为不同类别留学生提供了中国国家政府奖学金、孔子学院奖学金、中山大学奖学金、广东省政府来粤留学生奖学金等四大类共8种专项奖学金。

表3-34：留学生接受奖学金概况

奖学金	响应	
	n	百分比
没有奖学金或助学金	366	48.5％
中华人民共和国国家政府奖学金	105	13.9％
广东省政府来粤留学生奖学金	145	19.2％
孔子学院奖学金	29	3.8％
所在学校奖学金	72	9.5％
母国奖学金	19	2.5％
其他奖学金	19	2.5％
总计	755	100.0％

留学生接受奖学金概况见表3-34，48.5％的留学生没有奖学金或助学金，符合"学费来源"的基本分布；而在获得过奖学金或助学金的留学生群体中，获得"广东省政府来粤留学生奖学金"的人数占比为19.2％，比重最大，其次是国家政府奖学金，13.9％的留学生接受过国家政府奖学金；另有9.5％的留学生受过在粤高校的学校奖学金资助。也有少数的留学生受到母国奖学金的资助，在访谈的交流过程中，来自沙特阿拉伯的留学生提到其在粤留学，每个月会得到国家提供的8 000里亚尔（约合1.5万元人民币，数据采样于2019年2月）的补助。

（四）生活背景

表3-35：留学生生活背景概况

特征描述		人数（人）	比例
在中国居住时长	一年以内	124	17.3％
	一到两年	132	18.4％
	两到三年	169	23.6％
	三到四年	182	25.4％
	五年及以上	110	15.3％
兼职时长	无兼职/工作	608	85.0％
	一周1—10小时	57	8.0％
	一周11—20小时	26	3.7％
	一周21—30小时	16	2.2％
	一周超过30小时	8	1.1％

据"在中国居住时长"的统计结果（见表3-35）可知，在中国居住一年以内、一到两年、两到三年、三到四年、五年及以上的留学生群体人数分别为124人、132人、169人、182人和110人，占比分别为17.3％、18.4％、23.6％、25.4％和15.3％。

在"兼职时长"的调查中，去除2个无效个案后，有效个案总数为715。基于前期访谈了解的情况，对本题的选项进行了分段设计。值得注意的是，共有608位留学生表示没有进行任何兼职和工作，占被调查总数的85.0％；数据呈现出的留学生兼职现状与来华留学教育管理制度密切相关，2017年公布的《学校招收和培养国际学生管理办法》（又称"42号令"）规定："国际学生在高等学校学习期间可以参加勤工助学活动，但不得就业、经商或从事其他经营性活动。"在访谈留学生时发现，有部分受访者自述兼职经历。样本中也有109人表示在留学过程中有兼职或工作的经历。具体兼职时长的分布情况如下：每周兼职或工作低于10小时的人数为57人，占样本总数的8.0％，但在兼职群体中占比超过53.3％；每周兼职11—20小时的人数为26人，占样本总数的3.7％；每周兼职21—30小时的为16人，占样本总数的2.2％；每周工作超过30小时的人数为8人，仅占样本总数的1.1％。

（五）学习动机与升学期待

本研究的输入变量除了上述背景信息之外，还包含求学动机和升学期望2个变量。国外研究认为留学生的留学动机包括探索不同的文化、学习新的思考和行为方式、提高知识与技能、结交新的朋友和寻求个人更好的发展。[1] 国内研究提出留学生主要的教育预期包括学好汉语、了解中国社会文化以及有更好的个人发展机会。[2] 基于前人研究成果并结合前期访谈以及来粤留学生的实际现状,研究将"留学原因"这一题项设计为包含"提高汉语水平""了解中国社会与文化""获得更好的工作发展机会""掌握专业和技能""对广州的向往""对学校的向往"及"其他"的多项选择题。输入变量除了包含性别、年级等基本变量之外,还包含求学动机这一期望变量。

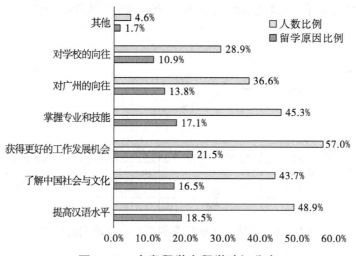

图3-13:来粤留学生留学动机分布

调查结果如图3-13所示,有21.5%的留学生为了"获得更好的工作发展机会"来粤高校留学;有18.5%的留学生期望"提高汉语水平";有17.1%的留学生想要"掌握专业和技能";想要"了解中国社会与文化"的留学生占比16.5%;选"对广州的向往"的留学生占比为13.8%;选"对学校的向往"的留学生占比10.9%。选择"其他"原因的留学生占比较少,仅为1.7%,其他原因包括:家庭父母的安排与决定(7人)、得知来华留学比较容易实现(5人)、国内局势动荡不安(6人)、朋友介绍(6人)等。现有研究表明,留学生的求学原因与动机最初是为了满足实际的和社会方面的需求,然后逐渐转为知识能力、学术和语言的需求。[3] 从留学原因的统计可见,来粤留学生留学的最

①ANDRADE M S. International students in English-speaking universities: adjustment factors [J]. Journal of Research in International Education, 2006(2): 131–154.

②俞玮奇,曹燕.教育国际化背景下来华留学生的教育需求与体验分析:基于上海市八所高校的实证研究[J].高教探索,2015(3):90–95.

③BARTRAM B. Supporting international students in higher education: constructions, cultures and clashes [J]. Teaching in Higher Education, 2008(6):657–668.

主要原因包括"获得更好的工作发展机会""提高汉语水平"和"掌握专业和技能"。

通过多重响应分析可见（如图3-14所示），语言生来留学的最主要原因为"提高汉语水平"，选择该选项的留学生人数在语言生总数中的占比为26.3%；本科生和硕士研究生来华求学的最主要原因均是"获得更好的工作发展机会"，响应比例分别为22.9%、19.7%；而博士研究生的首要留学原因是"掌握专业和技能"，有23.7%的响应。可见，各学历层次的留学生首要来华留学原因符合其留学层次的定位与特点，符合先前研究的判断，即留学生的留学需求随就读层次的提升而逐渐转变为聚焦学业。

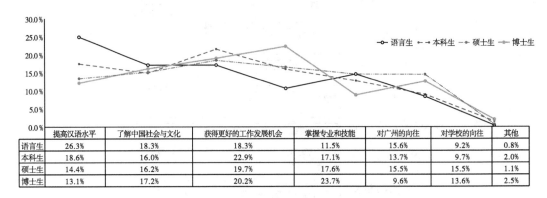

	提高汉语水平	了解中国社会与文化	获得更好的工作发展机会	掌握专业和技能	对广州的向往	对学校的向往	其他
语言生	26.3%	18.3%	18.3%	11.5%	15.6%	9.2%	0.8%
本科生	18.6%	16.0%	22.9%	17.1%	13.7%	9.7%	2.0%
硕士生	14.4%	16.2%	19.7%	17.6%	15.5%	15.5%	1.1%
博士生	13.1%	17.2%	20.2%	23.7%	9.6%	13.6%	2.5%

图3-14：学历层次在留学原因分布中的响应比例

从人数占比的角度来看（见图3-15），数据也反映了与上表一致的结果，即语言生的首要留学原因依然表现为"提高汉语水平"，选择该选项的人数占73.4%；本科生和硕士研究生最主要的目的是"获得更好的工作发展机会"，回答人数占各自总人数的比例分别为60.3%、51.4%；博士研究生继续升学的主要目的依然是"掌握专业和技能"，有62.7%的博士留学生选择了该选项。

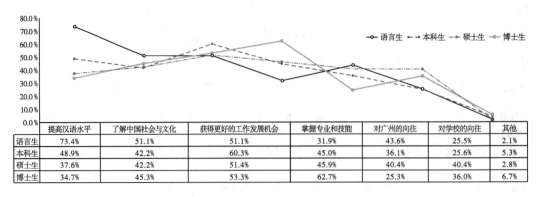

	提高汉语水平	了解中国社会与文化	获得更好的工作发展机会	掌握专业和技能	对广州的向往	对学校的向往	其他
语言生	73.4%	51.1%	51.1%	31.9%	43.6%	25.5%	2.1%
本科生	48.9%	42.2%	60.3%	45.0%	36.1%	25.6%	5.3%
硕士生	37.6%	42.2%	51.4%	45.9%	40.4%	40.4%	2.8%
博士生	34.7%	45.3%	53.3%	62.7%	25.3%	36.0%	6.7%

图3-15：学历层次在留学原因分布中的人数比例

表3-36：留学生升学期望概况

选项		人数（人）	比例
继续升学期望	无此打算	82	11.5%
	现在还不清楚	246	34.6%
	是的，希望继续留在本校学习	133	18.7%
	是的，希望去中国其他高校学习	93	13.1%
	是的，希望去其他国家学习	157	22.1%
合计		711	100.0%

在"是否有继续升学期望"的调查中，除去6个无效数据，有效个案为711个。统计结果显示（见表3-36），有继续升学期望的留学生总数为383人，占样本总量的53.9%，其中"希望继续留在本校学习"的留学生为133人，占期望继续升学的留学生的34.7%，占样本总量的18.7%，这意味着在所有想继续升学的留学生中，有超过三分之一的留学生期望留在本校学习，在一定程度上说明了该群体对当前就读学校较为认可；"希望去中国其他高校学习"的留学生为93人，占期望继续升学的留学生的24.3%，占样本总量的13.1%；"希望去其他国家学习"的人数为157人，占样本总量的22.1%；"现在还不清楚"的留学生最多，共246人，占样本总量的34.6%；另有82位留学生表示"无此打算"，占样本总量的11.5%。进一步统计可见，在期望继续升学的留学生群体中，有59.0%的留学生表示期望继续在华留学，而41.0%的留学生表示想去其他国家留学。

扫码查看

☑现状报告　☑读者交流
☑教育研究　☑必修课程

第四章

来粤留学生就读经验与学习收获现状

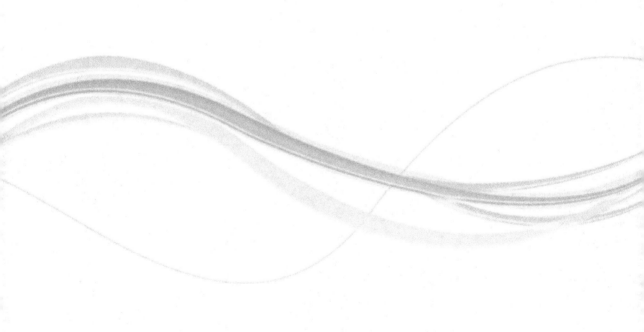

高等教育的质量首先是指学生的发展质量，即学生在整个学习历程中所学的"东西"，即所知、所能及其态度，学生在认知、技能、态度等方面的收益是衡量高等教育质量的核心标准。[①]

——弗雷泽（Malcolm Frazer）

第一节 来粤留学生就读经历现状

基于前文对研究概念的界定，来粤留学生"就读经历"分量表包含4个核心维度，分别是"课外活动""课堂学习""师生互动""同辈互动"，每个维度又分别包含了5个、3个、5个和4个二级观测题项。调研过程中要求被调查留学生根据其个人在留学期间的经历对问卷题项描述的符合程度进行评价，选项按参与程度由低到高分为五等，分别是："从不""偶尔""有时""经常""总是"，对应分别赋予"1、2、3、4、5"五种分值。

一、来粤留学生课外活动现状

"课外活动"中的"课外"在本研究中被定义为"课堂之外"，该维度包含的5个二级观测指标，涵盖了留学生离开课堂在学校内外参与的主要活动，并通过5级刻度反映来粤留学生在各类课外活动中的参与程度。由表4-1的统计结果可知，来粤留学生在"课外活动"的总体表现堪忧，留学生在各类课外活动中的参与性较低。"偶尔"参与课外活动的留学生人数占比远大于"经常"参与课外活动的人数。同时，"从不"参与课外活动的留学生群体较大，人数占比远高于"总是"参与或"经常"参与课外活动的留学生。具体而言，约22.4％的留学生从不参与学术讲座等活动，而在该题项中选择"总是"和"经常"的留学生比例之和仅为21.2％。

扫码查看
☑ 现状报告
☑ 教育研究
☑ 读者交流
☑ 必修课程

---

①陈玉琨,等.高等教育质量保障体系概论[M].北京:北京师范大学出版社,2004:59.

表4-1：来粤留学生课外活动参与现状

	课外活动				
	KW1 参与学术讲座、沙龙、论坛	KW2 参与校内文化艺术节或音乐戏剧表演等	KW3 参与校内社团或学生组织	KW4 参加社会实践或实习	KW5 参加校外社会团体、组织活动
1=从不	22.4%	24.8%	30.1%	22.2%	40.2%
2=偶尔	28.1%	29.7%	27.2%	27.1%	26.5%
3=有时	28.3%	25.8%	23.7%	24.8%	15.5%
4=经常	14.2%	12.6%	12.4%	17.6%	11.9%
5=总是	7.0%	7.1%	6.6%	8.4%	6.0%
均值	2.55	2.47	2.38	2.63	2.17
标准差	1.186	1.194	1.217	1.238	1.242
中位数	2	2	2	3	2
众数	3	2	1	2	1

KW2、KW3、KW4和KW5题项的统计结果与KW1题项较为相似，留学生在上述活动中的参与性也较低。如，"总是"参与课外活动的留学生比例极少，在各题项中的占比分别为7.0%、7.1%、6.6%、8.4%和6.0%；而"总是"和"经常"参与课外活动的留学生比例仅为21.2%、19.7%、19.0%、26.0%和17.9%；而"偶尔"和"从不"参加课外活动的比例则高达50.5%、54.5%、57.3%、49.3%和66.7%，这意味着约50%以上的留学生较少参与各项课外活动。值得注意的是题项KW5的表现，高达40.2%的留学生"从不"参加校外社会团体、组织活动，该比例远高于其他各题项。

从均值得分来看，得分最高的是"参加社会实践或实习"这一项，其得分为2.63分，高于中间值2.5分，"经常"和"总是"的比例均高于其他题项。这说明相较于其他类型的课外活动，留学生对能够提供兼职等机会的社会实践或实习更加重视，参与积极性更高。从众数来看，表4-1显示大部分留学生群体的回答是"从不参加"与"偶尔参加"，其代表着统计分布上具有明显集中趋势点的数值，代表数据的一般水平。这也再次证明了，来粤留学生在各类课外活动中的投入与参与程度明显不足。

二、来粤留学生课堂学习现状

从表4-2的中位数和众数来看，"经常"及"总是"是本题项统计数据的特征值。学生自述在课堂学习中"经常""总是"认真听讲、参与讨论以及完成课堂规定的任务和作业，在各自题项中的占比之和分别为73.4%、63.8%和71.5%，而三个问项在"偶尔"和"从不"参与的比例均未超过10%，说明留学生在课堂学习过程中的参与程度较高，参与的表现远高于课外活动。从均值得分来看，课堂上认真听讲、积极参与讨论、完成课堂规定任务和作业三个方面均值分别为4.05、3.8、4.01。

表4-2：来粤留学生课堂学习参与现状

	课堂学习		
	KT1 课堂上 认真听讲	KT2 课堂上 积极参与讨论	KT3 完成课堂规定 任务和作业
1＝从不	0.1%	1.3%	1.1%
2＝偶尔	4.7%	8.6%	5.9%
3＝有时	21.8%	26.4%	21.5%
4＝经常	36.3%	36.7%	34.3%
5＝总是	37.1%	27.1%	37.2%
均值	4.05	3.8	4.01
标准差	0.888	0.976	0.961
中位数	4	4	4
众数	5	4	5

在访谈过程中，留学生教师和留学生均反馈了与调查数据表现相吻合的课堂教学现状。教授语言类课程的老师表示"留学生在课堂上还是十分活跃的，课堂学习的参与性并不逊于本科生课堂，这与留学生性格、他们国家的文化以及我们授课的内容都是有关系的，因为我们的课程对互动要求很高，所以基本上每节课，所有的留学生都会有至少一次的机会分享自己的答案或者被要求完成老师的课堂任务，整体而言课堂氛围还是比较活跃的"。主讲经济学专业的老师提到"留学生在课堂上的表现经常'失控'，尤其是提到涉及文化差异的话题，留学生经常会出现争先恐后的状态，课堂上的互动还是很不错的，但课后完成作业的情况要差一些，离开了教室，就很难再管住他们"。来自越南的留学生香兰表示"在课堂教学中大家都比较积极地参与，因为老师经常会让我们进行

个人汇报，这就需要前期做很多准备，不仅需要自己陈述，还需要对其他同学的陈述提出意见，所以课堂上还是很配合和投入的，同时也经常感觉到压力和难度，因为语言能力欠缺，需要花更多的时间去理解和表达所学的内容，但在课堂上的学习效率还是比较高"。

三、来粤留学生师生互动现状

表4-3：来粤留学生师生互动现状

	师生互动				
	SS1 与教师讨论课程相关知识	SS2 与教师讨论个人学业规划	SS3 与教师讨论社会文化等议题	SS4 教师对你的学习表现予以反馈和评价	SS5 课后与教师保持联系
1＝从不	3.1%	2.1%	2.5%	3.1%	3.8%
2＝偶尔	9.5%	6.0%	8.1%	7.9%	13.8%
3＝有时	38.1%	30.4%	37.2%	37.2%	34.2%
4＝经常	36.0%	43.9%	37.0%	37.0%	31.9%
5＝总是	13.4%	17.6%	15.2%	14.8%	16.3%
均值	3.47	3.69	3.54	3.52	3.43
标准差	0.944	0.901	0.931	0.943	1.037
中位数	3	4	4	4	3
众数	3	2	1	2	1

从表4-3的众数结果来看，在题项"师生互动"中选择"有时"和"经常"的留学生占比最高。在各二级观测指标中，"经常"和"总是"参与师生互动的留学生比例合计为49.4%、61.5%、52.2%、51.8%和48.2%，可见在课堂教学过程中，有近半数的留学生较频繁地与教师讨论课业知识、文化议题等，课后也会较频繁地与教师保持联系，教师会对其学习予以反馈和评价。同时，有约8.1%至17.6%的留学生"偶尔"或"从不"与教师进行任何交流与互动。由来粤留学生在师生互动方面的反馈均值和众数等数据可知，留学生在师生互动中的参与表现属于中等偏上水平。

四、来粤留学生同辈互动现状

来粤留学生在就读过程中与同学的交流互动情况表现良好，统计数据显示（见表4-4），4个观测指标的均值约为3.3。在同辈互动的各项具体活动中，留学生在"与同学交流留学体会"方面表现最佳，"经常""总是"与同学交流留学体会的留学生比例达到51.3%，而"经常""总是"与同学讨论学业知识的比例为42.4%，说明留学生在同辈交往中更多是探讨留学体会，这也体现出了留学生群体就读经验的特殊性。考虑到留学生群体在文化背景与价值观等方面的差异性和特殊性，研究调查了留学生在"'经常''总是'结识与自己宗教信仰不同的同学""'经常''总是'结识与自己人生观价值观不同的同学"上的行为频率，比例分别为42.6%和49.7%。同辈互动关系是留学生就读过程中重要的人际交往关系之一，不同民族学生之间的积极的人际互动对个体的学习和多元化发展具有正向的影响。[1]掌握来粤留学生在同辈互动中的具体参与现状有利于更准确地厘清同辈互动对留学生学习体验、学习收获的影响和作用路径。

表4-4：来粤留学生同辈互动现状

	同辈互动			
	TB1 与同学讨论课程 相关知识	TB2 与同学交流 留学体会	TB3 结识与自己宗教信 仰不同的同学	TB4 结识与自己人生观 价值观不同的同学
1＝从不	5.4%	5.6%	7.8%	6.3%
2＝偶尔	16.6%	10.6%	14.6%	13.7%
3＝有时	35.6%	32.5%	35.0%	40.3%
4＝经常	28.5%	35.0%	27.1%	25.8%
5＝总是	13.9%	16.3%	15.5%	13.9%
均值	3.29	3.46	3.28	3.27
标准差	1.07	1.06	1.128	1.063
中位数	3	4	3	3
众数	3	4	3	3

①ENGBERG M E. A cross-disciplinary analysis of the impact of the undergraduate experience on students' development of a pluralistic orientation [J]. Research in Higher Education, 2007(3):283-317.

第二节　来粤留学生就读体验现状

留学生在就读过程中感知到的学校给予的支持对其克服留学困难十分重要。缺乏社会与学校的支持，遭遇负面、消极的学校支持体验的留学生相比那些获得积极支持感知的学生有较低的学生生活质量。[①]基于对留学生的前期访谈与观察，依据留学生的学习生活轨迹与特点，在留学生体验的各种外界支持中，学校的"硬件与软件"支持对留学生学习生活的影响更为突出。据此，在本研究的调查中来粤留学生就读体验包含留学生对"硬件支持"和"软件支持"两方面的感知，即留学生对学校硬件服务设施和对学校教学资源投入的满意度。

一、来粤留学生对学校硬件支持的体验

由表4-5可知来粤留学生对学校各类硬件设施的满意度分布情况。从众数和各题项的满意度占比情况来看，留学生对学校的"硬件支持"较为满意，这意味着，留学生对学校所提供的硬件服务设施的满意度较高。在4个二级观测指标中，表示满意的留学生人数比例远超"不满意"群体。具体而言，90.7％的留学生对学校的图书馆"一般""比较满意"和"非常满意"，其他各指标的比例分别为84.8％、72.3％和84.8％，可见留学生普遍对学校图书馆的满意度较高。在本次访问的32位留学生中，有19位留学生明确表示对学校的硬件设施很满意，尤其是学校的图书馆、网络中心、实验室。在硬件设施中，留学生对图书馆的满意度最高，对留学生宿舍的满意度最低。由上一章所述的来粤留学生居住住所及现状并结合访谈可知，留学生数量远超学校所提供的留学生宿舍数量，目前超过三分之一的留学生群体无法享受校内价格较为低廉的宿舍，因此不少同学对该现状表示不满。如何优化整合校内硬件资源设施，解决留学生校内住宿的问题是很多学校留学教育管理部门面临的最棘手的问题之一。

扫码查看
☑ 现状报告
☑ 教育研究
☑ 读者交流
☑ 必修课程

①OKUN M A, SANDLER I N, BAUMANN D J. Buffer and booster effects as event-support transactions [J]. American Journal of Community Psychology, 1988(3):434-449.

表4-5：对硬件支持的体验

	硬件支持			
	YJ1 对学校图书馆的 满意度	YJ2 对学校实验室的 满意度	YJ3 对学校留学生宿 舍的满意度	YJ4 对学校运动设施 及场所的满意度
1＝不满意	3.3%	6.1%	7.9%	4.5%
2＝不太满意	6.0%	9.1%	19.8%	10.6%
3＝一般	30.0%	37.8%	40.6%	41.8%
4＝比较满意	38.9%	33.6%	22.6%	29.1%
5＝非常满意	21.8%	13.4%	9.1%	13.9%
均值	3.7	3.39	3.05	3.38
标准差	0.984	1.028	1.051	0.997
中位数	4	3	3	3
众数	4	3	3	3

二、来粤留学生对学校软件支持的体验

研究显示来粤留学生对"软件支持"的感知较好，这说明来粤留学生对学校所提供的教学资源的满意度较高。从表4-6的众数结果来看，在4个问项的反馈中，"比较满意"都是最主要的回答响应，这意味着对学校教学资源的投入表示比较满意的留学生群体最大。因此，来粤留学生对学校所提供的教学资源的满意度也较高。从均值来看，"软件支持"4个题项的表现的均值都大于3.4，表现了来粤留学生对课程质量、课程安排、教师教学水平及教学语言的认可。

表4-6：对软件支持的体验

	软件支持			
	RJ1 对课程质量的满 意度	RJ2 对课程安排 的满意度	RJ3 对教师教学 水平的满意度	RJ4 对教师教学 语言的满意度
1＝不满意	2.1%	2.6%	1.7%	1.5%
2＝不太满意	7.3%	9.1%	4.7%	6.7%
3＝一般	34.3%	41.6%	25.4%	26.9%
4＝比较满意	41.6%	32.9%	42.7%	41.4%
5＝非常满意	14.8%	13.8%	25.5%	23.4%

续表

	软件支持			
	RJ1 对课程质量的满意度	RJ2 对课程安排的满意度	RJ3 对教师教学水平的满意度	RJ4 对教师教学语言的满意度
均值	3.6	3.46	3.86	3.79
标准差	0.899	0.931	0.911	0.93
中位数	4	3	4	4
众数	4	3	4	4

整体来看，留学生群体对"硬件支持"和"软件支持"的体验较好，对学校所提供的硬件服务设施和学校教学资源投入均表现出较高的满意度。留学生在就读中的体验与感知是留学教育质量的重要反映，积极、友好的环境有助于个体的学习行为顺利开展，同时使个体愉悦，激发出更大的学习热情，从而收获更多更好的体验与成果；反之，消极、不支持性的校园软硬件环境，不仅会抑制留学生学习行为的发生和发展，甚至会导致学生对学习的抗拒与反感，致使其陷入无收获的恶性循环。因此了解留学生对学校硬件支持和软件支持的感知与体验是提升留学生体验，进而促进留学生学习发展与收获的重要基础。

第三节　来粤留学生学习收获现状

如前文所述，在本研究中来粤留学生"学习收获"包含"学业知识"收获、"跨文化能力"收获以及对学校留学教育的"认同度"3个维度。

一、来粤留学生学业知识收获

从表4-7频数分析结果来看，来粤留学生在学习收获中的"学业知识"方面收获较大。从均值的分布可见，留学生在"汉语知识与能力"方面的收获要大于"专业基础理论知识"和"专业知识的实践技能"。从中位数和众数来看，认为学习收获"较大"的群体最大；从各分项的占比情况来看，约51.0％的来粤留学生在"专业知识的实践技能"方面取得了较大和极大的收获，约48.3％的留学生在"专业基础理论知识"方面取得了较大和极大的收获。

表4-7：学业知识收获概况

	学业知识		
	ZS1 在汉语知识与能力方面得到了发展	ZS2 在专业基础理论知识方面得到了发展	ZS3 在专业知识的实践技能方面得到了发展
1＝几乎没有	3.5%	4.0%	3.3%
2＝较少	7.9%	12.7%	10.7%
3＝一般	27.5%	35.0%	34.9%
4＝较大	42.8%	35.6%	36.1%
5＝极大	18.3%	12.7%	14.9%
均值	3.64	3.4	3.49
标准差	0.982	0.996	0.982
中位数	4	3	4
众数	4	4	4

二、来粤留学生跨文化能力收获

留学生在学习收获中的"跨文化能力"方面表现要优于"学业知识"，各题的均值显著高于"学业知识"（见表4-8）。其中，留学生在"独立生活的能力""理解了不同的文化与习俗""适应环境变化的能力""了解自己"这4个观测指标上的均值分别为3.86、3.83、3.86和3.9，说明相较于学业知识和认同度方面的收获，来粤留学生在跨文化能力方面的收获更大。

表4-8：跨文化能力收获概况

	跨文化能力			
	NL1 独立生活的能力得到了发展	NL2 理解了不同的文化与习俗	NL3 适应环境变化的能力得到了发展	NL4 了解自己（性格、能力与兴趣等）
1＝几乎没有	2.2%	1.8%	1.8%	1.8%
2＝较少	5.6%	4.2%	4.7%	4.0%
3＝一般	24.1%	27.1%	24.5%	25.1%
4＝较大	40.3%	43.4%	43.4%	40.3%
5＝极大	27.8%	23.6%	25.5%	28.7%

	跨文化能力			
	NL1 独立生活的能力 得到了发展	NL2 理解了不同的 文化与习俗	NL3 适应环境变化的 能力得到了发展	NL4 了解自己（性格、 能力与兴趣等）
均值	3.86	3.83	3.86	3.9
标准差	0.961	0.899	0.914	0.925
中位数	4	4	4	4
众数	4	4	4	4

三、来粤留学生对学校留学教育的认同度

由表4-9可知留学生在"认同度"方面的总体表现，各二级观测指标的均值都大于等于3.19，说明来粤留学生整体上对学校留学教育的"认同度"较高。留学生对学校促进留学生未来职业规划能力、语言能力、沟通与合作能力、跨文化交际能力和学业发展的认同度的均值依次增加，分别为3.19、3.34、3.35、3.37和3.52。比较而言，留学生对学校在促进其职业规划能力和语言能力发展方面的认同度低于其他方面，这一结果也在一定程度上说明学校还需加大力度促进留学生未来职业规划与发展、促进留学生汉语语言能力发展。

表4-9：认同度概况

	对学校留学教育的认同度				
	RT1 学校促进了 留学生学术 和学业的发 展	RT2 学校促进了 留学生语言 能力的发展	RT3 学校促进了 留学生跨文 化交际能力 的发展	RT4 学校促进了 留学生沟通 与合作能力 的发展	RT5 学校促进了 留学生对未 来职业的规 划与发展
1=非常不同意	3.3%	4.7%	5.3%	3.8%	5.4%
2=不同意	13.1%	18.5%	16.0%	16.9%	21.6%
3=一般	31.8%	32.1%	30.7%	36.1%	36.0%
4=同意	32.1%	26.8%	32.4%	27.5%	22.7%
5=非常同意	19.7%	17.9%	15.6%	15.8%	14.2%
均值	3.52	3.34	3.37	3.35	3.19

	对学校留学教育的认同度				
	RT1 学校促进了留学生学术和学业的发展	RT2 学校促进了留学生语言能力的发展	RT3 学校促进了留学生跨文化交际能力的发展	RT4 学校促进了留学生沟通与合作能力的发展	RT5 学校促进了留学生对未来职业的规划与发展
标准差	1.052	1.114	1.089	1.052	1.094
中位数	4	3	3	3	3
众数	4	3	4	3	3

四、来粤留学生满意度现状

高等教育领域中学生满意程度，受到教育环境，包括教育方案、教育服务与经验等影响，是一个由多种因素共同决定的概念。学生在校学习期间的学习、居住、后勤服务等各个环节都对国际学生的在学满意度有显著贡献。[1]虽然目前很难论定学生满意度与教育成效之关系，但对学校行政者而言，满意度调查可提供改进教育品质的重要指标。[2]本研究在正式问卷中设计了"对学校留学教育的整体满意度"题项，依据其自身对当前学校留学教育的总体满意度进行评价，结果如表4-10及图4-1所示。

表4-10：整体满意度频数/率分布情况

		频数	百分比	有效百分比	累积百分比
整体满意度现状	1=很不满意	17	2.4%	2.4%	2.4%
	2=不满意	43	6.0%	6.0%	8.4%
	3=一般	224	31.2%	31.2%	39.6%
	4=比较满意	285	39.7%	39.7%	79.4%
	5=非常满意	148	20.6%	20.6%	100.0%
	均值=3.70；标准差=0.941；中位数=4；众数=4				

---

[1] DONALD J G. Quality indices for faculty evaluation [J]. Assessment and Evaluation in Higher Education, 1984(2): 41-52.
[2] 吴凡. 我国研究型大学本科人才培养质量研究:基于"985工程"高校大学生学习经验调查[D].厦门:厦门大学, 2013.

对该题项的频数分析发现"比较满意"的留学生有285人，占样本总量的39.7%，比例最大；其次为"一般"满意的有224人，占比31.2%；"非常满意"的人数为148人，占比20.6%。从这一数量及比例结构，结合均值3.70及中位数、众数的结果可知，留学生群体整体满意度感知具有较好的表现。

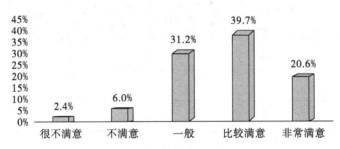

图4-1：留学生整体满意度

为检验学校之间留学生的满意度水平是否存在显著性差异，本研究首先对不同类型高校满意度总分进行单因素方差分析。依据前文所述，基于研究对象的特点，我们首先按照学校"是否为教育部来粤留学示范基地"分类，根据方差同质性检验结果（见表4-11），Levene统计量的F值为9.687（$P=0.002<0.01$），方差差异十分显著，故采用方差不等下的独立样本t检验。从结果来看，t值为1.140，对应的P值为0.255（>0.05），这意味着如果按照"是否为教育部来粤留学示范基地"来分类，两类高校留学生的满意度水平不存在显著差异。

表4-11：不同高校类型在整体满意度的差异比较（1）

Levene 检验		均值方程的t检验					CI（95%）	
F	Sig.	t	df	Sig.（双侧）	均值差值	标准误差值	下限	上限
9.687	0.002	1.140	436.499	0.255	0.083	0.073	−0.060	0.226

而由表4-12可见，按照学校"是否为'双一流'建设高校"分类，由于Levene方差齐性检验中的F值为0.384（$P=0.536>0.05$），方差差异十分显著，故采用方差齐性下的独立样本t检验。从结果来看，t值为1.020，对应的P值为0.308（>0.05），说明如果依据高校"是否为'双一流'建设高校"来分类，两类高校留学生的满意度水平也不存在显著差异。

表4-12：不同高校类型在整体满意度的差异比较（2）

Levene 检验		均值方程的 t 检验						
F	Sig.	t	df	Sig.（双侧）	均值差值	标准误差值	CI（95%）	
							下限	上限
0.384	0.536	1.020	715	0.308	0.072	0.070	−0.066	0.210

表4-13：不同高校留学生满意度的差异比较

	平方和	df	均方	F	显著性	Tamhane's T2 检验
组间	22.272	11	2.025	2.334	0.008	广东机电职业技术学院＜中山大学、华南理工大学、华南农业大学、广东外语外贸大学、广东技术师范大学
组内	611.452	705	0.867			
总数	633.724	716				

　　研究进一步探究了不同高校留学生满意度的差异，利用单因素方差分析，发现 Levene 方差齐性检验中的 F 值为 5.820（P＝0.000＜0.01），方差差异极为显著，为此采用了 Tamhane's T2 检验法进行事后比较，结果显示：各个学校的来粤留学生对留学教育的满意度差异较小，如图4-2所示。留学生对学校留学教育的满意度均值差异较小，这意味着留学生的整体满意程度较为接近，以及各校留学教育面临着很多共性问题，留学生的就读经历与体验较为相似。

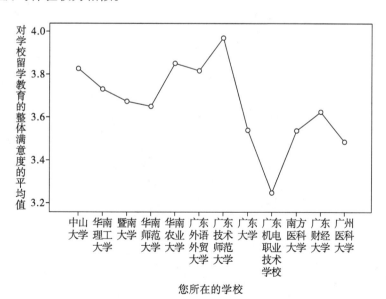

图4-2：留学生对学校留学教育的整体满意度均值走势

145

第五章

来粤留学生就读经验与学习收获的影响因素

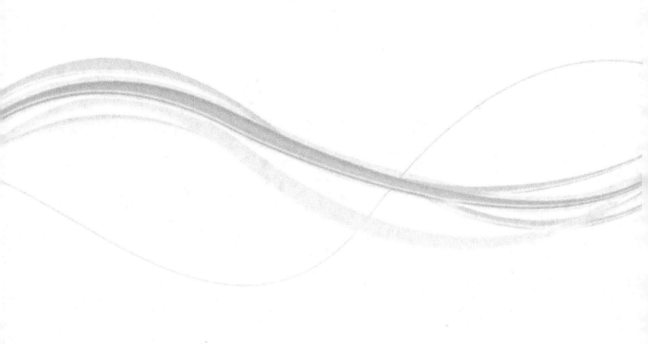

教育活动作为人的一种基本活动，从内容到形式都体现了一定的社会关系，其最基本的形式是互动。互动也是学生个体成长以及教育发展的基本途径。教育活动中的互动包含微观层面的互动，即个体之间的互动，以及宏观层面的互动，指在社会和制度层面上的有组织的和模式化的互动。[①]

第一节　基本特征的影响

留学生就读经验与学习收获研究的本质是揭示留学生在留学教育过程中的现状及特征，进而解析互动中各因素的作用关系。本节主要探讨留学生的个人背景信息对留学生就读经验与学习收获的影响，背景信息包括留学生的人口学基本特征、学业背景、家庭背景、生活背景及学习动机与升学期待等五个方面。

一、性别对来粤留学生就读经验与学习收获的影响

利用独立样本 t 检验考察性别对来粤留学生就读经验与学习收获的差异性影响，即对就读经历、就读体验和学习收获进行均值差异检验。

（一）性别对来粤留学生就读经历的影响

表5-1：性别对就读经历的差异性影响

	性别	N	Mean	Std. Deviation	t-test	Sig. (2-tailed)
就读经历	男 女	300 417	3.190 3.401	0.559 0.657	−4.610	0.000
课外活动	男 女	300 417	2.256 2.574	0.833 0.965	−4.719	0.000
课堂学习	男 女	300 417	3.802 4.061	0.776 0.815	−4.275	0.000
师生互动	男 女	300 417	3.459 3.584	0.698 0.873	−2.126	0.034
同辈互动	男 女	300 417	3.244 3.383	0.835 0.964	−2.059	0.040

[①]谢维和.教育活动的社会学分析:一种教育社会学的研究[M].北京:教育科学出版社,2000:87.

从表5-1的 t 检验结果可知，性别对就读经历及4个分维度的影响存在显著差异。从各个观测指标的均值可知，女性留学生在就读经历上的表现要优于男性，在就读经历包含的各项活动中的参与程度均好于男性留学生。据此，本研究关于"留学生人口学基本特征中的性别对就读经历具有显著影响"的假设得到了验证。

（二）性别对来粤留学生就读体验的影响

表5-2：性别对就读体验的差异性影响

	性别	N	Mean	Std. Deviation	t-test	Sig.(2-tailed)
就读体验	男 女	300 417	3.473 3.565	0.650 0.729	−1.739	0.083
硬件支持	男 女	300 417	3.290 3.442	0.791 0.789	−2.541	0.011
软件支持	男 女	300 417	3.657 3.688	0.670 0.850	−0.556	0.579

从表5-2的 t 检验结果来看，性别对就读体验维度并无显著影响。同时，在留学生对学校所提供的教学资源的满意度方面，男性与女性也并不存在显著差异。但值得关注的是，在硬件支持方面，性别的影响具有显著差异，由均值可见，女性留学生对学校所提供的硬件服务设施的满意度要显著高于男性留学生。

（三）性别对来粤留学生学习收获的影响

表5-3：性别对学习收获的差异性影响

	性别	N	Mean	Std. Deviation	t-test	Sig.(2-tailed)
学习收获	男 女	300 417	3.490 3.646	0.607 0.667	−3.037	0.002
认同度	男 女	300 417	3.230 3.441	0.775 0.921	−3.318	0.001
学业知识	男 女	300 417	3.467 3.542	0.749 0.862	−1.246	0.213
跨文化能力	男 女	300 417	3.774 3.945	0.735 0.787	−2.593	0.010

由表5-3的统计结果可知，性别对留学生学习收获的影响差异显著，由均值可见，

男性留学生对学习收获的总体感知明显低于女性留学生。同时，男性留学生群体在认同度和跨文化能力两个方面的收获要显著低于女性留学生。值得注意的是，本研究发现女性留学生在就读经历方面的表现要显著优于男性留学生，这意味着留学生的就读经历与学习收获存在相关关系，即学生的学习参与与学生的学习收获存在关系，下文还将对此关系进行深入检验。

二、国别对来粤留学生就读经验与学习收获的影响

如第三章第五节所述，考虑到样本留学生国籍分布的广泛性，描述统计过程中对数据按大洲归类，排名前三的亚洲、非洲及欧洲的留学生人数合计687人，占比达到95.8%。考虑到南美洲、北美洲、大洋洲的样本分布比例分别为2.8%、0.8%、0.6%，占比较少，故此处仅分析亚洲、欧洲和非洲留学生在就读经验方面的差异性。

在检验国别影响时运用多变量单因素方差分析，并对已经分组的样本进行事后多重比较（Post-hoc Test），由于各组样本数量不尽相同，故采用相对保守的Scheffe方法，对于方差不齐时采用的是Tamhane's T2方法。当整体F检验具有统计意义，但使用Scheffe方法与Tamhane's T2方法却没有检验出差异分组时，可以考虑使用灵敏度较高的Bonferroni方法。Bonferroni方法是对最为敏感的LSD法（最小显著差数法）的两两 t 检验进行了一定的修正得来的，最终保证总的 α 水准为0.05，该方法敏感度介于LSD法和Scheffe法之间。[①] 若Bonferroni方法没有检验出差异，则考虑最为灵敏的LSD检验。

（一）国别对来粤留学生就读经历的影响

表5-4：国别对就读经历的差异性影响

	Mean /Std. Deviation	F	Sig.	Partial η^2	Homogeneous Subsets
就读经历	3.327　3.497　3.140 0.621　0.507　0.653	8.758	0.000	0.025	a（3） b（2） ab（1）
课外活动	2.515　2.585　2.140 0.905　1.001　0.871	10.333	0.000	0.029	a（3） b（12）
课堂学习	3.952　4.211　3.782 0.803　0.659　0.884	6.617	0.001	0.019	a（13） b（2）
师生互动	3.546　3.700　3.338 0.796　0.705　0.852	5.714	0.003	0.016	a（3） b（2） ab（1）

①张文彤.SPSS统计分析高级教程[M].北京:高等教育出版社,2011:274-275.

	Mean /Std. Deviation	F	Sig.	Partial η²	Homogeneous Subsets
同辈互动	3.296　3.493　3.299 0.922　0.896　0.821	1.459	0.233	0.233	a（1 2 3）

注：1.均值与标准差按照1—3（亚洲、欧洲、非洲）三个群体排列；2. a(1)表示的是 a 组中包含1这个类别，其他同理。

表5-4的方差分析结果从数据上验证了上述三种不同国别的留学生在就读经历方面的差异性。其中来自欧洲和非洲的留学生就读经历差异显著，欧洲留学生的就读经历要优于非洲留学生，也就是说，欧洲留学生在就读过程中的学习等活动的参与程度要好于非洲留学生，亚洲留学生则处于中间水平。

此外，非洲留学生在课外活动、师生互动方面也与亚洲学生存在差异。具体而言，非洲留学生在课外活动中的参与程度要显著低于欧洲及亚洲学生；而在课堂学习方面，欧洲学生的参与表现显著优于亚洲、非洲学生，亚洲与非洲两个组别的留学生的差异不显著；在师生互动方面，欧洲留学生的参与表现也显著优于非洲留学生，亚洲留学生处于中间水平；三个组别的留学生在同辈互动方面并无显著差异，也就是说国别对留学生的同辈互动并未产生显著影响。

（二）国别对来粤留学生就读体验的影响

表5-5：国别对就读体验的差异性影响

	Mean /Std. Deviation	F	Sig.	Partial η²	Homogeneous Subsets
就读体验	3.533　3.717　3.368 0.690　0.739　0.656	6.368	0.002	0.018	a（3） b（2） ab（1）
硬件支持	3.425　3.518　3.609 0.749　0.843　0.815	9.466	0.000	0.027	a（3） b（1 2）
软件支持	3.641　3.915　3.608 0.799　0.762　0.697	4.167	0.016	0.012	a（2） b（1 3）

注：1.均值与标准差按照1—3（亚洲、欧洲、非洲）三个群体排列；2. a(1)表示的是 a 组中包含1这个类别，其他同理。

从表5-5的方差分析结果来看，国别对留学生"就读体验"的影响是显著的。欧洲留学生在就读体验方面的感知显著优于非洲留学生，亚洲留学生处于中间水平。具体而言，亚洲和欧洲留学生对学校所提供的硬件服务设施的满意度差异不大，对硬件的满意度明显低于非洲留学生；在软件支持方面，亚洲和非洲留学生对学校的教学资源投入的满意度并不存在显著差异，二者的满意度明显低于欧洲留学生。

（三）国别对来粤留学生学习收获的影响

表5-6：国别对学习收获的差异性影响

	Mean /Std. Deviation	F	Sig.	Partial η²	Homogeneous Subsets
学习收获	3.558 3.697 3.530 0.658 0.658 0.605	1.642	0.194	0.005	a
认同度	3.372 3.497 3.218 0.869 0.833 0.847	2.842	0.059	0.008	a（3） b（2） ab（1）
学业知识	3.485 3.593 3.495 0.840 0.875 0.719	0.519	0.595	0.002	a
跨文化能力	3.817 4.000 3.877 0.775 0.816 0.735	1.798	0.166	0.005	a

注：1.均值与标准差按照1—3（亚洲、欧洲、非洲）三个群体排列；2. $a(1)$ 表示的是 a 组中包含1这个类别，其他同理。

从表5-6的方差分析结果来看，不同国别的留学生无论是在总体学习收获方面还是在学业知识和跨文化能力这两个分维度方面均无显著性差异。但在认同度方面，F检验的 Sig. 值为0.059，处于0.05的边缘显著水平，此时通过Scheffe比较发现非洲留学生与欧洲留学生在学习收获方面存在组别差异。非洲留学生对认同度的感知显著低于欧洲留学生群体，亚洲留学生处于中间水平。

三、婚姻状况对来粤留学生就读经验与学习收获的影响

（一）婚姻状况对来粤留学生就读经历的影响

表5-7：婚姻状况对就读经历的差异性影响

	婚姻状况	N	Mean	Std. Deviation	t-test	Sig. (2-tailed)
就读经历	已婚 未婚	69 648	3.206 3.324	0.671 0.620	−1.492	0.136
课外活动	已婚 未婚	69 648	2.342 2.452	0.881 0.929	−0.935	0.350
课堂学习	已婚 未婚	69 648	3.754 3.974	0.975 0.787	−1.814	0.073

	婚姻状况	N	Mean	Std. Deviation	t-test	Sig. (2-tailed)
师生互动	已婚	69	3.351	0.811	−1.968	<u>0.049</u>
	未婚	648	3.551	0.804		
同辈互动	已婚	69	3.377	0.898	0.495	0.621
	未婚	648	3.319	0.916		

从表5-7的 *t* 检验结果来看，婚姻状况对就读经历维度及3个分维度并没有显著影响，仅对师生互动产生显著影响，未婚的留学生在师生互动中的表现要好于已婚留学生。

（二）婚姻状况对来粤留学生就读体验的影响

表5-8：婚姻状况对就读体验的差异性影响

	婚姻状况	N	Mean	Std. Deviation	t-test	Sig. (2-tailed)
就读体验	已婚	69	3.449	0.734	−0.969	0.333
	未婚	648	3.535	0.694		
硬件支持	已婚	69	3.214	0.887	−1.817	0.070
	未婚	648	3.396	0.780		
软件支持	已婚	69	3.685	0.736	0.109	0.913
	未婚	648	3.674	0.785		

从表5-8可见，婚姻状况对就读体验维度及2个分维度均没有显著影响，说明已婚与未婚的留学生在就读体验方面，包括对学校硬件设施的满意度和教学资源投入的满意度均没有显著差异。

（三）婚姻状况对来粤留学生学习收获的影响

表5-9：婚姻状况对学习收获的差异性影响

	婚姻状况	N	Mean	Std. Deviation	t-test	Sig. (2-tailed)
学习收获	已婚	69	3.570	0.615	−0.072	0.943
	未婚	648	3.575	0.650		
认同度	已婚	69	3.296	0.853	−0.572	0.567
	未婚	648	3.359	0.871		
学业知识	已婚	69	3.536	0.829	0.276	0.783
	未婚	648	3.508	0.816		

	婚姻状况	N	Mean	Std. Deviation	t-test	Sig. (2-tailed)
跨文化能力	已婚	69	3.877	0.733	0.173	0.863
	未婚	648	3.860	0.773		

从表5-9的*t*检验结果来看，婚姻状况同样对来粤留学生的学习收获维度及3个分维度没有显著影响。可见，整体而言来粤留学生的婚姻状况对就读经验和学习收获并无显著影响，仅对留学生在师生互动方面的表现产生了差异性影响。

第二节　学业背景的影响

一、学历类型对来粤留学生就读经验与学习收获的影响

在初步检验中发现，本科4个年级的留学生在就读经验和学习收获的表现并无显著差异，因此在本题项将本科一至四年级的留学生数据进行合并处理，将留学生划分为语言生、本科生、硕士研究生和博士研究生4种不同的学历类型，并按学历类型分组进行差异性检验。分析方法同上，采用的是多变量单因子方差分析，两两比较首先使用Scheffe方法。

（一）学历类型对来粤留学生就读经历的影响

表5-10：学历类型对就读经历的差异性影响

	Mean Rank(Ascending order)	F	Sig.	Partial η²	Homogeneous Subsets
就读经历	3.300　3.307　3.387　3.252	0.778	0.507	0.003	a（1 2 3 4）
课外活动	2.398　2.415　2.575　2.451	0.950	0.416	0.004	a（1 2 3 4）
课堂学习	4.057　3.910　4.082　3.880	2.069	0.103	0.009	a（1 2 3 4）
师生互动	4.057　3.910　4.082　3.880	0.789	0.500	0.003	a（1 2 3 4）
同辈互动	3.170　3.349　3.414　3.250	1.513	0.210	0.006	a（1 2 3 4）

注：均值依次为语言生、本科生、硕士研究生、博士研究生群体。

从表5-10的F值与显著性水平来看，学历类型对就读经历和各个分维度的影响并没有显著差异；从检验功效来看，组间差异也偏向于0；从同类子集来看，各年级留学生均属于同一个子集*a*。

（二）学历类型对来粤留学生就读体验的影响

表5-11：学历类型对就读体验的差异性影响

	Mean Rank(Ascending order)	F	Sig.	Partial η^2	Homogeneous Subsets
就读体验	3.594 3.491 3.540 3.632	1.260	0.287	0.005	a（1 2 3 4）
硬件支持	3.399 3.313 3.500 3.553	3.114	0.026	0.013	a（2） b（3 4） ab（1）
软件支持	3.790 3.668 3.580 3.710	1.293	0.276	0.005	a（1 2 3 4）

注：均值依次为语言生、本科生、硕士研究生、博士研究生群体。

从表5-11的F值和显著性水平来看，学历类型对就读体验以及分维度软件支持并未产生显著影响，也就是各种类型的留学生并不存在明显差异；在硬件支持方面，本科留学生对硬件设施的满意度明显低于硕士和博士留学生群体，语言生的表现处于中间水平。

（三）学历类型对来粤留学生学习收获的影响

表5-12：学历类型对学习收获的差异性影响

	Mean Rank(Ascending order)	F	Sig.	Partial η^2	Homogeneous Subsets
学习收获	3.503 3.573 3.610 3.621	0.621	0.601	0.003	a（1 2 3 4）
认同度	3.343 3.340 3.493 3.235	1.455	0.226	0.006	a（1 2 3 4）
学业知识	3.457 3.515 3.424 3.676	1.571	0.195	0.007	a（1 2 3 4）
跨文化能力	3.710 3.865 3.914 3.953	1.749	0.156	0.007	a（1 2 3 4）

注：均值依次为语言生、本科生、硕士研究生、博士研究生群体。

从表5-12的方差分析结果来看，学历类型对学习收获并未产生显著影响，说明不同学历类型的来粤留学生在学习收获方面的表现没有显著差异。综上，本科留学生仅在硬件设施的满意度方面低于硕士和博士留学生群体，除此之外，学历类型对就读经验和学习收获其他维度并没有显著影响。

二、学科专业对来粤留学生就读经验与学习收获的影响

从样本数据的概况来看，参与本研究调研的留学生共来自12个不同专业。基于数理统计原则，在分析学科专业对留学生就读经验和学习收获的影响时，仅检验样本容量

大于60的学科专业，即对文学、医学、经济学、管理学、工学和教育学六个专业。上述专业的累计样本数达到644，占总样本数量的89.8%。

（一）学科专业对来粤留学生就读经历的影响

表5-13：专业对就读经历的差异性影响

	Mean Rank(Ascending order)	F	Sig.	Partial η²	Homogeneous Subsets
就读经历	3 5 4 6 2 1	1.889	0.094	0.015	a
课外活动	3 5 4 2 1 6	0.819	0.536	0.006	a
课堂学习	3 5 6 4 1 2	3.999	0.001	0.03	$a(3)$ $b(2)$ $ab(145)$
师生互动	4 2 3 5 6 1	1.999	0.077	0.015	a
同辈互动	5 6 3 4 2 1	0.773	0.569	0.006	a

注：均值按照1—6（文学、医学、经济学、管理学、工学、教育学）六个群体升序排列。

　　从表5-13的方差分析结果来看，专业不同的留学生在"就读经历"维度以及"课外活动""师生互动""同辈互动"3个分维度的表现没有显著性差异。值得注意的是，在"课堂学习"方面，医学专业的留学生群体得分最高，显著高于经济学专业的留学生群体，其他专业的学习处于中间水平。经济学专业的留学生在"就读经历"以及"课外活动""课堂学习"2个观测变量的均值最低，说明经济学专业留学生在上述活动中的参与程度低于其他专业，但仅在"课堂学习"方面存在显著差异。在访谈过程中，发现医学专业留学生对课堂反馈较高，课堂教学语言主要是英语，且学习的专业是医学，语言沟通障碍要远低于其他较为抽象的文科专业，课堂学习多是实验或展示教学的模式，道具等教学辅助设施的运用在一定程度上提升了课程内容的易理解性，消解了沟通与理解的困难。

（二）学科专业对来粤留学生就读体验的影响

表5-14：专业对就读体验的差异性影响

	Mean Rank(Ascending order)	F	Sig.	Partial η²	Homogeneous Subsets
就读体验	3 4 6 2 5 1	4.292	0.001	0.033	$a(1)$ $b(3)$ $ab(2456)$

	Mean Rank(Ascending order)	F	Sig.	Partial η²	Homogeneous Subsets
硬件支持	3 4 6 1 5 2	7.915	0.000	0.058	*a*(3) *ab*(4 6) *abc*(1) *bc*(5) *c*(2)
软件支持	2 4 3 6 5 1	5.853	0.000	0.044	*a*(2) *b*(1) *ab*(3 4 5 6)

注：均值按照1—6（文学、医学、经济学、管理学、工学、教育学）六个群体升序排列。

由表5-14的结果可见，不同专业的留学生在就读体验上存在显著差异性。再通过两两比较检验，发现文学专业的留学生群体就读体验明显优于经济学专业留学生。医学、管理学、教育学、工学专业学生在就读体验上处于中间水平，且上述四种专业留学生的就读经验差异不显著。在分维度方面，来粤医学专业留学生群体在硬件支持的表现明显高于经济学专业留学生，说明医学专业留学生对学校硬件设施满意度最高，且明显高于其他专业。此外，由表5-14中的分组可见，在硬件支持方面，留学生表现呈现出了较为明显的层次感。具体而言，管理学与教育学专业的留学生差异不大，二者在硬件方面的满意度要明显高于经济学专业留学生；文学专业留学生的满意度高于管理学和经济学，工学专业的满意度高于文学专业，仅次于医学专业。在软件支持方面，文学专业留学生对学校软件资源投入的满意度最高，明显高于其他专业，而经济学、管理学、工学与教育学4个专业的差异不明显，满意度处于中间水平。

（三）学科专业对来粤留学生学习收获的影响

表5-15：专业对学习收获的差异性影响

	Mean Rank(Ascending order)	F	Sig.	Partial η²	Homogeneous Subsets
学习收获	5 3 4 1 2 6	0.748	0.588	0.006	*a*
认同度	5 3 6 4 1 2	5.568	0.000	0.042	*a*(5) *b*(1 2 4 6) *ab*(3)
学业知识	2 4 3 1 5 6	1.090	0.365	0.008	*a*
跨文化能力	4 1 6 3 2 5	0.206	0.960	0.002	*a*

注：均值按照1—6（文学、医学、经济学、管理学、工学、教育学）六个群体升序排列。

从表5-15的方差分析结果来看，不同专业的留学生在学习收获方面无显著差异。对于三个分维度而言，"学业知识"和"跨文化能力"的收获没有显著差异，但不同专业的留学生在"认同度"方面存在显著差异，其中医学专业留学生对学校留学教育的认同度要明显好于工学专业和经济学专业，而医学专业与教育学、管理学、文学专业在认同度方面并不存在显著差异。

三、学校类型对来粤留学生就读经验与学习收获的影响

依据前文对学校类型的分类，这里对"是否为教育部来华留学示范基地"和"是否为'双一流'建设高校"两种分类进行差异分析。

（一）学校类型对来粤留学生就读经历的影响

表5-16：学校类型（是否为教育部来华留学示范基地）对就读经历的差异性影响

	示范基地	N	Mean	Std. Deviation	t-test	Sig. (2-tailed)
就读经历	是	206	3.260	0.574	−1.491	0.137
	否	511	3.334	0.645		
课外活动	是	206	2.450	0.900	0.156	0.876
	否	511	2.438	0.935		
课堂学习	是	206	3.806	0.686	−3.392	0.001
	否	511	4.012	0.846		
师生互动	是	206	3.550	0.728	0.393	0.695
	否	511	3.525	0.836		
同辈互动	是	206	3.237	0.783	−1.792	0.074
	否	511	3.361	0.960		

从表5-16的 t 检验结果来看，不同学校类型（是否为教育部来华留学示范基地）的留学生对就读经历并未产生显著性影响，"课外活动""师生互动""同辈互动"3个分维度也不存在显著差异。值得注意的是，不同类型学校的留学生在课堂学习方面的表现差异显著，具体而言，教育部来华留学示范基地类型的留学生群体在课堂学习方面的平均得分是3.806，而非教育部来华留学示范基地类型的留学生群体在该维度的平均得分是4.012，两者在显著性水平0.05下是存在显著差异的，即非教育部来华留学示范基地类型的留学生群体在"课堂学习"维度的各二级观测指标的表现更好一些，课堂各项学习活动中的参与度更高。

表5-17：学校类型（是否为"双一流"建设高校）对就读经历的差异性影响

	双一流	N	Mean	Std. Deviation	t-test	Sig. (2-tailed)
就读经历	是 否	336 381	3.376 3.257	0.633 0.616	2.543	0.011
课外活动	是 否	336 381	2.551 2.344	0.955 0.886	3.014	0.003
课堂学习	是 否	336 381	3.950 3.955	0.815 0.804	−0.068	0.946
师生互动	是 否	336 381	3.662 3.417	0.796 0.798	4.099	0.000
同辈互动	是 否	336 381	3.339 3.312	0.944 0.888	0.394	0.694

从表5-17的 t 检验结果可见，如按"是否为'双一流'建设高校"来分类，两类学校的留学生在就读经历维度呈现出了显著的差异。在粤的"双一流"大学留学生的就读经历要显著优于非"双一流"大学留学生。从"就读经历"的具体维度来看，来自在粤"双一流"大学的留学生群体在"课外活动""师生互动"方面的感知要明显好于非"双一流"大学留学生，而在"课堂学习""同辈互动"两个方面，两类学校的留学生参与情况差异不大。

（二）学校类型对来粤留学生就读体验的影响

表5-18：学校类型（是否为教育部来华留学示范基地）对就读体验的差异性影响

	示范基地	N	Mean	Std. Deviation	t-test	Sig. (2-tailed)
就读体验	是 否	206 511	3.546 3.519	0.638 0.721	0.483	0.629
硬件支持	是 否	206 511	3.425 3.360	0.692 0.829	1.076	0.283
软件支持	是 否	206 511	3.666 3.679	0.704 0.809	−0.203	0.839

从表5-18的 t 检验结果来看，无论是教育部来华留学示范基地类型的留学生群体还是非教育部来华留学示范基地类型的留学生群体在就读体验及该维度的硬件支持、软件支持两个观测变量方面均不存在显著差异。

表5-19：学校类型（是否为"双一流"建设高校）对就读体验的差异性影响

	双一流	N	Mean	Std. Deviation	t-test	Sig. (2-tailed)
就读体验	是	336	3.554	0.709	0.983	0.326
	否	381	3.503	0.688		
硬件支持	是	336	3.371	0.780	−0.223	0.824
	否	381	3.385	0.804		
软件支持	是	336	3.737	0.810	1.981	0.048
	否	381	3.621	0.749		

从表5-19的t检验结果来看，两类留学生群体在就读体验维度的差异是不显著的。但"双一流"大学的来粤留学生群体在"软件支持"维度的表现更好，且在0.05的显著性水平下差异显著；此外，两类留学生群体对"硬件支持"的感知差异不大。

（三）学校类型对来粤留学生学习收获的影响

表5-20：学校类型（是否为教育部来华留学示范基地）对学习收获的差异性影响

	示范基地	N	Mean	Std. Deviation	t-test	Sig. (2-tailed)
学习收获	是	206	3.518	0.575	−1.606	0.109
	否	511	3.598	0.672		
认同度	是	206	3.086	0.811	−5.308	0.000
	否	511	3.460	0.868		
学业知识	是	206	3.571	0.725	1.353	0.177
	否	511	3.486	0.850		
跨文化能力	是	206	3.896	0.633	0.838	0.403
	否	511	3.848	0.817		

从表5-20的t检验结果来看，无论是教育部来华留学示范基地类型的留学生群体还是非教育部来华留学示范基地类型的留学生群体在学习收获维度及"学业知识""跨文化能力"两个分维度均不存在显著差异；对于"认同度"而言，非教育部来华留学示范基地的留学生群体感知平均得分是3.460，在显著性水平为5%的条件下显著高于教育部来华留学示范基地的留学生群体。

表5-21：学校类型（是否为"双一流"建设高校）对学习收获的差异性影响

	双一流	N	Mean	Std. Deviation	t-test	Sig. (2-tailed)
学习收获	是	336	3.629	0.656	2.119	0.034
	否	381	3.527	0.634		

	双一流	N	Mean	Std. Deviation	t-test	Sig. (2-tailed)
认同度	是	336	3.348	0.893	−0.144	0.886
	否	381	3.357	0.848		
学业知识	是	336	3.594	0.830	2.590	0.010
	否	381	3.437	0.799		
跨文化能力	是	336	3.946	0.733	2.777	0.006
	否	381	3.787	0.792		

从表5-21的t检验结果来看，如果按"是否为'双一流'建设高校"来分类，那么两种不同类型学校的留学生群体对学习收获的感知差异是显著的，即"双一流"大学的来粤留学生群体的学习收获更大；从学习收获包含的3个观测变量的情况来看，"双一流"大学的来粤留学生群体在"学业知识"和"跨文化能力"的收获显著高于非"双一流"大学的来粤留学生群体，但两者在"认同度"方面不存在显著性差异。

对于同一个研究主题，分析视角的差异，是决定研究结果不同的重要原因，这正是社会科学研究的"阐释"功能，这也可以解释"有悖常识"的研究发现，即教育部留学教育示范基地本应在留学教育各方面发挥示范作用，但却在留学生就读经验和学习收获方面与非教育部留学教育示范基地院校的留学生不存在显著差异。从另一方面而言，也反映出了不同的质量评价标准的不同结果，留学生就读经验根植于留学生就读微观，与传统的以宏观资源投入为准绳的留学教育水平评价存在差异。

四、教学语言对来粤留学生就读经验与学习收获的影响

为探索不同教学语言环境下留学生在就读经历和就读体验两方面可能存在的差异情况，研究对学业背景变量中的教学语言进行差异检验与分析。

（一）教学语言对来粤留学生就读经历的影响

表5-22：教学语言对就读经历的差异性影响

	Mean / Std. Deviation			F	Sig.	Partial η²	Homogeneous Subsets
就读经历	3.299 3.358 3.294			0.689	0.503	0.002	*a*
	0.609 0.630 0.655						
课外活动	2.484 2.441 2.393			0.561	0.571	0.002	*a*
	0.909 0.912 0.967						

续表

	Mean / Std. Deviation	F	Sig.	Partial η²	Homogeneous Subsets
课堂学习	3.899　4.074　3.904 0.800　0.801　0.819	3.440	0.033	0.010	a（1） b（2） ab（3）
师生互动	3.557　3.534　3.486 0.783　0.840　0.811	0.439	0.645	0.001	a
同辈互动	3.257　3.382　3.392 0.916　0.914　0.906	1.780	0.169	0.005	a

注：均值与标准差按照1—3（汉语为主、英语为主、中英文结合）三个群体排列。

在此题项结果的处理过程中，排除1个缺失样本以及7个其他语言类个案，对剩余的709个样本点进行差异分析。从表5-22的F值、显著性水平来看，教师上课使用的教学语言无论是"汉语为主""英语为主"还是"中英文结合"的方式，对"就读经历"总维度并未呈现出显著的差异。在"课外活动""师生互动""同辈互动"3个分维度上也无显著差异。但值得注意的是，教学语言对"课堂学习"维度的影响呈现出显著性差异，"英语为主"的留学生群体在课堂学习的表现最好，明显好于"汉语为主"的留学生，"中英文结合"的留学生表现居中。

（二）教学语言对来粤留学生就读体验的影响

表5-23：教学语言对就读体验的差异性影响

	Mean /Std. Deviation	F	Sig.	Partial η²	Homogeneous Subsets
就读体验	3.553　3.535　3.472 0.684　0.733　0.690	0.780	0.459	0.002	a
硬件支持	3.350　3.505　3.285 0.770　0.780　0.844	4.130	0.016	0.012	a（3） b（2） ab（1）
软件支持	3.757　3.566　3.660 0.774　0.834　0.710	3.910	0.020	0.011	a（2） b（1） ab（3）

注：均值与标准差按照1—3（汉语为主、英语为主、中英文结合）三个群体排列。

由表5-23可知，教师上课使用的教学语言无论是"汉语为主""英语为主"还是"中英文结合"的方式，在"就读体验"总维度方面没有显著差异；在"硬件支持"方面，中英文结合的留学生与以英语为主的留学生群体存在显著差异，这意味着，以英语为主的留学生对学校硬件设施的满意度要高于中英文结合的留学生，而以汉语为主的留学生群体处于中间水平；在"软件支持"方面，以汉语为主的留学生与以英语为主的留学生存在显著差异，即以汉语为主的留学生对学校软件资源投入的满意度要高于以英语为主的留学生，而中英文结合的留学生群体处于中间水平。

（三）教学语言对来粤留学生学习收获的影响

表5-24：教学语言对学习收获的差异性影响

	Mean /Std. Deviation	F	Sig.	Partial η²	Homogeneous Subsets
学习收获	3.541 3.602 3.607 0.651 0.632 0.661	0.838	0.433	0.002	a
认同度	3.283 3.459 3.355 0.833 0.915 0.870	2.622	0.073	0.007	a
学业知识	3.521 3.454 3.563 0.807 0.843 0.809	0.886	0.413	0.003	a
跨文化能力	3.819 3.892 3.904 0.786 0.747 0.770	0.915	0.401	0.003	a

注：均值与标准差按照1—3（汉语为主、英语为主、中英文结合）三个群体排列。

从表5-24的方差分析结果来看，教学语言并未对来粤留学生的学习收获产生显著影响，说明使用不同教学语言的留学生在学习收获，包括对学校留学教育的"认同度""学业知识""跨文化能力"的收获均无显著性差异。

五、住所情况对来粤留学生就读经验与学习收获的影响

考虑到调查样本的实际现状，在进行差异性分析时将"校内"住所与"校外"住所两个群体作为分类组别进行独立样本 t 检验。

（一）住所情况对来粤留学生就读经历的影响

表5-25：住所对就读经历的差异性影响

	住所	N	Mean	Std. Deviation	t-test	Sig. (2-tailed)
就读经历	校内 校外	474 230	3.374 3.202	0.630 0.594	3.456	0.001
课外活动	校内 校外	474 230	2.548 2.237	0.926 0.887	4.228	0.000

	住所	N	Mean	Std. Deviation	t-test	Sig. (2-tailed)
课堂学习	校内	474	3.997	0.787	1.821	0.069
	校外	230	3.880	0.835		
师生互动	校内	474	3.586	0.814	2.466	0.014
	校外	230	3.428	0.759		
同辈互动	校内	474	3.365	0.944	1.460	0.145
	校外	230	3.263	0.823		

从留学生住所的调查情况来看，不同住所在就读经历的表现存在显著差异。如表5-25的 t 检验结果所示，居住在校内的留学生群体在就读经历上的总体表现要明显优于居住在校外的留学生群体。具体而言，居住在校内的留学生在"课外活动"和"师生互动"方面参与性明显好于居住在校外的留学生群体，研究发现也证实了居住在校内的留学生参与学校校园活动的积极性要高于居住在校外的留学生，这与居住位置的便利条件和校园文化氛围紧密相关。而在"课堂学习"及"同辈互动"两个分维度方面，留学生群体差异并不显著。

（二）住所情况对来粤留学生就读体验的影响

表5-26：住所对就读体验的差异性影响

	住所	N	Mean	Std. Deviation	t-test	Sig. (2-tailed)
就读体验	校内	474	3.583	0.696	2.939	0.003
	校外	230	3.420	0.680		
硬件支持	校内	474	3.498	0.757	5.674	0.000
	校外	230	3.146	0.806		
软件支持	校内	474	3.668	0.802	−0.438	0.662
	校外	230	3.695	0.721		

由表5-26可知，不同住所在就读体验的表现同样存在显著差异。居住在校内的留学生群体就读体验明显好于居住在校外的留学生。由均值结果可见，居住在校内的留学生群体对"硬件支持"的满意度明显高于住在校外的留学生群体，数据检验结果符合来粤留学生就读现状。在对留学生进行的半结构式访谈中发现，住在校外的留学生普遍对学校的硬件设施不太满意，而住在校内的留学生则对校园内的硬件设施较为满意。数据还显示了来粤留学生的住所对"软件支持"的反馈并未产生显著性影响，这意味着不同住所的来粤留学生在学校教学资源投入的满意度方面并不存在显著差异。

（三）住所情况对来粤留学生学习收获的影响

表5-27：住所对学习收获的差异性影响

	住所	N	Mean	Std. Deviation	t-test	Sig. (2-tailed)
学习收获	校内 校外	474 230	3.630 3.485	0.643 0.611	2.896	0.004
认同度	校内 校外	474 230	3.404 3.250	0.878 0.827	2.267	0.024
学业知识	校内 校外	474 230	3.547 3.468	0.827 0.751	1.265	0.206
跨文化能力	校内 校外	474 230	3.938 3.737	0.754 0.749	3.330	0.001

从表5-27的 *t* 检验结果可见，不同住所对来粤留学生的学习收获产生了显著影响。由均值可知，居住在校内的留学生群体的学习收获明显大于居住在校外的留学生。具体而言，居住在校内的留学生对学校留学教育的"认同度"及"跨文化能力"收获明显高于居住在校外的留学生。居住在校园内的留学生有更多的机会了解学校环境、与各类同学进行交流与融合，这无疑更有利于留学生形成对学校留学生教育的认同和提升留学生跨文化交际能力。而受制于住所的限制，居住在校外的留学生需要每天往返校园参与课程学习，时间、距离等成本会抑制留学生参与校园活动的积极性，无形中也抑制了留学生与校园环境的互动、与其他同学的深度交往。着力改善来粤留学生现存的住所问题，提高留学生的校内安置率，为来粤留学生提供更多与学校校园文化交融的机会是提升来粤留学生就读经验与学习收获的举措之一。

六、居住情况对来粤留学生就读经验与学习收获的影响

"您与谁住在一起"的数据统计结果显示，"与中国学生同住"和"与非本校学生同住"两类留学生数量分别为13人、10人，占比仅为1.8％与1.4％，抽样代表性较弱，因此本研究在分析居住情况对来粤留学生就读经验与学习收获的影响时，仅对"与留学生同住""独自居住""与家人同住"三类群体进行多变量单因素方差分析。

（一）居住情况对来粤留学生就读经历的影响

表5-28：居住情况对就读经历的差异性影响

	Mean / Std. Deviation	F	Sig.	Partial η²	Homogeneous Subsets
就读经历	3.224 3.334 3.194 0.573 0.638 0.620	2.447	0.087	0.007	a（1 2 3）
课外活动	2.218 2.515 2.124 0.799 0.934 0.864	8.700	0.000	0.025	a（3） b（2） ab（1）
课堂学习	3.846 3.955 4.027 0.840 0.791 0.918	1.260	0.284	0.004	a（1 2 3）
师生互动	3.506 3.544 3.424 0.756 0.805 0.860	0.572	0.565	0.002	a（1 2 3）
同辈互动	3.324 3.321 3.200 0.905 0.913 1.062	0.404	0.668	0.001	a（1 2 3）

注：1.均值与标准差按照1—3（独自居住、与留学生同住、与家人同住）三个群体排列；2. a(1)表示的是a组中包含1这个类别，其他同理。

表5-28的方差结果显示，居住情况对来粤留学生的就读经历未产生显著影响。具体而言，不同居住情况的来粤留学生在"课堂学习""师生互动""同辈互动"方面没有明显差异，仅在"课外活动"存在显著差异，"与留学生同住"的留学生群体在"课外活动"的参与性要明显优于"独自居住"和"与家人同住"的留学生，这一结果也再次辅证了为来粤留学生创设校园居住环境、提供同伴交往环境对提升来粤留学生学习参与与学习收获的重要意义。

（二）居住情况对来粤留学生就读体验的影响

表5-29：居住情况对就读体验的差异性影响

	Mean / Std. Deviation	F	Sig.	Partial η²	Homogeneous Subsets
就读体验	3.554 3.520 3.355 0.721 0.693 0.657	1.543	0.215	0.004	a（1 2 3）
硬件支持	3.299 3.413 3.030 0.862 0.765 0.815	5.918	<u>0.003</u>	0.017	a（3） b（2） ab（1）

	Mean / Std. Deviation	F	Sig.	Partial η²	Homogeneous Subsets
软件支持	3.809 3.628 3.680 0.743 0.790 0.680	2.876	0.057	0.008	a(1 2 3)

注：1.均值与标准差按照1—3（独自居住、与留学生同住、与家人同住）三个群体排列；2.a(1)表示的是a组中包含1这个类别，其他同理。

由表5-29可知，居住情况对来粤留学生就读体验并未产生显著性影响。但在分维度"硬件支持"方面，"与留学生同住"的群体对学校硬件设施的满意度要显著高于"与家人同住"的来粤留学生群体，而"独自居住"的留学生处于中间水平，数据结果与访谈及观察的现实相符，也再次验证了调研数据的可靠性。

（三）居住情况对来粤留学生学习收获的影响

表5-30：居住情况对学习收获的差异性影响

	Mean / Std. Deviation	F	Sig.	Partial η²	Homogeneous Subsets
学习收获	3.552 3.590 3.362 0.608 0.629 0.888	2.881	0.057	0.008	a(3) b(2) ab(1)
认同度	3.224 3.373 3.320 0.840 0.860 1.003	1.546	0.214	0.004	a(1 2 3)
学业知识	3.538 3.514 3.280 0.755 0.804 1.055	2.038	0.131	0.006	a(1 2 3)
跨文化能力	3.894 3.884 3.485 0.720 0.734 1.067	6.463	0.002	0.018	a(3) b(1 2)

注：1.均值与标准差按照1—3（独自居住、与留学生同住、与家人同住）三个群体排列；2.a(1)表示的是a组中包含1这个类别，其他同理。

从表5-30的方差分析结果来看，学习收获对应的F检验的Sig.值为0.057，处于0.05的边缘显著水平，此时通过Scheffe比较发现"与留学生同住"和"与家人同住"的留学生在学习收获方面存在显著差异，具体而言，"与留学生同住"的来粤留学生的学习收获更大，而"与家人同住"的在粤留学生的学习收获感知得分相对较低。在分维度方面，不同居住情况对来粤留学生的"认同度"和"学业知识"的收获无显著性影响。而在"跨文化能力"收获方面，"与家人同住"的留学生群体的收获显著低于"独自居住"和"与留学生同住"的留学生群体。与家人同住在一定程度上抑制了来粤留学生的跨文化交往行动与感知。

第三节　家庭背景的影响

如第三章第五节所述，本研究的家庭背景包含留学生"学费来源""受资助情况""父母受教育情况"，前两个变量是多选题，不能较好地划分独立的组别进行差异化分析，因此，此处仅对"父母受教育情况"这一变量的影响进行检验。剔除一个无效数据后，对"父母受教育情况"划分为"父母都没有接受过大学教育、只有爸爸接受过大学教育、只有妈妈接受过大学教育、父母都有接受过大学教育、不清楚"五个组别并进行多变量单因子方差分析。

父母受教育情况对来粤留学生就读经验与学习收获的影响

（一）父母受教育情况对来粤留学生就读经历的影响

表5-31：父母受教育情况对就读经历的差异性影响

	Mean / Std. Deviation		F	Sig.	Partial η²	Homogeneous Subsets
就读经历	3.194　3.286　3.393　3.444　3.364	0.591　0.564　0.590　0.666　0.676	5.655	0.000	0.031	a（1） b（4） ab（1 3 5）
课外活动	2.293　2.340　2.489　2.624　2.609	0.871　0.791　0.938　1.003　0.938	4.933	0.001	0.027	a（1） b（4） ab（1 3 5）
课堂学习	3.780　4.003　4.115　4.124　3.864	0.800　0.721　0.636　0.829　0.905	6.902	0.000	0.037	a（1） b（4） ab（1 3 5）
师生互动	3.441　3.507　3.646　3.625　3.596	0.745　0.754　0.804　0.867　0.893	2.073	0.083	0.012	a（1 2 3 4 5）
同辈互动	3.263　3.291　3.322　3.405　3.386	0.862　0.824　0.904　1.001　0.976	0.861	0.487	0.005	a（1 2 3 4 5）

注：1.均值与标准差按照1—5（父母都没有接受过大学教育、只有爸爸接受过大学教育、只有妈妈接受过大学教育、父母都有接受过大学教育、不清楚）五个群体排列；2. a(1)表示的是 a 组中包含1这个类别，其他同理。

从表5-31的方差分析结果来看，父母受教育情况对来粤留学生的就读经历产生了显著的影响。"父母都有接受过大学教育"的留学生群体在"就读经历"的表现显著优于"父母都没有接受过大学教育",这种差异也同样体现在分维度"课外活动"和"课堂学习"。而不同的父母受教育情况对"师生互动"及"同辈互动"的影响并未呈现出显著差异。

（二）父母受教育情况对来粤留学生就读体验的影响

表5-32：父母受教育情况对就读体验的差异性影响

	Mean / Std. Deviation		F	Sig.	Partial η^2	Homogeneous Subsets
就读体验	3.491 3.541 3.567 3.569 3.463	0.651 0.683 0.708 0.713 0.922	0.558	0.693	0.003	a（1 2 3 4 5）
硬件支持	3.305 3.394 3.481 3.463 3.250	0.766 0.806 0.773 0.772 1.014	1.796	0.128	0.010	a（1 2 3 4 5）
软件支持	3.676 3.688 3.654 3.676 3.676	0.723 0.737 0.792 0.831 0.949	0.016	0.999	0.000	a（1 2 3 4 5）

注：1.均值与标准差按照1—5（父母都没有接受过大学教育、只有爸爸接受过大学教育、只有妈妈接受过大学教育、父母都有接受过大学教育、不清楚）五个群体排列；2. a(1)表示的是 a 组中包含1这个类别，其他同理。

从表5-32的方差分析结果来看，父母受教育情况的不同并不会影响来粤留学生的就读体验，不会影响留学生对学校硬件设施和教学资源投入的满意度，这意味着，对于来粤留学生而言，父母受教育程度的差异并未对留学生的就读体验产生差异性影响。

（三）父母受教育情况对来粤留学生学习收获的影响

表5-33：父母受教育情况对学习收获的差异性影响

	Mean / Std. Deviation		F	Sig.	Partial η^2	Homogeneous Subsets
学习收获	3.51 3.47 3.67 3.66 3.55	0.60 0.60 0.61 0.70 0.75	2.990	0.018	0.017	a（1） b（4） ab（1 3 5）
认同度	3.25 3.26 3.47 3.49 3.40	0.81 0.89 0.76 0.92 0.95	3.055	0.016	0.017	a（1） b（4） ab（1 3 5）
学业知识	3.51 3.37 3.52 3.54 3.70	0.75 0.72 0.76 0.93 0.91	1.338	0.254	0.007	a（1 2 3 4 5）

	Mean / Std. Deviation	F	Sig.	Partial η²	Homogeneous Subsets
跨文化能力	3.78　3.77　4.01　3.94　3.92 0.74　0.74　0.74　0.81　0.83	2.761	0.027	0.015	a（1） b（34） ab（15）

注：1.均值与标准差按照1—5（父母都没有接受过大学教育、只有爸爸接受过大学教育、只有妈妈接受过大学教育、父母都有接受过大学教育、不清楚）五个群体排列；2.a(1)表示的是a组中包含1这个类别，其他同理。

从表5-33的方差分析结果来看，父母受教育情况会对来粤留学生的学习收获产生显著影响。具体而言，"父母都有接受过大学教育"的留学生的学习收获显著高于"父母都没有接受过大学教育"的留学生群体，这种显著性影响与差异也同样体现在"认同度"和"跨文化能力"维度。但父母受教育情况并没有对留学生"学业知识"收获产生差异性影响。

第四节　生活背景的影响

本研究的生活背景信息包含留学生"在中国居住时长"与"兼职时长"。本节将通过方差分析对来粤留学生的生活背景变量的影响进行检验和分析。

一、在中国居住时长对来粤留学生就读经验与学习收获的影响

（一）在中国居住时长对来粤留学生就读经历的影响

表5-34：在中国居住时长对就读经历的差异性影响

	Mean / Std. Deviation	F	Sig.	Partial η²	Homogeneous Subsets
就读经历	3.411　3.353　3.253　3.227　3.388 0.668　0.612　0.568　0.615　0.678	2.571	0.037	0.014	a（1） b（4） c（5） bc（3） abc（2）
课外活动	2.382　2.553　2.367　2.422　2.518 1.049　0.921　0.867　0.824　1.018	1.093	0.359	0.006	a（12345）

	Mean / Std. Deviation	F	Sig.	Partial η^2	Homogeneous Subsets
课堂学习	4.145 4.010 3.838 3.843 4.024 0.815 0.785 0.779 0.806 0.835	3.893	0.004	0.021	$a(34)$ $b(1)$ $ab(25)$
师生互动	3.684 3.586 3.481 3.396 3.600 0.822 0.706 0.717 0.863 0.898	2.954	0.019	0.016	$a(4)$ $b(1)$ $ab(235)$
同辈互动	3.434 3.261 3.325 3.246 3.409 1.017 0.953 0.767 0.900 0.971	1.171	0.322	0.007	$a(12345)$

注：1.均值与标准差按照1—5（一年以内、一到两年、两到三年、三到四年、五年及以上）五个群体排列；
2.$a(1)$表示的是a组中包含1这个类别，其他同理。

从表5-34的方差分析结果来看，留学生群体在中国居住时长对就读经历有显著性影响。总体而言，在中国居住时长一年以内的留学生在"就读经历"方面的表现最好，而在中国居住时长为三到四年的留学生群体就读经历处于"感知洼地"。与"课堂学习"方面情况相似，在中国居住一年以内的留学生群体相较于其他群体具有更好的课堂学习表现。在"师生互动"方面，在中国居住时长一年以内的留学生群体表现好于三到四年的留学生群体，而其他群体的表现居中且不存在显著差异；而在"课外活动""同辈互动"方面，居住时长并无显著影响。通过深度访谈发现，随着在华居住时间的增长，留学生在就读过程中的心理和行为会发生适应性改变，留学生为尽快适应学业生活通常会在第一年的学习过程中，尤其是课堂学习中投入更多的精力，也更加在意与教师的交往。留学生通常在"初来乍到"时在尽快适应环境的压力驱动下投入更多的精力参与课业学习，而随着时间的推移，对学业文化的适应能力提升后，在课堂学习以及人际交往等方面会产生懈怠感，积极性下降，相应的学习参与也随之减少。

（二）在中国居住时长对来粤留学生就读体验的影响

表5-35：在中国居住时长对就读体验的差异性影响

	Mean / Std. Deviation	F	Sig.	Partial η^2	Homogeneous Subsets
就读体验	3.626 3.524 3.515 3.476 3.521 0.715 0.659 0.599 0.708 0.836	0.883	0.474	0.005	$a(12345)$
硬件支持	3.393 3.390 3.328 3.398 3.391 0.873 0.765 0.703 0.768 0.903	0.221	0.927	0.001	$a(12345)$

	Mean / Std. Deviation	F	Sig.	Partial η²	Homogeneous Subsets
软件支持	3.859 3.657 3.701 3.554 3.650 0.748 0.720 0.680 0.823 0.914	2.954	0.019	0.016	$a(4)$ $b(1)$ $ab(235)$

注：1.均值与标准差按照1—5（一年以内、一到两年、两到三年、三到四年、五年及以上）五个群体排列；
2.$a(1)$表示的是a组中包含1这个类别，其他同理。

由表5-35可见，在中国居住时间不同的留学生群体在就读体验的总体表现并不存在显著差异，说明在中国居住时长这一变量对于来粤留学生对学校硬件设施的满意度并未产生显著性影响。但数据显示来粤留学生在软件支持方面存在显著差异，在中国居住一年以内的留学生对学校教学资源投入的满意度明显高于居住三到四年的留学生群体，而其他组别留学生的满意度处于中间水平，且无显著差异，这与前述留学生在"初来乍到"的过程中更为积极地参与与体验有着紧密联系，也初步说明了来粤留学生的就读经历对就读体验存在一定的影响，具体的影响方式与程度将通过下文调研数据（第六章）检验与阐述。

（三）在中国居住时长对来粤留学生学习收获的影响

表5-36：在中国居住时长对学习收获的差异性影响

	Mean / Std. Deviation	F	Sig.	Partial η²	Homogeneous Subsets
学习收获	3.583 3.598 3.552 3.509 3.684 0.774 0.633 0.563 0.588 0.708	1.356	0.248	0.008	$a(12345)$
认同度	3.498 3.373 3.240 3.271 3.471 0.981 0.898 0.788 0.832 0.850	2.528	0.040	0.014	$a(1)$ $b(3)$ $bc(4)$ $ac(5)$ $abc(2)$
学业知识	3.419 3.551 3.550 3.425 3.646 0.964 0.701 0.708 0.813 0.910	1.824	0.122	0.010	$a(12345)$
跨文化能力	3.831 3.869 3.865 3.830 3.934 0.887 0.753 0.650 0.704 0.912	0.376	0.826	0.002	$a(12345)$

注：1.均值与标准差按照1—5（一年以内、一到两年、两到三年、三到四年、五年及以上）五个群体排列；
2.$a(1)$表示的是a组中包含1这个类别，其他同理。

表5-36显示了留学生群体在中国居住时长对学习收获不具有显著影响。从多重比较的结果来看，在中国居住时长为一年以内的留学生群体相较于两到三年、三到四年的留学生群体对于学校留学教育的认同度更高，但这并不意味着认同度随时间长度的增加而减少。由差异分组数据可知，在中国居住时长为五年及以上的留学生群体对学校的认同度好于两到三年、三到四年的留学生群体，且与在中国居住时长一年以内的留学生群体并无差异。在粤获得硕士学历的博士留学生李卡和阿耶德在访谈中提到，对于学校认同度与自己的归属感经历了相似的变化过程。"刚来学校学习时（第一年）非常积极地努力地投入，想要尽快融入，积极努力地配合学校的各种学习任务。随着对留学生活的不断适应，有时会因为生活学习中的困难而对学校的办事流程等有自己的看法，但经历了硕士阶段的学习，在学校生活的时间越来越久之后，慢慢地对学校更加地理解，对学校的环境与氛围更加熟悉和依赖"。留学生的体会进一步解释了居住时间对来粤留学生"认同度"的影响。

二、兼职时长对来粤留学生就读经验与学习收获的影响

在对留学生课外兼职时长的调查中发现，每周兼职时长处于11—20小时、21—30小时、31—40小时、超过40小时人数分别为26、16、1、7人，人数均不足30人，占比小于5%，研究过程中将其并成一个新的组别，即"兼职时间长"。因此，在分析兼职时长的影响作用时将留学生兼职情况分为"无兼职""兼职时间短（一周1—10小时）""兼职时间长（超过10小时）"三个组别，并采用多变量单因素方差分析进行多重比较。

（一）兼职时长对来粤留学生就读经历的影响

表5-37：兼职时长对就读经历的差异性影响

	Mean / Std. Deviation			F	Sig.	Partial η^2	Homogeneous Subsets
就读经历	3.342 3.124 3.190 0.626 0.526 0.692			4.247	0.015	0.012	$a(1)$ $b(2)$ $ab(3)$
课外活动	2.460 2.298 2.404 0.933 0.774 0.984			0.839	0.433	0.002	$a(123)$

	Mean / Std. Deviation	F	Sig.	Partial η²	Homogeneous Subsets
课堂学习	4.018 3.661 3.527 0.788 0.744 0.919	13.049	0.000	0.035	a(2 3) b(1)
师生互动	3.558 3.375 3.424 0.813 0.679 0.837	1.831	0.161	0.005	a(1 2 3)
同辈互动	3.334 3.162 3.405 0.941 0.617 0.878	1.118	0.328	0.003	a(1 2 3)

注：1.均值与标准差按照1—3（无兼职、兼职时间短、兼职时间长）三个群体排列；2.a(1)表示的是a组中包含1这个类别，其他同理。

从表5-37的方差分析结果来看，兼职时长对来粤留学生就读经历产生了显著的影响。无兼职的留学生群体在就读经历的表现优于兼职时间少的留学生群体，兼职时间长的留学生的感知处于中间水平。无兼职的留学生在课堂学习的参与度明显高于有兼职的留学生群体。兼职时长对留学生在就读经历中的分维度"课外活动""师生互动""同辈互动"三个方面的活动和表现并未产生显著影响。

（二）兼职时长对来粤留学生就读体验的影响

表5-38：兼职时长对就读体验的差异性影响

	Mean / Std. Deviation	F	Sig.	Partial η²	Homogeneous Subsets
就读体验	3.547 3.404 3.423 0.697 0.657 0.750	1.705	0.183	0.005	a(1 2 3)
硬件支持	3.416 3.154 3.170 0.782 0.770 0.898	4.751	0.009	0.013	a(1) b(2) ab(3)
软件支持	3.678 3.654 3.675 0.781 0.738 0.832	0.026	0.975	0.000	a(1 2 3)

注：1.均值与标准差按照1—3（无兼职、兼职时间短、兼职时间长）三个群体排列；2.a(1)表示的是a组中包含1这个类别，其他同理。

从表5-38的方差分析结果来看，兼职时间对就读体验及分维度"软件支持"并没有产生显著性影响。而在硬件支持方面，无兼职的来粤留学生对学校硬件设施的满意度明显高于有兼职的留学生。

（三）兼职时长对来粤留学生学习收获的影响

表5-39：兼职时长对学习收获的差异性影响

	Mean / Std. Deviation			F	Sig.	Partial η^2	Homogeneous Subsets
学习收获	3.585 0.664	3.501 0.500	3.541 0.592	0.524	0.593	0.001	a(1 2 3)
认同度	3.395 0.878	3.053 0.705	3.208 0.856	4.867	0.008	0.013	a(1) b(2) ab(3)
学业知识	3.501 0.836	3.602 0.622	3.520 0.803	0.402	0.669	0.001	a(1 2 3)
跨文化能力	3.860 0.789	3.847 0.623	3.895 0.685	0.059	0.942	0.000	a(1 2 3)

注：1.均值与标准差按照1—3（无兼职、兼职时间短、兼职时间长）三个群体排列；2. a(1)表示的是 a 组中包含1这个类别，其他同理。

由表5-39可知，留学生兼职对学习收获维度、分维度"学业知识"和"跨文化能力"同样没有显著性影响。但在分维度"认同度"表现出显著影响，无兼职的留学生对学校留学教育的"认同度"明显高于兼职时间短的留学生，而兼职时间长的留学生在"认同度"方面的表现则处于中间水平。在校外兼职在一定程度上占据了在学校学习的时间，也减少了很多与老师同学们交往的机会，对学校的认知和了解也受到了限制，兼职的经历促使留学生想更快地获得学位，投入职场，所以对学校的认同度会受到影响。

第五节　学习期待的影响

本研究学习动机与升学期待包含"来华留学原因"和"升学期望"。前者是多选题，不能较好地划分独立的组别来进行差异性分析，因此，本节主要检验"升学期望"这一变量在就读经验与学习收获中的影响。首先剔除无效数据个案，并对留学生升学期望中的无此打算、还不清楚、留在本校、中国其他高校、其他国家五个组别进行多变量单因子方差分析。

升学期望对来粤留学生就读经验与学习收获的影响

（一）升学期望对来粤留学生就读经历的影响

表5-40：升学期望对就读经历的差异性影响

	Mean / Std. Deviation	F	Sig.	Partial η^2	Homogeneous Subsets
就读经历	3.233 3.200 3.447 3.263 3.449 0.653 0.601 0.641 0.593 0.625	6.011	0.000	0.033	a（2） b（35） ab（14）
课外活动	2.407 2.296 2.523 2.398 2.637 0.851 0.875 1.005 0.878 0.966	3.664	0.006	0.020	a（2） b（5） ab（134）
课堂学习	3.781 3.848 4.145 3.864 4.104 0.783 0.823 0.850 0.746 0.760	5.613	0.000	0.031	a（1） b（35） ab（24）
师生互动	3.334 3.506 3.684 3.495 3.580 0.833 0.766 0.803 0.711 0.898	2.680	0.031	0.015	a（1） b（3） ab（245）
同辈互动	3.409 3.150 3.436 3.296 3.476 1.003 0.930 0.872 0.836 0.898	4.043	0.003	0.022	a（2） b（5） ab（134）

注：1.均值与标准差按照1—5（无此打算、还不清楚、留在本校、中国其他高校、其他国家）五个群体排列；2. a(1)表示的是 a 组中包含1这个类别，其他同理。

从表5-40的方差分析结果来看，升学期望对来粤留学生的就读经历产生了显著的影响。"留在本校"或者"其他国家"的留学生在就读经历的表现明显优于"还不清楚"

的留学生。具体而言，在课外活动、同辈互动方面，"还不清楚"的留学生与希望去"其他国家"继续升学的留学生群体的就读经历存在着明显的差异，后者在课外活动的表现明显好于前者。在课堂学习方面，希望"留在本校"深造和前往"其他国家"学习的来粤留学生的表现最好，不打算继续升学的留学生在课堂学习的表现最差，"还不清楚"及希望去"中国其他高校"的留学生处于中间水平。在"师生互动"方面，希望"留在本校"的留学生表现明显优于并无升学打算的留学生。可见，留学生升学期望是影响就读经历的重要因素，是促进留学生积极参与课堂学习的重要驱动力。

（二）升学期望对来粤留学生就读体验的影响

表5-41：升学期望对就读体验的差异性影响

	Mean / Std. Deviation		F	Sig.	Partial η²	Homogeneous Subsets
就读体验	3.431 3.468 3.760 3.495 3.483 0.672 0.678 0.721 0.556 0.765		4.833	0.001	0.027	a（1 2 5） b（3） ab（4）
硬件支持	3.274 3.264 3.592 3.285 3.483 0.748 0.787 0.836 0.703 0.802		5.145	0.000	0.028	a（1 2） b（3） ab（4 5）
软件支持	3.588 3.672 3.929 3.704 3.484 0.748 0.742 0.742 0.649 0.901		6.319	0.000	0.035	a（1 5） b（3） ab（2 4）

注：1.均值与标准差按照1—5（无此打算、还不清楚、留在本校、中国其他高校、其他国家）五个群体排列；2.a(1)表示的是a组中包含1这个类别，其他同理。

从表5-41的方差分析结果来看，升学期望同样对来粤留学生的就读体验产生了显著影响。希望继续"留在本校"学习的留学生对学校硬件环境设施的满意度和对学校软件资源投入的满意度都明显高于其他组别。在"硬件支持"方面，希望继续"留在本校"学习的留学生对学校硬件设施的满意度明显高于"无此打算"及"还不清楚"的两类留学生；在"软件支持"方面，希望继续"留在本校"学习的留学生群体对学校软件资源支持的满意度明显高于"无此打算"和期望去"其他国家"学习的留学生。

（三）升学期望对来粤留学生学习收获的影响

表5-42：升学期望对学习收获的差异性影响

	Mean / Std. Deviation		F	Sig.	Partial η²	Homogeneous Subsets
学习收获	3.486　3.499　3.707　3.574　3.632 0.620　0.631　0.706　0.543　0.680		2.925	0.020	0.016	a（2） b（3） ab（1 4 5）
认同度	3.220　3.268　3.456　3.544　3.269 0.808　0.862　0.903　0.900　0.780		3.695	0.005	0.021	a（2） b（5） ab（1 3 4）
学业知识	3.447　3.474　3.734　3.523　3.391 0.803　0.754　0.819　0.691　0.956		3.624	0.006	0.020	a（5） b（3） ab（1 2 4）
跨文化能力	3.793　3.755　3.931　3.930　3.960 0.763　0.757　0.807　0.625　0.831		2.442	0.046	0.014	a（1 2 3 4 5）

注：1.均值与标准差按照1—5（无此打算、还不清楚、留在本校、中国其他高校、其他国家）五个群体排列；2. *a*(1)表示的是 *a* 组中包含1这个类别，其他同理。

表5-42显示，升学期望同样对来粤留学生的学习收获产生显著影响。期望继续"留在本校"学习的留学生群体在学习收获的表现显著优于其他组别留学生。在"学业知识"方面，期望继续"留在本校"学习的留学生收获明显高于去"其他国家"学习的群体。在"认同度"方面，期望去"中国其他高校"和"留在本校"的留学生表现最好，均值分别为3.544和3.456，而"无此打算"的留学生对学校留学教育的认同度较低，可见不同的升学期望对来粤留学生学习收获产生了不同的影响。

扫码查看
☑现状报告
☑教育研究
☑读者交流
☑必修课程

第六章

来粤留学生就读经验与学习收获的关系

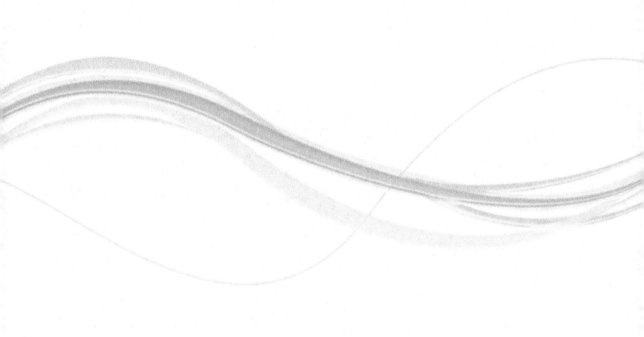

任何人世界观的形成和改造，必须通过生活和学术的实践才能见效。[①]

——费孝通

本章将探讨来粤留学生就读经验与学习收获的关系，对来粤留学生就读经历、就读体验对学习收获的影响进行检验与分析，并通过结构方程模型探究"就读体验"在"就读经历"与"学习收获"关系模型中的中介效应，展现留学生就读经验对学习收获的影响路径。

第一节　共同方法偏差检验

共同方法偏差（Common Method Bias）是一种系统误差，是指由于测量方法单一所造成的变异。在数据收集过程中，如果问卷中测量自变量、因变量和其他变量的数据都来自同一数据源，就会产生共同方法偏差的问题，该偏差会对研究结果和研究结论产生误导。在实际问卷调查过程中，一般需要从程序控制和统计控制两个方面加以规避。程序控制是指在问卷设计和测量过程中进行控制，例如在问卷设计中对隐私进行保护、减少回答者猜测等方法。然而，程序控制并不能完全消除共同方法变异问题。为了保证问卷结果分析的有效性，还需要对共同方法偏差是否存在进行检验。因此，研究使用哈曼（Harman）的单因子检验以及单因子CFA方法对共同方法偏差进行检验。[②]

一、单因子检验方法

依据哈曼所提出的单因子检验方法（Harman's Single-Factor Test），将37个题项用主成分分析法提取出1个因子，其中KMO为0.925，卡方值为15 299.996，自由度为666，显著性为0.000，适合做因子分析。此因子的特征值为11.693，共解释了32.58%（<40%）的方差，证明不存在由同一种测量方法而引起的系统性偏差，[③] 基本结果如表6-1所示。

①周作人等.留学时代[M].北京:生活·读书·新知三联书店,2012:153.
②周浩,龙立荣.共同方法偏差的统计检验与控制方法[J].心理科学进展,2004(6):942-950.
③PODSAKOFF P M, ORGAN D W. Self-reports in organizational research: problems and prospects [J]. Journal of Management, 1986(4):531-544.

表6-1：共同方法偏差的单因子检验

成分	初始特征值			提取载荷平方和		
	总计	方差贡献率（%）	累积方差贡献率（%）	总计	方差贡献率（%）	累积方差贡献率（%）
1	12.053	32.576	32.576	12.053	32.576	32.576
2	3.192	8.628	41.204			
……	……	……	……	……	……	……
37	0.17	0.461	100.000			
KMO=0.925，Bartlett chi^2(df)=15 299.996(666)***						

注：1.提取方法：主成分分析法；2.***表示 $P < 0.001$。

二、单因子CFA检验方法

单因子检验的优点是简单易用，但纳雷什（Naresh）认为其仅仅是一种评估共同方法变异严重程度的诊断技术，其检验功能是不灵敏的，并没有任何控制方法效应的作用，不能较好地反映出共同方法偏差存在的大小，而CFA标签变量法检验较高，建议使用CFA的方法来进行。[①] 为了比较共同偏差问题，寻找最优解决方案，研究对所有单个指标（37个）建立单因子验证性因子分析模型（图6-1），观察相应的拟合指标，并与基准CFA模型进行指标差异比较分析。

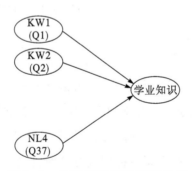

图6-1：单因子验证性因子分析

对于验证性因子分析模型，在参数估计后必须对模型的合理性进行评价，以评价模型的拟合效果。常见的拟合指标非常多，本文选择比较常用的几个指标，包括：调整卡方指数（$\chi^2/df < 3$，越小越好）；非标准化拟合指数（TLI＞0.9，越大越好）；比较拟合指数（CFI＞0.9，越大越好）；近似误差均方根（RMSEA＜0.08，最好是＜0.05）；标

①MALHOTRA N K, KIM S S, PATIL A. Common method variance in IS research: a comparison of alternative approaches and a reanalysis of past research [M]. Management Science, 2006(12):1865–1883.

准化残差平方和平方根（SRMR＜0.08，最好是＜0.05）。[①] 表6-2的结果显示，单独来看，单因子模型的拟合指标TLI、CFI、RMSEA、SRMR均远低于评价标准。此外，通过与基准模型的比较，即进行两模型的F检验，两模型方差变化量为5 460，自由度变化36，P值小于0.001，差异显著，不存在较大的共同方法偏差问题。因此，哈曼单因子检验和单因子CFA检验的结果均验证了不存在较大的共同方法偏差问题，进而说明样本数据质量较好。

表6-2：共同方法偏差的单因子CFA拟合与比较

模型	x^2	df	TLI	CFI	RMSEA	SRMR	模型比较检验		
							$\triangle x^2$	$\triangle$df	P
单因子模型	7 677	629	0.500	0.528	0.125	0.104			
基准模型（9因子）	2 217	593	0.878	0.891	0.062	0.051	5 460	36	＜0.001***

第二节　信效度检验

一、信度检验

信度检验，即对设计的问卷在多次重复使用中所得数据结果的一致性检验，随机误差的大小决定了信度的高低，而不涉及结果是否正确的问题。[②] 在小样本初试阶段，本研究已对量表进行了初步的检验。

（一）来粤留学生就读经历量表

来粤留学生就读经历量表的信度符合信度基本要求。其中KW1—KW5为"课外活动"；KT1—KT3为课堂学习；SS1—SS5为师生互动；TB1—TB4为同辈互动。就读经历量表所包含的4个维度、17个题项的Cronbach's α如表6-3所示。

表6-3：基于正式调研数据的就读经历量表信度分析结果

题项	删除项后的标度平均值	删除项后的标度方差	修正后的项与总计相关性	删除项后的Cronbach's α	Cronbach's α
KW1	9.650	14.833	0.562	0.795	
KW2	9.730	14.627	0.582	0.790	0.818
KW3	9.820	13.614	0.699	0.755	
KW4	9.580	14.457	0.572	0.793	

①易丹辉,李静萍.结构方程模型及其应用[M].北京:北京大学出版社,2019:119-123.
②杨国枢,文崇一,吴聪贤,等.社会及行为科学研究法[M].重庆:重庆大学出版社,2006:24.

题项	删除项后的标度平均值	删除项后的标度方差	修正后的项与总计相关性	删除项后的Cronbach's α	Cronbach's α
KW5	10.030	13.978	0.630	0.776	0.818
KT1	7.800	2.954	0.700	0.730	0.82
KT2	8.060	2.753	0.672	0.756	
KT3	7.850	2.839	0.655	0.773	
SS1	14.190	10.818	0.729	0.884	0.901
SS2	13.970	11.079	0.725	0.885	
SS3	14.120	10.626	0.783	0.873	
SS4	14.140	10.419	0.810	0.867	
SS5	14.230	10.318	0.728	0.886	
TB1	10.01	8.036	0.691	0.842	0.868
TB2	9.84	8.086	0.69	0.842	
TB3	10.02	7.533	0.737	0.824	
TB4	10.03	7.754	0.758	0.815	

（二）来粤留学生就读体验量表

如表6-4所示，来粤留学生就读体验量表包括8个题项。其中YJ1—YJ4为硬件支持，RJ1—RJ4为软件支持，Cronbach's α 值分别为0.786和0.871，满足信度要求且各题项CITC值也满足要求。

表6-4：基于正式调研数据的就读体验量表信度分析结果

题项	删除项后的标度平均值	删除项后的标度方差	修正后的项与总计相关性	删除项后的Cronbach's α	Cronbach's α
YJ1	9.82	5.997	0.639	0.711	0.786
YJ2	10.12	6.002	0.593	0.734	
YJ3	10.46	6.126	0.542	0.761	
YJ4	10.14	6.091	0.601	0.73	
RJ1	11.1	5.774	0.727	0.835	0.871
RJ2	11.24	5.749	0.696	0.847	
RJ3	10.84	5.596	0.765	0.819	
RJ4	10.91	5.692	0.713	0.84	

（三）来粤留学生学习收获量表

如表6-5所示，来粤留学生学习收获量表包括12个题项。其中RT1—RT5为认同度，ZS1—ZS3为学业知识，NL1—NL4为跨文化能力，这3个分维度的Cronbach's α分别为0.863、0.770和0.851，满足信度要求且各题CITC值也满足要求。

表6-5：基于正式调研数据的学习收获量表信度分析结果

题项	删除项后的标度平均值	删除项后的标度方差	修正后的项与总计相关性	删除项后的Cronbach's α	Cronbach's α
RT1	13.250	12.466	0.711	0.827	
RT2	13.420	11.853	0.752	0.816	
RT3	13.390	12.638	0.650	0.843	0.863
RT4	13.420	12.425	0.718	0.826	
RT5	13.580	13.027	0.587	0.858	
ZS1	6.890	3.165	0.537	0.763	
ZS2	7.130	2.892	0.626	0.666	0.770
ZS3	7.050	2.868	0.652	0.636	
NL1	11.590	5.430	0.693	0.810	
NL2	11.620	5.705	0.685	0.813	0.851
NL3	11.590	5.486	0.732	0.793	
NL4	11.550	5.715	0.653	0.826	

综上所述，正式调研在小样本分析的基础上进行了进一步的信度分析，量表的表现较好。总体依然是就读经历包含了4个维度17个题项；就读体验包含了2个维度8个题项；学习收获包含了3个维度12个题项。

二、效度检验

效度分析主要是考虑内容效度、效标效度和结构效度。其中内容效度通常使用的是专家判断法和问卷前测法，故不在此考虑。效标效度分析方面，由于通常是利用权威的量表作为参考标准进行的相关分析，本研究中的量表做了一定的开发，亦不再进行说明。那么，本部分从验证性因子分析的角度考虑结构效度的影响，考察量表的收敛效度（Convergent Validity）和区分效度（Discriminant Validity）。如前所述，基于验证性因子分析的方法来考虑量表结构效度时，需要先满足验证性因子分析的指标要求，且满足标准化因子载荷需要大于0.5，理想状态下应大于0.7，在通过拟合度检验后，再考虑该模型构面的结构效度。

来粤留学生就读经历包含四个维度，图6-2分别给出了标准化因子载荷的基本结果，除极少数标准化因子载荷接近0.7，其余的各标准化因子载荷均大于0.7，满足该量表探索性因子分析的基本要求。

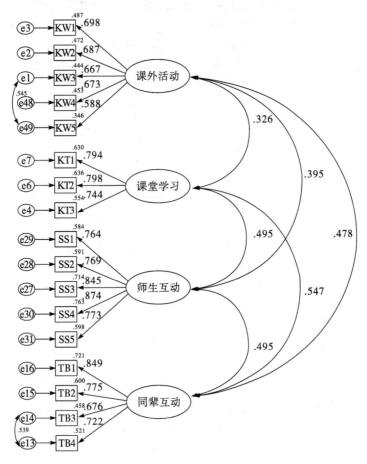

图6-2：来粤留学生就读经历的一阶验证性因子分析

使用AMOS 24.0软件进行验证性因子分析，其拟合指数如表6-6中的就读经历模型1所示，该模型中χ^2/df为5.962，远大于3；TLI为0.894小于0.9；RMSEA为0.083大于0.08，模型拟合的评价指标需要进行一定的修正。

就读经历模型2是在模型1的基础上进行了连续两次的MI（修正指数）修正的结果。具体的操作过程是，第一次修正对TB3"结识与自己宗教信仰不同的同学"与TB4"结识与自己人生观价值观不同的同学"这两个观测变量添加了相关，修正后的模型整体拟合优度得到了提升。但第一次修正后的模型拟合指标依然不够理想，再次进行MI修正，根据MI变化最大原则，对KW3"参与校内社团或学生组织"与KW5"参加校外社会团体、组织活动"进行相关，考虑到留学生无论是参与校内还是校外的社团或学生组织活动，表现为残差部分具有较大的相关性。通过该修正，模型2中的各项指标显然优于高于原始模型1，且具有合理的解释性，故后续的模型中均使用修正后的模型2。

表6-6：就读经历一阶验证性因子分析模型适配指数

CFA模型	χ^2	df	χ^2/df	TLI	CFI	RMSEA	SRMR
就读经历模型1	673.711	113	5.962	0.894	0.912	0.083	0.062
就读经历模型2	392.672	111	3.529	0.946	0.956	0.060	0.040

（一）来粤留学生就读经历量表的效度检验

1.来粤留学生就读经历量表的收敛效度检验

收敛效度，是指运用不同测量方法测定同一特征时测量结果的相似程度，即不同测量方式应在相同特征的测定中聚合在一起。依据巴戈齐（Bagozzi）提出的方法进行收敛效度检验，即计算组合信度（Composite Reliability，CR）和平均方差萃取量（Average Variance Extracted，AVE），[1]评价模型的收敛效度表现的基本标准：当组合信度大于0.5，平均方差萃取量大于0.5，则表示模型的收敛效度表现较好。

表6-7：就读经历收敛效度检验

维度	题项	非标准化因子载荷	标准误SE	Z	P	标准化因子载荷	SMC	收敛效度	
								CR	AVE
课外活动	KW1	1.000				0.698	0.487	0.797	0.441
	KW2	0.991	0.066	15.107	***	0.687	0.472		
	KW3	0.980	0.070	14.077	***	0.667	0.444		
	KW4	1.006	0.070	14.312	***	0.673	0.453		
	KW5	0.883	0.071	12.403	***	0.588	0.346		

①BAGOZZI R P, Yi Y. On the evaluation of structural equation models [J]. Journal of the Academy of Marketing Science, 1988(1):74-94.

维度	题项	非标准化因子载荷	标准误SE	Z	P	标准化因子载荷	SMC	收敛效度	
								CR	AVE
课堂学习	KT1	1.000				0.794	0.630	0.725	0.468
	KT2	1.105	0.056	19.620	***	0.798	0.636		
	KT3	1.014	0.053	19.234	***	0.744	0.554		
师生互动	SS1	1.000				0.764	0.584	0.903	0.650
	SS2	0.960	0.045	21.478	***	0.769	0.591		
	SS3	1.089	0.047	23.179	***	0.845	0.714		
	SS4	1.141	0.048	24.016	***	0.874	0.763		
	SS5	1.111	0.052	21.467	***	0.773	0.598		
同辈互动	TB1	1.000				0.849	0.721	0.843	0.575
	TB2	0.904	0.044	20.611	***	0.775	0.600		
	TB3	0.841	0.048	17.368	***	0.676	0.458		
	TB4	0.845	0.044	19.065	***	0.722	0.521		

在标准因素负荷方面，本研究所有测量题项的标准因素负荷都大于0.58，换而言之，本研究各个变量的测量题项基本能有效体现测量变量的特征。在临界比指标方面，由于对应的Z值都远远超过了1.96，在0.001的显著性水平下，各测量题项的临界比值均达到了水平下的显著，说明各个测量题项所相应的潜变量的回归系数都显著不等于0，各测量题项在对相应潜变量的解释上具有实际意义的贡献。[①]在收敛效度方面，这里采用比较常用的组合信度结果，其中"课外活动"的CR为0.797，"课堂学习"为0.725，"师生互动"为0.903，"同辈互动"为0.843，每个指标的结果都大于0.7这一理想标准，因此潜变量的内在质量都较好。

2. 来粤留学生就读经历量表的区分效度检验

区分效度，是结构效度的又一个证据，指的是在应用不同方法测量不同构念时，所观测到的数值之间应该能够加以区分。本研究因子合并采用协方差合并因子进行多模型分析，即设定因子方差均为1的方式。由于需要进行因子合并，而来粤留学生就读经验问卷具有四个因子，其组合形式相对较多，需要首先考虑一下各因子间的相关性，优先对因子相关度较高的变量进行组合，表6-8为各维度间的相关性情况。

①吴明隆.结构方程模型:AMOS的操作与应用[M].重庆:重庆大学出版社,2009:55.

表6-8：就读经历各潜变量间的相关系数

	师生互动	同辈互动	课堂学习	课外活动
师生互动	1			
同辈互动	0.495	1		
课堂学习	0.495	0.547	1	
课外活动	0.395	0.478	0.326	1

从表6-8的结果来看，由于同辈互动与课堂学习的相关系数为0.547，故首先考虑合并这两个因子形成三因子模型，接下来合并师生互动与同辈互动、师生互动与课堂学习这两个嵌套的三因子模型，最后考虑两因子模型，将课堂学习与师生互动、同辈互动合成一个因子。

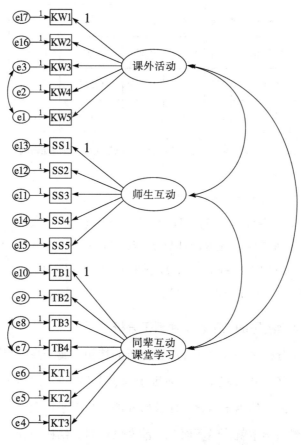

图6-3：同辈互动与课堂学习两因子合并模型示意图

通过模型比较的方法来考察各个变量的区分效度（见下表6-9），四因子基准模型中，对应的卡方值x^2/df最小，TLI、CFI大于0.9，RMSEA及SRMR的取值也是最小的，各项指标值相对于其他因子模型而言都是最优的。进行各模型间卡方值比较，由表6-9的结果可知四因子的基准模型与另外5个模型的卡方差异性检验显著，说明本文所研究的留学生就读经历量表均具有良好的区分效度，也即力证了就读经历量表具有较好的结构效度。

表6-9：就读经历因子合并模型的适配指数比较

模型	x^2	df	TLI	CFI	RMSEA	SRMR	模型比较检验		
							$\triangle x^2$	$\triangle$df	P
1.基准模型	720.972	159	0.913	0.927	0.070	0.0470			
2.三因子模型Ⅰ	868.307	114	0.859	0.882	0.096	0.066	147.335	45	**
3.三因子模型Ⅱ	1082.985	114	0.817	0.847	0.110	0.099	362.013	45	**
4.三因子模型Ⅲ	1007.528	114	0.833	0.860	0.105	0.080	286.556	45	**
5.两因子模型	1611.347	116	0.726	0.766	0.134	0.107	890.375	43	**
6.单因子模型	2148.844	117	0.631	0.682	0.156	0.130	1427.872	42	**

注：1.n＝717；2.**表示$P<0.01$(双尾检验)；3.所有的模型比较均指的是基准模型。

基准模型（四因子）：KW、KT、SS、TB；

三因子模型Ⅰ：在基准模型的基础上，将KT与TB合并为一个因子；

三因子模型Ⅱ：在基准模型的基础上，将SS与TB合并为一个因子；

三因子模型Ⅲ：在基准模型的基础上，将KT与KW合并为一个因子；

两因子模型：在基准模型的基础上，将KT、SS、TB合并为一个因子；

单因子模型：将KW、KT、SS、TB合并为一个因子。

3.来粤留学生就读经历的二阶验证性因子分析

二阶验证性因子分析是一阶验证性因子分析的特例，属于高阶因子分析，其目的是在研究一阶验证性因子分析过程中对一阶因子构念中存在的高度关联的因子进行验证，检测是否存在一个更高阶的因子构念，使被研究的一阶因子构念能够受到这个高阶因子的潜在影响。对来粤留学生就读经历而言，前文已经对其结构内涵、因子建构进行了探索性因子分析和一阶验证性因子分析。对来粤留学生就读经历进行二阶验证性因子分析则是为了通过数据验证就读经验究竟是一个多维构念还是一个集合概念。

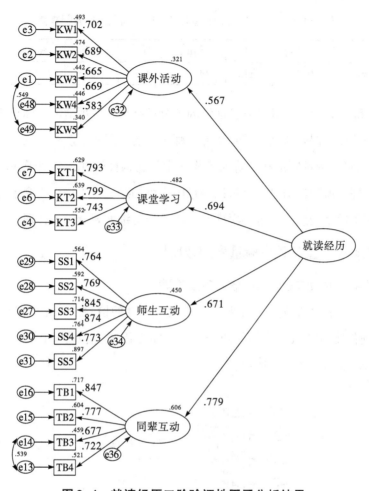

图6-4：就读经历二阶验证性因子分析结果

就读经历二阶验证性因子分析运行结果来看，各项适配指标良好；各潜在构念的测量题项均位于相同的因子层面中，且测量题项对潜在构念的因子载荷较高，课外活动、课堂学习、师生互动、同辈互动这四个因子对就读经历的因子载荷也较高，表明各测量题项在构念中的同构性较好，各因子在就读经历构念下的同构性也很好，证明本研究中对来粤留学生就读经历的结构划分较为合理。说明各测量题项在一阶因子构念中的同构性较好，各因子在就读经历构念下同构性也较好。就读经历是一个可以测量的多维构念，可以用该构念解释这四个因子的反映型潜因子模型构念，这也再次证明了就读经历的结构划分较为合理。

表6-10：就读经历二阶验证性因子分析模型适配指数

Model	χ^2	df	χ^2/df	TLI	CFI	RMSEA	SRMR
Default Model	402.259	113	3.560	0.946	0.955	0.060	0.044

由图6-4和表6-10可见其二阶验证性因子分析结果，各项适配指标均达到良好的标准；各测量题项以及课外活动、课堂学习、师生互动、同辈互动对就读经历因子载荷均达到0.567，说明各测量题项在一阶因子构念中的同构性较好，各因子在就读经历构念下同构性也较好。就读经历是一个可以测量的多维构念，可以用该构念解释这四个因子的反映型潜因子模型构念，这也再次证明了就读经历维度划分较为合理。

（二）来粤留学生就读体验量表的效度检验

1.来粤留学生就读体验量表的收敛效度检验

来粤留学生就读体验量表也需要进行模型适配性的检验。首先根据EFA阶段的结构得到包含硬件支持和软件支持的两个因子，每个因子各包含4个题项。建立初始的CFA模型，基本结果如图6-5所示。

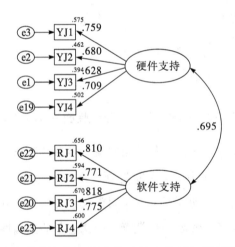

图6-5：来粤留学生就读体验的一阶验证性因子分析

从图6-5的结果来看，两因子间的相关度为0.695，属于较为良好的数值表现。每个标准化的载荷系数最小为0.628，但模型的适配指数却不够理想，其中χ^2为234.922，自由度df为19，χ^2/df=12.364，TLI为0.880，CFI为0.919，RMSEA为0.126，除了CFI之外的所有适配指标均较为微弱，需要对模型进行修正。由于这一部分是正式问卷发放的题目，尽可能尝试保留问卷中涉及的题项。通过Modification Indices对模型进行相关性调整。RJ3与RJ4题目相关（MI值为96.758），于是建立残差间的共变关系，释放e20—e23，得到模型2。模型2也依然在适配指标上表现一般，再次对模型进行处理，即对题项RT1和RT2进行了残差处理，得到模型3。模型3在各指标上的数据表现良好，TLI、CFI均大于0.9；RMSEA小于0.08，SRMR小于0.05。因此，考虑使用模型3作为基准模型进行后续的结构分析。三个模型的结果见表6-11。

表6-11：就读体验的一阶验证性因子分析模型的适配指数

CFA模型	x^2	df	x^2/df	TLI	CFI	RMSEA	SRMR
就读体验模型1	234.922	19	12.364	0.880	0.919	0.126	0.0534
就读体验模型2	91.638	18	5.091	0.957	0.972	0.076	0.0369
就读体验模型3	90.000	17	5.294	0.962	0.977	0.077	0.0175

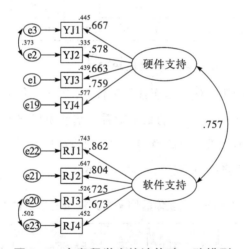

图6-6：来粤留学生就读体验一阶模型

图6-6显示了来粤留学生就读体验一阶模型的标准化系数。对这些标准化系数，需要进行包括"与0是否存在显著差异、标准因素负荷（R）、组合信度（CR）、平均方差萃取量（AVE）"等统计分析。由表6-12统计结果可知，在标准因素负荷（R）方面，本研究所有测量题项的标准因素负荷都大于0.5，换而言之，本研究各个变量的测量题项能够有效体现测量变量的特征。临界比指标方面，由于对应的Z值都远远超过了1.96，在0.001的显著性水平下，各测量题项的临界比值均达到了水平下的显著，说明各个测量题项所对应的潜变量的回归系数都显著不等于0，各测量题项在对相应潜变量的解释上具有实际意义的贡献。收敛效度方面，这里采用比较常用的组合信度（CR）

结果，其中硬件支持的CR为0.505，软件支持的CR为0.688，每个指标的结果均大于0.5的标准，因此潜变量的内在质量都较好。

表6-12：就读体验收敛效度检验

维度	题项	非标准化因子载荷	标准误 SE	Z	P	标准化因子载荷	SMC	收敛效度	
								CR	AVE
硬件支持	YJ1	1.000				0.862	0.445	0.505	0.592
	YJ2	0.905	0.056	16.190	***	0.804	0.335		
	YJ3	1.060	0.076	13.909	***	0.725	0.439		
	YJ4	1.153	0.076	15.141	***	0.673	0.577		
软件支持	RJ1	1.000				0.667	0.743	0.688	0.449
	RJ2	0.966	0.042	23.047	***	0.578	0.647		
	RJ3	0.853	0.042	20.522	***	0.663	0.526		
	RJ4	0.807	0.043	18.636	***	0.759	0.452		

2.来粤留学生就读体验量表的区分效度检验

首先考虑合并因子分析方法。由于该量表仅2个因子，仅需要考虑基准模型与单因子模型之间的差异即可。由表6-13的结果来看，基准模型与单因子模型相比，在各项指标上的数值表现都更为优秀，由此说明本文所研究的留学生就读体验量表均具有良好的区分效度，再次辅证了量表具有较好的结构效度。

表6-13：就读体验因子合并模型的拟合情况

模型	x^2	df	TLI	CFI	RMSEA	SRMR	模型比较检验		
							$\triangle x^2$	$\triangle df$	P
1.基准模型	90.000	17	0.962	0.977	0.077	0.0175			
2.单因子模型	161.081	18	0.916	0.946	0.106	0.0583	71.081	1	**

注：1.n＝717；2.**表示$P<0.01$(双尾检验)。

（三）来粤留学生学习收获量表的效度检验

1.来粤留学生学习收获量表的收敛效度检验

对于来粤留学生学习收获量表也需要进行模型适配性的检验。首先根据EFA阶段的结构得到了认同度、学业知识和跨文化能力三个因子，三个因子分别包含5个、3个和4个题项。建立初始的CFA模型，基本结果如图6-7所示，三个因子之间的系数分别为0.494、0.660及0.391，因子之间处于中度相关。若建立二阶因子模型，由于是三个一阶因子，则高阶（二阶）模型与一阶模型在适配情况方面的表现是一样的。由于各因子间相关系数并不高，故不考虑更高阶模型的探索。

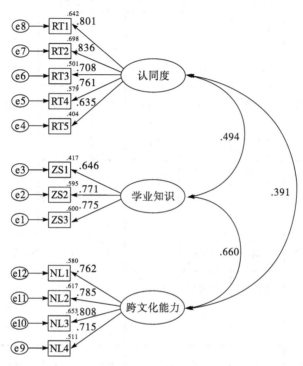

图6-7：来粤留学生学习收获的一阶验证性因子分析参数路径

从适配情况来看（见表6-14），原始CFA检验过程中χ^2/df为5.445大于5，RMSEA为0.079接近0.1，初始模型的拟合指标需要进行一定的调整。MI修正过程中题项RT1"留学生学术和学业的发展"和RT2"留学生语言能力的发展"变化最大，进行残差相关后得到的模型对应的χ^2/df为4.407小于5，RMSEA为0.069接近0.06，修正后的模型在拟合指标上相对较好，该模型可以做进一步分析。

表6-14：学习收获的一阶模型拟合指数比较

模型	χ^2	df	χ^2/df	TLI	CFI	RMSEA	SRMR
1.原始	277.701	51	5.445	0.926	0.943	0.079	0.043
2.修正后	220.353	50	4.407	0.943	0.957	0.069	0.039

对于修正后的模型，从标准化载荷系数来看，系数最大为0.812，最小为0.646，系数适中，既存在相关关系，又能避免系数过大引发的多重共线问题。

表6-15：学习收获的收敛效度检验

维度	题项	非标准化因子载荷	标准误SE	Z	P	标准化因子载荷	SMC	收敛效度	
								CR	AVE
认同度	RT1	1.000				0.720	0.519	0.856	0.545
	RT2	1.121	0.047	23.754	***	0.763	0.583		
	RT3	1.035	0.060	17.353	***	0.721	0.519		
	RT4	1.128	0.062	18.163	***	0.812	0.660		
	RT5	0.961	0.061	15.867	***	0.666	0.443		
学业知识	ZS1	1				0.646	0.418	0.773	0.534
	ZS2	1.207	0.079	15.195	***	0.769	0.591		
	ZS3	1.203	0.078	15.495	***	0.777	0.604		
跨文化能力	NL1	1				0.761	0.580	0.852	0.590
	NL2	0.966	0.048	20.131	***	0.786	0.618		
	NL3	1.009	0.049	20.803	***	0.808	0.653		
	NL4	0.902	0.048	18.658	***	0.714	0.510		

由表6-15可知，在标准因素负荷方面，本研究所有测量题项的标准因素负荷都大于0.5，换而言之，本研究各个变量的测量题项基本能有效体现测量变量的特征。临界比指标方面，由于对应的Z值都远远超过了1.96，在0.001的显著性水平下，各测量题项的临界比值均达到了水平下的显著，说明各个测量题项所相应的潜变量的回归系数都显著不等于0，各测量题项在对相应潜变量的解释上具有实际意义的贡献。收敛效度方面，这里采用比较常用的组合信度结果，其中"认同度"的CR为0.856，"学业知识"为0.773，"跨文化能力"为0.852，每个指标的结果均大于0.7的理想标准，潜变量的内在质量都较好。

2.来粤留学生学习收获量表的区分效度检验

本部分首先进行因子合并对来粤留学生学习收获进行区分效度的检验，由于学习收获问卷具有三个因子，因子组合有三种，依次合并之后的结果如表6-16所示。

表6-16：学习收获的因子合并模型拟合情况

模型	χ^2	df	TLI	CFI	RMSEA	SRMR	模型比较检验		
							$\triangle\chi^2$	$\triangle$df	P
1.基准模型	220.353	14	0.787	0.858	0.069	0.039			
2.两因子模型Ⅰ	720.853	52	0.786	0.831	0.134	0.106	500.50	38	***
3.两因子模型Ⅱ	1076.98	52	0.672	0.741	0.116	0.131	856.63	38	***
4.两因子模型Ⅲ	486.958	52	0.861	0.890	0.108	0.069	266.61	38	***
5.单因子模型	1253.589	53	0.623	0.697	0.178	0.132	1033.24	39	***

注：1.n＝717；2.***表示$P<0.001$(双尾检验)；3.所有的模型比较均指的是基准模型。

基准模型（三因子）：认同度（RT）、学业知识（ZS）、跨文化能力（NL）；

两因子模型Ⅰ：在基准模型的基础上，将RT与ZS合并为一个因子；

两因子模型Ⅱ：在基准模型的基础上，将RT与NL合并为一个因子；

两因子模型Ⅲ：在基准模型的基础上，将ZS与NL合并为一个因子；

单因子模型：将RT、ZS、NL合并为一个因子。

从模型比较的结果来看，三因子基准模型各个拟合指标最好，与另外四个模型的卡方差异性检验显著，说明该量表均具有良好的区分效度。

3.来粤留学生学习收获的二阶验证性因子分析

对来粤留学生学习收获而言，前文已分析其内涵，并对因子建构进行了探索性因子分析和一阶验证性因子分析。对学习收获进行二阶验证性因子分析的目的是验证就读经验究竟是一个多维构念还是一个集合概念。二阶验证性因子分析的结果如下图6-8所示。

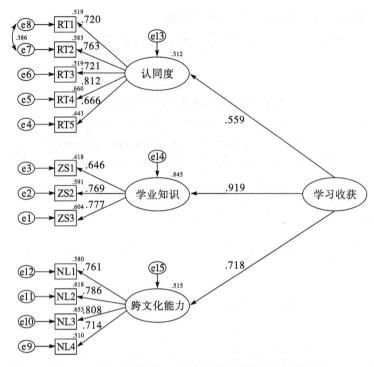

图6-8：学习收获的二阶验证性因子分析参数路径

从运行结果来看，各项适配指标均达到良好的标准；各测量题项以及认同度、学业知识和跨文化能力三者对就读经历因子载荷均大于等于0.559，说明各测量题项在一阶因子构念中的同构性较好，说明学习收获是一个可以测量的多维构念，可以用该构念解释上述三个反映型潜因子模型构念，再次证明了就读经历维度结构划分的合理性。

第三节　变量关系与影响

为了研究变量间的关系与影响，首先需要了解变量间两两的相关关系。其次，对于整体而言，变量间的相关关系和影响程度可以从带共变特质的结构方程模型的角度进行测度。研究将分别从就读经历对学习收获的影响、就读经历对就读体验的影响、就读体验对学习收获的影响、就读经历对就读体验及学习收获的影响四个模块开展相关性分析及影响系数的估计与检验。

一、就读经历对学习收获的影响

讨论就读经历对来粤留学生学习收获的影响作用，以及就读体验在就读经历和学习收获之间的中介作用，首先需要通过对就读经历、就读体验和学习收获之间的相关性进行分析。利用相关分析验证就读经历与来粤留学生学习收获之间是否存在数据特征上的相关性并为结构方程模型的构建与分析奠定基础。

（一）相关分析

本部分利用SPSS 25.0统计分析工具进行Pearson相关分析，从标记的结果来看，表6-17中所有的系数在0.01水平（双侧）上显著相关。其中，就读经历与其对应的各维度之间相关系数较高，处于0.689至0.771之间，说明各维度具有较好的一致性；各分维度之间的相关系数较低，在0.239至0.434之间，说明就读经历各维度之间具有一定的独立性。学习收获与各分维度之间相关系数较高，分别为0.761、0.784和0.827，说明各维度具有较强的一致性。各分维度之间的相关系数并不高，分别为0.346、0.417及0.551。就读经历与学习收获之间的相关系数为0.766，具有较高的正相关性。

表6-17：就读经历与学习收获的相关性分析

	就读经历	KW	KT	SS	TB	学习收获	RT	ZS	NL
就读经历	1.000								
KW	.689**	1.000							
KT	.703**	.239**	1.000						
SS	.737**	.332**	.434**	1.000					
TB	.771**	.371**	.418**	.416**	1.000				
学习收获	.766**	.415**	.586**	.626**	.608**	1.000			
RT	.754**	.418**	.624**	.496**	.652**	.761**	1.000		
ZS	.559**	.334**	.354**	.545**	.399**	.827**	.417**	1.000	
NL	.487**	.220**	.397**	.439**	.373**	.784**	.346**	.551**	1.000

注：*表示在0.05水平（双侧）上显著相关；**表示在0.01水平（双侧）上显著相关；***表示在0.001水平（双侧）上显著相关。下文表格不再说明。

（二）二阶结构方程模型分析

由相关分析可知，来粤留学生就读经历对学习收获存在较高的相关性。首先尝试利用直接的二阶结构模型对留学生就读经历对学习收获的因果关系和路径系数进行检验，模型具体的检验结果如图6-9所示。

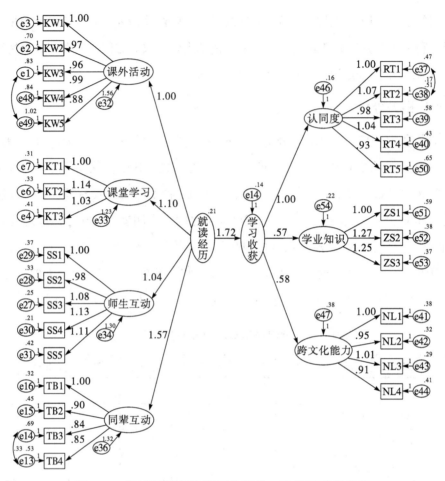

图6-9：就读经历影响学习收获的二阶模型路径系数

由图6-9可见，就读经历对学习收获的路径系数为1.72，大于1，因属于Heywood问题，产生Heywood问题的原因主要表现为3个方面：（1）模型设定太复杂，一般出现在非递归模型中；（2）模型变量之间存在多重共线性；（3）测量模型的过渡因子化。[1]为解决这类问题，主要采用的手段有：重新修订模型、去掉多重共线性、采用新的估计方法。出现这一问题也一定程度上反映了当前模型不适合二阶模型，一阶模型更为合适，利用一阶模型也会将就读经历对学习收获的路径进行有效删除。因此，研究将针对就读经历影响学习收获的一阶模型进行探索。

（三）一阶结构方程模型分析

为了探讨来粤留学生就读经历对学习收获的影响，仍然采用结构方程的方法检验就

---

①王卫东.结构方程模型原理与应用[M].北京:中国人民大学出版社,2010:148.

读经历对学习收获分维度的因果模型是否支持。

1.一阶概念模型

根据前文的研究假设，假设"就读经历"四个维度均对"学习收获"的三个维度产生正向影响，据此建立如图6-10所示就读经历对学习收获的分维度因果模型。

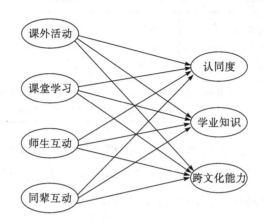

图6-10：就读经历影响学习收获的一阶概念模型

2.一阶模型基本结果

为了验证所研究的假设是否存在显著性影响，依然利用最大似然估计进行模型的参数估计及检验，基本的结果如表6-18及图6-11所示。

表6-18：就读经历影响学习收获一阶模型的影响系数及检验

假设（回归）路径	标准化系数	CR	P	是否支持假设
认同度 ← 课外活动	0.145	4.081	***	是
学业知识 ← 课外活动	0.145	2.948	0.003	是
跨文化能力 ← 课外活动	0.399	0.172	0.864	否
认同度 ← 课堂学习	0.212	8.846	***	是
学业知识 ← 课堂学习	0.468	1.602	0.109	否
跨文化能力 ← 课堂学习	0.336	3.963	***	是
认同度 ← 师生互动	0.502	1.297	0.194	否
学业知识 ← 师生互动	0.154	8.606	***	是

假设（回归）路径	标准化系数	CR	P	是否支持假设
跨文化能力 ← 师生互动	0.138	6.744	***	是
认同度 ← 同辈互动	0.008	11.422	***	是
学业知识 ← 同辈互动	0.083	2.727	0.006	是
跨文化能力 ← 同辈互动	0.045	2.423	0.015	是
Result (Default model)：χ^2＝1300.057, df＝356, χ^2/df＝3.652, TLI＝0.908, CFI＝0.919, RMSEA＝0.061, SRMR＝0.051				

由表6-18的结果可见，除了课外活动对跨文化能力、课堂学习对学业知识、师生互动对认同度三条路径不显著，其他路径的正向影响均得到了支持。根据CR值及P值大小，依次删除不显著路径，基本结果见表6-19。

表6-19：逐步调整后的就读经历影响学习收获一阶模型适配指数

	χ^2	df	χ^2/df	TLI	CFI	RMSEA	SRMR
模型1	1300.06	356	3.652	0.908	0.919	0.061	0.051
模型2	1300.09	357	3.642	0.908	0.919	0.061	0.051
模型3	1301.76	358	3.636	0.908	0.919	0.061	0.538
模型4	1304.36	359	3.633	0.909	0.919	0.061	0.052

注：1.模型1为初始全路径模型；2.模型2为删除"课外活动→跨文化能力"不显著路径；3.模型3为删除"课外活动→跨文化能力""师生互动→认同度"不显著路径；4.模型4为在模型3的基础上剔除"课堂学习→学业知识"不显著路径。

通过依次删除不显著路径并再次进行拟合，如下图6-11所示，最终的模型中课外活动对认同度具有促进作用，回归系数为0.154***；课外活动对学业知识具有正向影响，回归系数为0.142*；课堂学习对认同度具有正向影响，回归系数为0.415***；课堂学习对跨文化能力具有正向影响，回归系数为0.197***；师生互动对学业知识、跨文化能力也具有正向影响，回归系数分别为0.489***、0.339***；同辈互动对认同度、学业知识及跨文化能力均有正向影响，回归系数分别为0.513***、0.198***、0.152*。

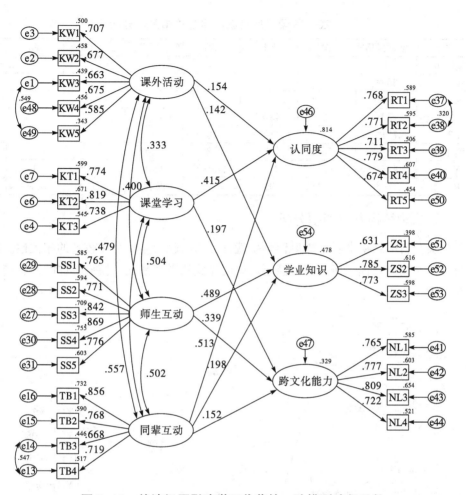

图6-11：就读经历影响学习收获的一阶模型路径系数

二、就读经历对就读体验的影响

（一）相关分析

本部分利用SPSS 25.0统计分析工具进行Pearson相关分析，从标记的结果来看，表6-20中所有的系数在0.01水平（双侧）上显著。就读经历与其各维度之间相关系数较高，处于0.689至0.771之间，说明各维度具有较好的一致性；各分维度之间的相关系数较低，在0.239至0.434之间，说明就读经历各维度之间具有一定的独立性。同样地，就读体验与分维度之间相关系数分别为0.890和0.886，说明各维度具有较强的一致性；就读经历对硬件支持、软件支持的相关系数分别为0.477及0.496，硬件支持与软件支持的相关系数为0.577。就读经历与就读体验之间的相关系数为0.548，具有较高的正相关性。

表6-20：就读经历与就读体验的相关性分析

	就读经历	KW	KT	SS	TB	就读体验	YJ	RJ
就读经历	1							
KW	.689**	1						
KT	.703**	.239**	1					
SS	.737**	.332**	.434**	1				
TB	.771**	.371**	.418**	.416**	1			
就读体验	.548**	.256**	.421**	.573**	.363**	1		
YJ	.477**	.265**	.349**	.461**	.323**	.890**	1	
RJ	.496**	.189**	.399**	.557**	.322**	.886**	.577**	1

（二）二阶结构方程模型分析

从相关分析的结果来看，来粤留学生就读经历与就读体验存在较高的相关性。进一步通过二阶结构方程模型研究就读经历对就读体验的影响情况，模型具体的检验结果如下图6-12所示。

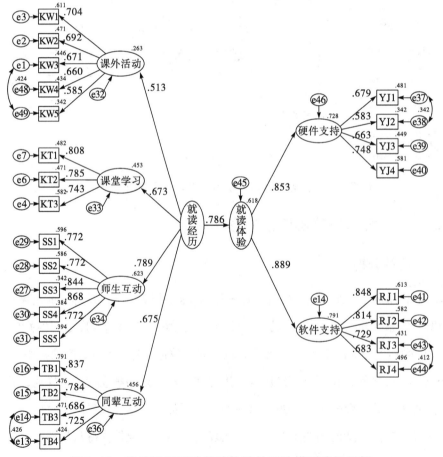

图6-12：就读经历影响就读体验的二阶模型路径系数

结合修正后的就读经历、就读体验模型，进行整体验证性因子分析。据表6-21的模型适配指数来看，χ^2/df、TLI、CFI、RMSEA及SRMR五个指标都处于较优水平，整体拟合情况较好，假设H2：就读经历对就读体验有显著正向影响，得到验证，支持假设。

表6-21：就读经历对就读体验二阶模型的影响系数及检验

假设（回归）路径	标准化系数	CR	P	是否支持假设
就读体验 ← 就读经历	0.79	8.051	***	是
Result (Default model)：χ^2=746.915, df=264, χ^2/df=2.829, TLI=0.942, CFI=0.949, RMSEA=0.051, SRMR=0.049				

（三）其他结构方程模型分析

为了探讨来粤留学生就读经历对就读体验的影响，仍然采用结构方程的方法检验就读经历对就读体验分维度的因果模型是否支持。

1. 一阶概念模型

根据前文的研究假设，假设"就读经历"四个维度均对"就读体验"的两个维度产生正向影响，且"硬件支持"对"软件支持"也存在正向影响，据此建立如图6-13所示"就读经历"对"就读体验"的分维度因果模型。

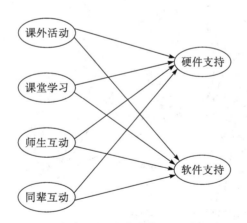

图6-13：就读经历影响就读体验的概念模型

2. 一阶模型基本结果

为了验证所研究的假设是否存在显著性影响，依然利用最大似然估计进行模型的参数估计及检验，基本的结果如表6-22及图6-14所示。

表6-22：就读经历对就读体验一阶模型的影响系数及检验

假设（回归）路径	标准化系数	CR	P	是否支持假设
硬件支持 ← 课外活动	0.081	1.538	0.124	否
软件支持 ← 课外活动	−0.032	−0.687	0.492	否
硬件支持 ← 课堂学习	0.180	3.123	0.002	是
软件支持 ← 课堂学习	0.220	4.418	***	是
硬件支持 ← 师生互动	0.431	7.887	***	是
软件支持 ← 师生互动	0.531	10.918	***	是
硬件支持 ← 同辈互动	0.069	1.149	0.251	否
软件支持 ← 同辈互动	0.035	0.657	0.511	否
Result (Default model)：χ^2＝831.774，df＝257，χ^2/df＝3.236，TLI＝0.930，CFI＝0.940，RMSEA＝0.056，SRMR＝0.054				

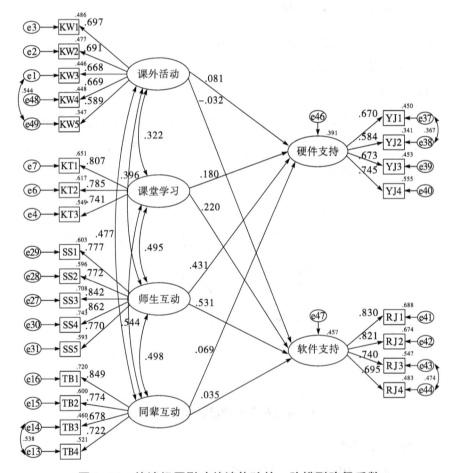

图6-14：就读经历影响就读体验的一阶模型路径系数

由表6-22与图6-14的结果可见，大部分一阶路径是显著的。但"课外活动"对"硬件支持"的假设、"课外活动"对"软件支持"的假设、"同辈互动"对"硬件支持"的假设、"同辈互动"对"软件支持"的假设这四条路径对应的系数没有得到显著支持。针对表6-22中不显著的路径，采用逐步剔除不显著路径的方法，逐步剔除的结果如下表6-23。

表6-23：逐步调整后的就读经历影响就读体验一阶模型适配指数

	χ^2	df	χ^2/df	TLI	CFI	RMSEA	SRMR
模型1	831.774	257	3.236	0.930	0.940	0.056	0.054
模型2	832.247	258	3.226	0.930	0.940	0.056	0.054
模型3	832.426	259	3.214	0.930	0.940	0.056	0.054
模型4	833.446	260	3.206	0.931	0.940	0.056	0.054
模型5	692.861	259	2.675	0.947	0.954	0.048	0.040

注：1.模型1为初始全路径模型；2.模型2为删除"课外活动→软件支持"不显著路径；3.模型3为删除"课外活动→软件支持""同辈互动→软件支持"不显著路径；4.模型4为删除"课外活动→软件支持""同辈互动→软件支持""同辈互动→硬件支持"不显著路径；5.模型5为嵌套模型，在模型4的基础上添加"硬件支持→软件支持"路径。

这个删除过程依次从P值较大者开始，通过逐步调整，模型虽在适配度方面的调整不大，但最后的模型相对简约，突出了显著路径，最终模型的结果如表6-24所示。由表中各系数可知，课外活动对硬件支持是显著的；课堂学习对硬件支持、软件支持均是显著的；师生互动对硬件支持、软件支持呈现显著正向影响；软件支持对硬件支持也具有正向影响。

表6-24：就读经历影响就读体验的修正后系数及检验情况

假设（回归）路径	标准化系数	CR	P	是否支持假设
硬件支持 ← 课外活动	0.102	2.139	0.032	是
硬件支持 ← 课堂学习	0.197	3.772	***	是
软件支持 ← 课堂学习	0.098	2.360	0.018	是

续表

假设（回归）路径	标准化系数	CR	*P*	是否支持假设
硬件支持 ← 师生互动	0.422	7.906	***	是
软件支持 ← 师生互动	0.257	5.695	***	是
硬件支持 ← 软件支持	0.568	10.341	***	是

三、就读体验对学习收获的影响

（一）相关分析

本部分利用SPSS 25.0统计分析工具进行Pearson相关分析，由表6-25可见，所有的系数在0.01水平（双侧）上显著相关。其中，就读体验与其内部各维度之间相关系数较高，分别为0.890、0.886，说明各维度具有较好的一致性；学习收获与其各维度之间的相关系数分别为0.761、0.827及0.784，说明各维度具有较好的一致性；学习收获各分维度之间的相关系数分别为0.346、0.417及0.551，各维度之间有一定的独立性。就读体验与学习收获之间的相关系数为0.568，呈显著正相关关系。

表6-25：就读体验与学习收获的相关性分析

	就读体验	YJ	RJ	学习收获	RT	ZS	NL
就读体验	1						
YJ	.890**	1					
RJ	.886**	.577**	1				
学习收获	.568**	.470**	.540**	1			
RT	.387**	.335**	.352**	.761**	1		
ZS	.526**	.417**	.518**	.827**	.417**	1	
NL	.438**	.365**	.413**	.784**	.346**	.551**	1

（二）二阶模型检验

来粤留学生就读体验对学习收获的因果关系和路径系数的检验，采用结构方程模型进行验证，模型具体的检验结果如图6-15所示。

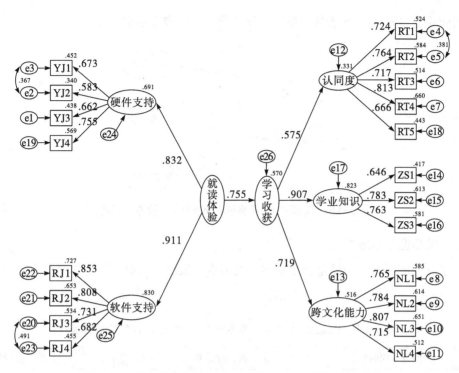

图6-15：就读体验影响学习收获的二阶模型路径系数

据表6-26的模型适配指数来看，χ^2/df、TLI及CFI三个指标较好，RMSEA及SRMR两个指标的数值也达到了基本标准，整体拟合情况较好，因此假设"就读体验对学习收获有显著正向影响"得到了验证，支持假设。

表6-26：就读体验对学习收获的影响系数及检验

假设（回归）路径	标准化系数	CR	P	是否支持假设
学习收获 ← 就读体验	0.755	8.903	***	是
Result (Default model)：χ^2=421.121，df=161，χ^2/df=2.616，TLI=0.956，CFI=0.963，RMSEA=0.048，SRMR=0.039				

（三）一阶模型检验

为了探讨来粤留学生就读体验对学习收获的影响，仍然采用结构方程的方法检验就读体验对学习收获分维度的因果模型是否支持。

1.一阶概念模型

根据前文的研究假设，假设就读体验两个维度均对学习收获的三个维度产生正向影

211

响，据此建立如图6-16所示就读体验对学习收获的分维度因果模型。

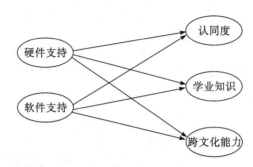

图6-16：就读体验影响学习收获的一阶概念模型

2.一阶模型基本结果

为了验证所研究的假设是否存在显著性影响，依然利用最大似然估计进行模型的参数估计及检验，基本的结果见表6-27。

表6-27：就读体验对学习收获一阶模型的影响系数及检验

假设（回归）路径	标准化系数	CR	P	是否支持假设
认同度 ← 硬件支持	0.252	2.435	0.015	是
学业知识 ← 硬件支持	0.261	2.253	0.024	是
跨文化能力 ← 硬件支持	0.241	2.388	0.017	是
认同度 ← 软件支持	0.253	2.576	0.010	是
学业知识 ← 软件支持	0.457	4.226	***	是
跨文化能力 ← 软件支持	0.337	3.279	0.001	是
Result（Default model）：χ^2=569.371，df=160，χ^2/df=3.559，TLI=0.931，CFI=0.941，RMSEA=0.060，SRMR=0.068				

由表6-27的结果可知，软件支持与硬件支持对认同度、学业知识、跨文化能力路径的正向影响均得到有力支持。最终的模型如图6-17所示。

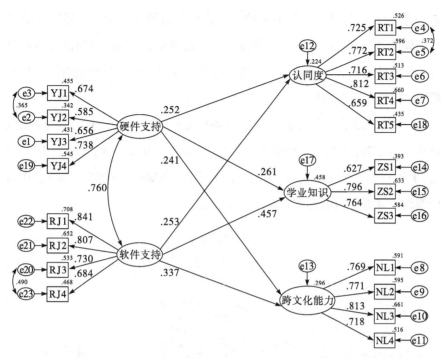

图6-17：就读体验影响学习收获的一阶模型路径系数

四、就读体验的中介效应

根据对中介作用检验的基本步骤，[①] 分别检验了就读经历对就读体验、就读经历对学习收获以及就读体验对学习收获回归系数的显著性情况。在中介效应的前三个条件的基础上，同时考虑就读经历（课外活动、课堂学习、师生互动、同辈互动）、就读体验（硬件支持、软件支持）及学习收获（认同度、学业知识、跨文化能力）的直接和间接作用，建立中介作用模型，并判断中介效应的有效性。

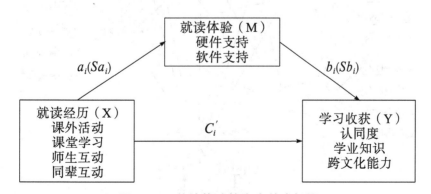

图6-18：就读体验的中介效应假设

①温忠麟,刘红云,侯杰泰.调节效应和中介效应分析[M].北京:教育科学出版社,2012:74-75.

图 6-18 展示了以就读体验为中介的研究模型。由前文可知，已经完成前三个步骤的检验，即就读经历对学习收获的显著性检验、就读经历对就读体验的显著性检验、就读体验对学习收获的显著性检验。接下来，整体检验含中介变量模型的拟合情况。

1. 初始中介作用模型 M1

图 6-19 及表 6-28 展示了以就读体验（硬件支持、软件支持）为中介的研究模型，拟合指标中 χ^2 为 1 729.119，自由度 df 为 591，χ^2/df 为 2.926，小于 5；TLI 为 0.914，大于 0.9；CFI 为 0.924；大于 0.9，RMSEA 为 0.052，SRMR 为 0.045，均小于 0.06。以上拟合指标值均较好地达到适配度标准。

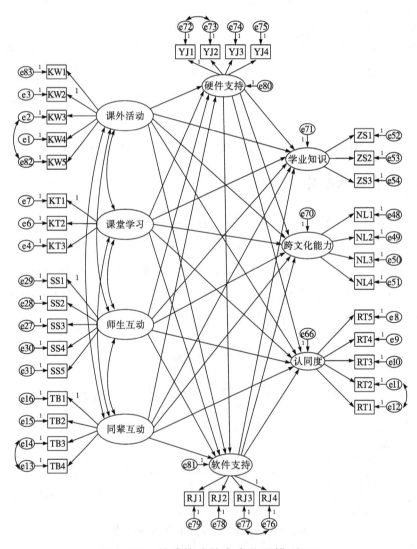

图 6-19：就读体验的中介作用模型 M1

表6-28：就读经验影响学习收获的系数估计与检验

假设（回归）路径	标准化系数	CR	P	是否支持假设
硬件支持 ← 课外活动	0.094	1.806	0.071	否
软件支持 ← 课外活动	−0.090	−2.112	0.035	是
认同度 ← 课外活动	0.150	4.048	***	是
学业知识 ← 课外活动	0.156	3.202	0.001	是
跨文化能力 ← 课外活动	0.012	0.248	0.804	否
硬件支持 ← 课堂学习	0.150	2.634	0.008	是
软件支持 ← 课堂学习	0.112	2.411	0.016	是
认同度 ← 课堂学习	0.412	8.934	***	是
学业知识 ← 课堂学习	0.011	0.210	0.834	否
跨文化能力 ← 课堂学习	0.160	2.997	0.003	是
硬件支持 ← 师生互动	0.402	7.456	***	是
软件支持 ← 师生互动	0.280	5.756	***	是
认同度 ← 师生互动	0.084	2.054	0.040	是
学业知识 ← 师生互动	0.272	4.929	***	是
跨文化能力 ← 师生互动	0.192	3.433	***	是
硬件支持 ← 同辈互动	0.09	1.525	0.127	否
软件支持 ← 同辈互动	−0.006	−0.128	0.898	否
认同度 ← 同辈互动	0.511	11.531	***	是
学业知识 ← 同辈互动	0.136	2.512	0.012	是
跨文化能力 ← 同辈互动	0.127	2.287	0.022	是
认同度 ← 硬件支持	−0.064	−1.112	0.266	否
学业知识 ← 硬件支持	0.048	0.592	0.554	否
跨文化能力 ← 硬件支持	0.072	0.857	0.391	否
认同度 ← 软件支持	−0.021	−0.365	0.715	否
学业知识 ← 软件支持	0.329	3.929	***	是
跨文化能力 ← 软件支持	0.200	2.375	0.018	是
硬件支持 ← 软件支持	0.588	10.095	***	是

Result (Default model)：χ^2=1729.119，df=591，χ^2/df=2.926，
TLI=0.914，CFI=0.924，RMSEA=0.052，SRMR=0.045

课外活动对软件支持、认同度、学业知识产生显著正向影响，标准化回归系数分别为－0.090*、0.150***、0.156**；课堂学习对硬件支持、软件支持、认同度、跨文化能力产生显著正影响，标准化回归系数分别为0.150**、0.112***、0.412***、0.160**；师生互动对硬件支持、软件支持、认同度、学业知识、跨文化能力产生显著正向影响，标准化回归系数分别0.402***、0.280***、0.084**、0.272***、0.192***；同辈互动对认同度、学业知识、跨文化能力产生显著正向影响，标准化回归系数分别为0.511***、0.136*、0.127*；软件支持对学业知识、跨文化能力产生显著正向影响，标准化回归系数分别0.329***、0.200*；其余路径的回归系数均不显著。

综合本章第三节的研究内容，将就读经历对学习收获的关系、就读经历影响学习收获的中介作用的结果进行对比分析，结果如表6-29所示。

表6-29：就读经历对学习收获的影响分析

假设（回归）路径	直接作用模型		中介作用模型	
	Estimate	显著状态	Estimate	P
认同度 ← 课外活动	0.145	***	0.150	***
学业知识 ← 课外活动	0.145	0.003	0.156	0.001
跨文化能力 ← 课外活动	0.008	0.864	0.012	0.804
认同度 ← 课堂学习	0.399	***	0.412	***
学业知识 ← 课堂学习	0.083	0.109	0.011	0.834
跨文化能力 ← 课堂学习	0.212	***	0.160	0.003
认同度 ← 师生互动	0.045	0.194	0.084	0.04
学业知识 ← 师生互动	0.468	***	0.272	***
跨文化能力 ← 师生互动	0.336	***	0.192	***
认同度 ← 同辈互动	0.502	***	0.511	***
学业知识 ← 同辈互动	0.154	0.006	0.136	0.012
跨文化能力 ← 同辈互动	0.138	0.015	0.127	0.022

从表6-29的结果来看，师生互动对认同度的影响在中介作用下变得显著，课外活动对认同度、学业知识的影响，课堂学习对认同度的影响，同辈互动对认同度的影响路径仍保持显著水平，但回归系数均有所上升；课堂学习对跨文化能力的影响，师生互动对认同度、学业知识、跨文化能力的影响，同辈互动对学业知识、跨文化能力的影响路径仍保持显著水平，但回归系数均有所下降。这说明就读经历对学习收获的影响一部分由中介作用决定。因此，本研究中就读体验在就读经历与学习收获的关系中起到了部分中介作用。

2.中介作用模型修正M2

在中介作用模型M1的基础上，依次删除其中不显著的关系路径，得到修正后的中介作用模型M2。删除不显著路径后的拟合模型中，χ^2为1 747.833，自由度df为602，χ^2/df为2.903，小于3；TLI为0.915，大于0.9；CFI为0.923，大于0.9；RMSEA为0.052，SRMR为0.046，均小于0.06。以上拟合指标值较好地达到适配度标准。

表6-30：就读经验影响学习收获修正模型的系数估计与检验

假设（回归）路径	标准化系数	CR	P	是否支持假设
认同度 ← 课外活动	0.155	4.327	***	是
学业知识 ← 课外活动	0.152	3.261	0.001	是
硬件支持 ← 课堂学习	0.199	3.859	***	是
软件支持 ← 课堂学习	0.092	2.227	0.026	是
认同度 ← 课堂学习	0.412	9.449	***	是
跨文化能力 ← 课堂学习	0.159	3.002	0.003	是
硬件支持 ← 师生互动	0.463	8.808	***	是
软件支持 ← 师生互动	0.252	5.372	***	是
学业知识 ← 师生互动	0.272	4.924	***	是
跨文化能力 ← 师生互动	0.195	3.527	***	是
认同度 ← 同辈互动	0.514	11.805	***	是
学业知识 ← 同辈互动	0.146	3.041	0.002	是
跨文化能力 ← 同辈互动	0.138	2.704	0.007	是
学业知识 ← 软件支持	0.374	6.925	***	是
跨文化能力 ← 软件支持	0.259	4.776	***	是
软件支持 ← 硬件支持	0.580	10.120	***	是
Result (Default model)：χ2=1749.833, df=602, χ2/df=2.903, TLI=0.915, CFI=0.923, RMSEA=0.052, SRMR=0.046				

表6-30显示，课外活动对认同度、学业知识产生显著正向影响，标准化回归系数分别为0.155***、0.152***；课堂学习对硬件支持、软件支持、认同度、跨文化能力产生显著正影响，标准化回归系数分别为0.199***、0.092*、0.412***、0.159**；师生互动对硬件支持、软件支持、学业知识、跨文化能力产生显著正向影响，标准化回归系数分别为0.463***、0.252***、0.272***、0.195***；同辈互动对认同度、学业知识、跨文化能力产生显著正向影响，标准化回归系数分别为0.514***、0.146**、0.138**；软

件支持对学业知识、跨文化能力产生显著正向影响，标准化回归系数分别为0.374***、0.259***；硬件支持对软件支持产生显著正向影响，标准化回归系数为0.580***。其余路径的回归系数不显著。

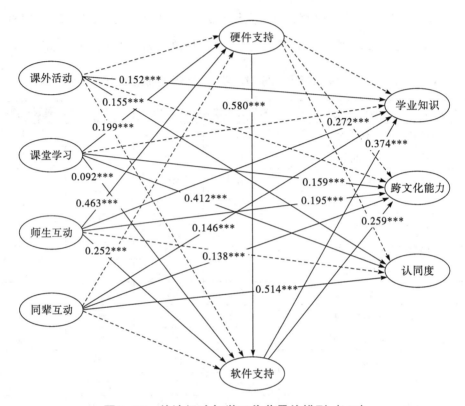

图6-20：就读经验与学习收获最终模型（M2）

3.中介Sobel检验与Bootstrap检验

本章前文已经对中介作用模型M1进行了中介效应检验，接下来通过Sobel检验方法和Bootstrap偏差校正检验对M2中的中介关系显著性水平做进一步的判断和确认。Sobel检验方法采用的是将计算得到统计量Z与标准正态分布的分位数Z值进行比较：当统计量Z大于分位数Z值时，拒绝无中介效应的假设；当统计量Z小于分位数Z值时，不拒绝无中介效应的假设。[①] 具体而言，在显著性水平α为0.05时，可将统计量Z与1.96进行比较；若需要提高检验的显著性水平，当α取0.01时，可将统计量Z与2.58进行比较，本文拟采用的显著性水平为0.05。Sobel检验的统计功效较低，在不考虑间接效应的采样分布的正态性条件下，更为稳健的方法则是对模型M2也进行Bootstrap偏差

①温忠麟,张雷,侯杰泰,等.中介效应检验程序及其应用[J].心理学报,2004(5):614-620.

校正检验。Bootstrap方法是一种从样本中重复取样的方法，每一个Bootstrap样本都有一个中介效应估计值，将得到的全部Bootstrap样本中介效应估计值从小到大排列，将2.5％和97.5％分位数构成95％对应的置信区间，若该区间不包含0，则说明系数乘积是显著的。[1]

表6-31：模型M2的中介检验结果

中介关系	Sobel检验值Z	Bias-Corrected 95%CI		中介效应显著结果
		Lower	Upper	
课堂学习→软件支持→学业知识	2.294	0.004	0.064	显著
课堂学习→硬件支持→软件支持→学业知识		0.017	0.068	显著
课堂学习→软件支持→跨文化能力	2.095	0.005	0.058	显著
课堂学习→硬件支持→软件支持→跨文化能力		0.013	0.057	显著
师生互动→软件支持→学业知识	4.673	0.049	0.135	显著
师生互动→硬件支持→软件支持→学业知识		0.055	0.126	显著
师生互动→软件支持→跨文化能力	3.4557	0.038	0.123	显著
师生互动→软件支持→硬件支持→跨文化能力		0.040	0.118	显著

从表6-31中Sobel检验与Bootstrap检验的结果来看，课堂学习影响学习收获的多重链式中介过程中，均显示存在中介效应；同样对于师生互动与学习收获的关系中也存在显著的多重链式中介效应。

4.模型M2的效应汇总分析

上述研究已验证就读经历与学习收获的关系模型中存在多重链式中介效应，本部分将汇总就读经历对学习收获各维度的直接影响、间接影响及总影响，中介变量就读体验对学习收获的影响，具体结果如下表6-32所示。

表6-32：前因变量对结果变量的影响效果

		课外活动	课堂学习	师生互动	同辈互动
学业知识	直接影响	0.152	—	0.272	0.146
	间接影响	—	0.078	0.195	—
	总影响	0.152	0.078	0.467	0.146
跨文化能力	直接影响		0.159	0.195	0.138
	间接影响		0.054	0.135	—

---

[1]温忠麟,刘红云,侯杰泰.调节效应和中介效应分析[M].北京:教育科学出版社,2012:80.

续表

		课外活动	课堂学习	师生互动	同辈互动
跨文化能力	总影响	—	0.213	0.330	0.138
认同度	直接影响	0.155	0.412	—	0.514
	间接影响	—	—	—	—
	总影响	0.155	0.412	—	0.514

从课外活动的影响效果来看，课外活动对学业知识和认同度存在直接影响，影响系数分别为0.152和0.155。从课堂学习的影响效果来看，课堂学习对学业知识的间接影响为0.078，对跨文化能力的直接影响为0.159，间接影响为0.054，总影响为0.213；课堂学习对认同度的直接影响为0.412。从师生互动的影响效果来看，师生互动对学业知识的直接影响为0.272，间接影响为0.195，总影响为0.467；师生互动对跨文化能力的直接影响为0.195，间接影响为0.135，总影响为0.330。从同辈互动的影响效果来看，同辈互动对学业知识、跨文化能力及认同度均仅有显著的直接影响，影响系数分别为0.146、0.138及0.514。

第四节 指数评价

本研究最终形成的就读经验与学习收获的关系模型M2，明确了就读经历、就读体验对学习收获的影响，明确了就读经验中课外活动、课堂学习、师生互动、同辈互动、对学习收获产生了重要影响。本节将根据所确定的路径系数，对"就读经历""就读体验"及学习收获进行加权求和，并转化为百分制分数，建立对应的发展指数，通过指数评价直观地展现来粤留学生在就读经验各维度的表现，为第七章对研究问题和结论提出适切性对策提供数据依据。

通过AMOS 24.0得到的最终测量模型M2，能够得到课外活动、课堂学习、师生互动、同辈互动、软件支持、认同度、学业知识及跨文化能力各潜变量所对应各自测量变量的标准化载荷系数，即权重w_{ij}；经过归一化的权重为w_{ij}^*；测量变量的估计均值为e_{ij}；v_{ij}为通过均值与相应权重计算得到的评价得分（$1 \leqslant v_{ij} \leqslant 5$）；由于问卷是5级李克特量表，为了便于解释与对比，通过将v_{ij}进行数据转换，得到百分制得分V_{ij}，计算公式为

$$w_{ij}{}^* = \frac{w_{ij}}{\sum w_{ij}} \qquad (6-1)$$

$$v_{ij} = \sum_j e_{ij} w_{ij}{}^* \qquad (6-2)$$

$$V_{ij} = \frac{v_{ij} - 1}{4} \times 100 \qquad (6-3)$$

表6-33：就读经历、就读体验及学习收获指数

潜变量	测量变量	估计均值(e_{ij})	权重(w_{ij})	归一化权重($w_{ij}{}^*$)	得分(v_{ij})	百分制得分(V_{ij})
课外活动	KW1	2.550	0.707	0.214	2.449	36.215
	KW2	2.470	0.676	0.204		
	KW3	2.380	0.663	0.200		
	KW4	2.630	0.676	0.204		
	KW5	2.170	0.586	0.177		
课堂学习	KT1	4.050	0.780	0.334	3.950	73.752
	KT2	3.800	0.814	0.349		
	KT3	4.010	0.738	0.316		
师生互动	SS1	3.470	0.772	0.192	3.530	63.248
	SS2	3.690	0.773	0.192		
	SS3	3.540	0.842	0.209		
	SS4	3.520	0.866	0.215		
	SS5	3.430	0.774	0.192		
同辈互动	TB1	3.290	0.857	0.285	3.326	58.161
	TB2	3.460	0.769	0.255		
	TB3	3.280	0.666	0.221		
	TB4	3.270	0.718	0.239		
硬件支持	YJ1	3.700	0.674	0.252	3.381	59.525
	YJ2	3.390	0.581	0.218		
	YJ3	3.050	0.663	0.248		
	YJ4	3.380	0.753	0.282		
软件支持	RJ1	3.600	0.841	0.273	3.668	66.696
	RJ2	3.460	0.810	0.263		
	RJ3	3.860	0.734	0.239		
	RJ4	3.790	0.691	0.225		
认同度	RT1	3.520	0.768	0.207	3.358	58.947

潜变量	测量变量	估计均值(e_{ij})	权重(w_{ij})	归一化权重(w_{ij}^*)	得分(v_{ij})	百分制得分(V_{ij})
认同度	RT2	3.340	0.771	0.208	3.358	58.947
	RT3	3.370	0.711	0.192		
	RT4	3.350	0.779	0.210		
	RT5	3.190	0.674	0.182		
学业知识	ZS1	3.640	0.634	0.290	3.501	62.525
	ZS2	3.400	0.789	0.361		
	ZS3	3.490	0.765	0.350		
跨文化能力	NL1	3.860	0.767	0.250	3.862	71.545
	NL2	3.830	0.777	0.253		
	NL3	3.860	0.807	0.263		
	NL4	3.900	0.720	0.234		

注：当该题项每个个案响应值均为1，最终的五分制得分为1，即所有的学生均回答"非常不满意"，该维度对应的百分制得分为0；当该题项每个个案响应值均为1，最终的五分制得分为5，即所有的学生均回答"非常满意"，该维度对应的百分制得分为100。

表6-33呈现了各个分维度通过载荷系数加权的最终结果。来粤留学生就读经历情况中，排名依次为课堂学习（73.752，对应的五分制得分为3.950），师生互动（63.248，对应的五分制得分为3.530）、同辈互动（58.161，对应的五分制得分为3.326）、课外活动（36.215，对应的五分制得分为2.449）。这意味着，来粤留学生群体在课堂学习参与方面表现较好，师生互动方面的参与表现次之，来粤留学生在同辈互动和课外活动方面指数值较低，说明留学生在同辈之间的交流与互动方面比较一般，而在课外活动的参与方面十分不足。

从就读经验与学习收获最终模型来看（见图6-20），课外活动、同辈互动二者均对学习收获有显著影响，课外活动的参与程度以及与同辈的互动关系均对来粤留学生的学习收获产生显著的正向影响。可见，提高同辈互动特别是课外活动的指数，对促进学生的学习收获将有较大的帮助。

同理，在就读体验方面，硬件支持（59.525，对应3.381）的表现弱于软件支持（66.696，对应3.668）；由图6-20可知，提高硬件支持的得分，能够有效提升学习收获的表现。学习收获方面，指数值依次为跨文化能力（71.545，对应3.862）、学业知识（62.525，对应3.501）、认同度（58.947，对应3.358），三者相差不大，但得分均在75以下，说明来粤留学生在学习收获的三个方面处于中等水平，都还具有较大的提升空间。

第七章

结论与展望

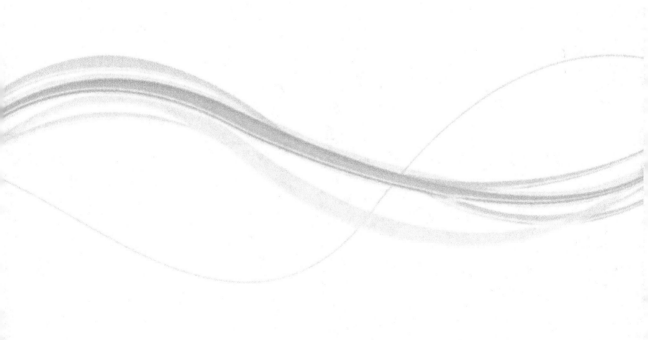

教育理论和教育研究的最终目的，不仅仅是去解释教育现实和构建学术理论，更重要的在于改变现实、优化现实、指导实践。[①]

第一节　研究结论

本研究考察了来粤留学生就读经验与学习收获现状，借助多元回归等多变量统计方法，基于留学生就读经验与学习收获观测值来描述留学生学情，并运用结构方程模型建构多变量之间的因果路径，探索留学生个人背景等各因素对来粤留学生就读经验与学习收获产生的影响，以实证数据分析为主，以与留学生和相关教师的深度访谈为辅，剖析来粤留学生就读经验与学习收获现状、影响因素以及就读经验对学习收获的影响关系。通过相关性分析、结构方程模型分析等方法对研究假设进行检验，结果如表7-1所示。

表7-1：研究假设的检验结果

序号	研究假设	作用类型	是否支持假设
H1	就读经历对就读体验有显著正向影响	因果关系	支持
H1a	课外活动对就读体验有显著正向影响	因果关系	不支持
H1b	课堂学习对就读体验有显著正向影响	因果关系	支持
H1c	师生互动对就读体验有显著正向影响	因果关系	支持
H1d	同辈互动对就读体验有显著正向影响	因果关系	不支持
H2	就读经历对学习收获有显著正向影响	因果关系	支持
H2a	课外活动对学习收获有显著正向影响	因果关系	部分支持
H2b	课堂学习对学习收获有显著正向影响	因果关系	部分支持
H2c	师生互动对学习收获有显著正向影响	因果关系	部分支持
H2d	同辈互动对学习收获有显著正向影响	因果关系	支持
H3	就读体验对学习收获有显著正向影响	因果关系	支持
H3a	硬件支持对学习收获有显著正向影响	因果关系	不支持
H3b	软件支持对学习收获有显著正向影响	因果关系	部分支持
H4	就读体验是就读经历影响学习收获的中介变量	中介作用	支持
H5	就读经历受到留学生个人背景特征的影响	调节作用	部分支持
H5a	就读经历受到留学生基本特征的影响	调节作用	部分支持

[①]吕林海.大学生深层学习的基本特征、影响因素及促进策略[J].中国大学教学,2016(11):70-76.

序号	研究假设	作用类型	是否支持假设
H5b	就读经历受到留学生学业背景的影响	调节作用	部分支持
H5c	就读经历受到留学生家庭背景的影响	调节作用	支持
H5d	就读经历受到留学生生活背景的影响	调节作用	支持
H5e	就读经历受到留学生学习期待的影响	调节作用	支持
H6	就读体验受到留学生个人背景特征的影响	调节作用	部分支持
H6a	就读体验受到留学生基本特征的影响	调节作用	部分支持
H6b	就读体验受到留学生学业背景的影响	调节作用	部分支持
H6c	就读体验受到留学生家庭背景的影响	调节作用	不支持
H6d	就读体验受到留学生生活背景的影响	调节作用	不支持
H6e	就读体验受到留学生学习期待的影响	调节作用	支持
H7	学习收获受到留学生个人背景特征的影响	调节作用	部分支持
H7a	学习收获受到留学生基本特征的影响	调节作用	部分支持
H7b	学习收获受到留学生学业背景的影响	调节作用	部分支持
H7c	学习收获受到留学生家庭背景的影响	调节作用	支持
H7d	学习收获受到留学生生活背景的影响	调节作用	不支持
H7e	学习收获受到留学生学习期待的影响	调节作用	支持

本研究的主要发现和结论如下：

一、来粤留学生就读经验与学习收获现状

（一）来粤留学生就读经验现状

在就读经历方面，留学生在"课堂学习"维度的参与方面表现最好，"师生互动"与"同辈互动"次之，在"课外活动"的参与方面最差。来粤留学生参与校外社会实践或实习，校内各种学术讲座、沙龙、论坛，校内文化艺术节或音乐戏剧表演，校内社团或学生组织，校外社会团体、组织活动的参与性依次降低。由此可见，来粤留学生在学校各类校园活动中的参与积极性较低，仅对关乎自身未来职业发展的社会实践和实习表现出了较高的积极性，该现状符合留学生来粤学习动机。因此，为来粤留学生提供更多的社会实践与实习机会、创设人际交往环境与氛围是改善来粤留学生就读经历的重要举措。

在就读体验方面，来粤留学生对教学资源的满意度要高于对硬件设施的满意度。教师教学水平、教师教学语言、学校图书馆、课程质量、课程安排、学校实验室、学校运动设施及场所、学校留学生宿舍的满意度依次降低，均值依次为3.86、3.79、3.7、3.6、3.46、3.39、3.38、3.05。来粤留学生对教师教学水平的满意度最高，对留学生宿舍的满意度最低。结合访谈与实地考察发现，校内留学生宿舍短缺问题、课程安排无法满足留学生需求问题、教师语言与课程内容的匹配程度问题等是目前困扰来粤留学生就读体验的主要症结。

（二）来粤留学生学习收获现状

本研究中的学习收获包含3个核心维度，即"学业知识"收获、"跨文化能力"收获以及对学校留学教育的"认同度"。研究发现，来粤留学生在"跨文化能力"收获方面表现最好。其中，"独立生活的能力""理解了不同的文化与习俗""适应环境变化的能力""了解自己"的收获依次高于留学生在"汉语知识与能力""专业基础理论知识""专业知识的实践技能"方面的收获。在学业知识收获方面，来粤留学生"汉语知识与能力"收获明显大于"专业基础理论知识"，"专业知识的实践技能"收获最少。在对学校留学教育的"认同度"方面，留学生对学校促进留学生学业发展的认同度、促进跨文化交际能力、沟通协作能力、汉语语言能力以及职业规划能力的认同度依次递减。结合访谈和实地调研发现在粤高校对留学生职业能力的培养力度与来粤留学生的心理预期形成较大反差。

此外，来粤留学生对留学教育的整体满意度呈现中等偏上水平。20.6％的留学生表示"非常满意"，39.7％的留学生表示"比较满意"，31.2％的留学生认为"一般"。广东技术师范大学整体满意度相对较高，广东机电职业技术学院留学生的整体满意度相对较低，其他高校处于中间水平，且差异不大。结合访谈与实地调研，发现广东省内各高校的留学教育和管理模式差异不大，整体而言，在粤不同高校的留学生对留学教育的满意度也呈现趋同状态。

从来粤留学生就读经验和学习收获现状可知，除了部分留学生希望学校能够在校内提供更多的留学生宿舍方便其生活在校内，来粤留学生在校园环境和硬件设施等方面的需求已经基本得到满足，而留学生更高层次的需求却在不断增强，留学生渴望更多地融入校园文化；希望获取更多的自由发展空间和个性化发展机会；在选课、听课等方面有更大的自由度；能够得到更多关于职业发展的教育服务；能够有更多英语熟练的优秀教师为其带来更多元化的课程内容；在课堂内外有更多的师生互动、打破文化屏障深入交流的机会。来粤留学生的就读经验与学习收获现状研究为完善教学过程、改善来粤留学生就读经验，提升留学生学习收获提供了重要的现实基础，呈现在粤留学教育的现实问题、留学生多样化的学习诉求与推动来粤留学教育质量改革的关键突破口。

（三）留学生就读经验与学习收获的差异性分析

研究发现来粤留学生个人背景对就读经验与学习收获产生了不同程度的影响。在"就读经历"方面，来粤留学生的性别、国别、学校类型、住所、家庭背景、生活背景以及升学期望等因素均对留学生的就读经历产生了显著影响，而来粤留学生的婚姻状况、学历类型等因素未对留学生的就读经历产生差异性影响；在"就读体验"方面，来粤留学生的就读体验受到国别、专业、住所和升学期望的显著性影响，而留学生的性别、婚姻状况、学历类型、学校类型、家庭背景等因素并未对留学生就读体验产生显著效应；在"学习收获"方面，来粤留学生的性别、专业、学校类型、住所、居住情况、家庭背景、升学期望等因素在不同程度地影响着留学生就读过程中的学习收获，而不同国别、不同婚姻状况、不同学历类型和接受不同语言教学的留学生在学习收获的表现并未呈现显著差异。来粤留学生个人背景对就读经验与学习收获的影响假设检验结果如下表7-2所示。

表7-2：来粤留学生个人背景的影响检验结果

个人背景	就读经历	课外活动	课堂学习	师生互动	同辈互动	就读体验	硬件支持	软件支持	学习收获	认同度	学业知识	跨文化能力
性别	有	有	有	有	有		有		有	有		有
国别	有	有	有	有		有	有	有				
婚姻			有									
学历						有						
专业			有			有	有	有		有		
学校类型1			有							有		
学校类型2	有	有		有			有	有			有	有
教学语言			有				有	有				
住所	有	有		有		有	有		有	有		有
居住情况		有					有					有
家庭背景	有	有	有						有	有		有

个人背景	就读经历	课外活动	课堂学习	师生互动	同辈互动	就读体验	硬件支持	软件支持	学习收获	认同度	学业知识	跨文化能力
来华时长	有		有	有				有		有		
兼职时长	有		有			有				有		
升学期望	有	有	有	有	有	有	有	有	有	有	有	有

注："有"表示具有显著影响；"空白"代表无显著影响。

二、来粤留学生就读经验与学习收获的关系

基于前文所述的概念模型与假设，本研究通过结构方程模型验证了来粤留学生就读经验对学习收获的影响路径模型（见图7-1）。研究证实了来粤留学生就读经验对学习收获产生显著的正向影响。

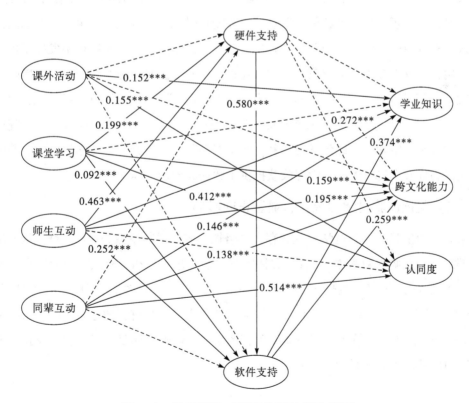

图7-1：就读经验对学习收获的影响模型

整体来看，按照影响程度（效应总和）由高到低，对来粤留学生学习收获产生积极影响的因素依次有同辈互动、师生互动、课堂学习、课外活动。从"学习收获"的三个分维度来看，对"学业知识"影响程度由高到低依次是师生互动、课外活动、同辈互动、课堂学习；对"跨文化能力"影响程度由高到低依次是师生互动、课堂学习、同辈互动、课外活动；对"认同度"影响程度由高到低依次是同辈互动、课堂学习、课外活动、师生互动（见表6-32）。具体而言：

（一）就读经历对学习收获产生显著正向影响

结构方程模型显示，来粤留学生"课外活动"和"同辈互动"的表现对留学生"学习收获"有直接的正向影响效应。"课外活动"对留学生的"学业知识"和"认同度"具有显著的影响。"同辈互动"对学习收获中的"认同度""学业知识""跨文化能力"的影响程度依次降低，系数分别为0.514***、0.146**和0.138**，说明良好的同辈互动会有效增进来粤留学生学习收获的发展，尤其是会提升留学生对学校留学教育的认同度。

来粤留学生的"课堂学习""师生互动"对"学习收获"同样存在直接的正向影响。与此同时，二者还通过"就读体验"这一中介变量对"学习收获"产生了正向的间接影响，这也充分说明"课堂学习"和"师生互动"在留学生学习发展路径中发挥了极其重要的作用，不仅直接影响学习收获，同时还通过中介变量对学习收获产生间接影响。从学习收获内部维度来看，"课堂学习"对"跨文化能力""认同度"有显著的正向影响。"师生互动"对"学业知识""跨文化能力""认同度"均有直接的积极影响。研究证实了着力改进来粤留学生"课堂学习"和"师生互动"对于提升来粤留学生学习收获的重要意义，为提升来粤留学生的学习收获提供了数据和理论支撑。

（二）就读体验对学习收获有显著正向影响

来粤留学生就读体验对学习收获存在显著性影响，回归系数为0.755***。从就读体验内部维度的影响系数来看，"软件支持"对"学业知识"和"跨文化能力"存在显著影响，系数分别为0.374***、0.259***，呈现了较强的中介效应；但"软件支持"对"认同度"的影响并不显著。"硬件支持"对"软件支持"具有正向显著影响，影响系数为0.580***，但硬件支持不直接对学习收获产生显著影响，而是通过"软件支持"的影响对学习收获产生显著影响。

（三）就读经历对就读体验有显著正向影响

来粤留学生就读经历对就读体验产生显著性影响，回归系数为0.786***（见图6-12）。从就读经历内部维度的影响系数来看，"课堂学习"对"就读体验"中的"硬件支持"和"软件支持"影响显著，回归系数分别为0.199***、0.092**；"师生互动"对"就读体验"中的"硬件支持"和"软件支持"同样具有显著性影响，回归系数分别为0.463***、0.252***。说明留学生的"课堂学习"经历和"师生互动"经历对留学生"就读体验"同样具有积极的促进作用。留学生在课堂学习和师生互动中的良好表现将有助于提升留学生对学校硬件设施和教学软环境的满意度。由此可见，在来粤留学生教育质量改进过程中，可以参考该影响路径，通过重点提升来粤留学生在课堂学习和师生互动中的参与性来改进留学生的就读体验。

（四）就读体验对学习收获产生部分中介作用

从就读经历、就读体验对学习收获的作用路径来看，"课堂学习"对"跨文化能力"和"认同度"产生直接的、显著的正向影响；此外，"课堂学习"还通过"软件支持"这一中介变量对"学业知识"和"跨文化能力"产生间接的正向影响；"课堂学习"还能够通过"硬件支持"间接作用于"软件支持"维度，进而对"学业知识""跨文化能力"产生间接链式的正向影响。与此同时，"师生互动"也能够通过"软件支持"这一中介变量对"学业知识"和"跨文化能力"产生间接的正向影响。可见，来粤留学生就读体验对学习收获产生了部分中介作用，说明在提升来粤留学生学习收获的过程中可以通过增强来粤留学生就读体验，发挥其中介作用进一步提升就读经历对学习收获的正向影响。

（五）来粤留学生就读经验对学习收获的影响路径

从结构方程模型的影响系数大小来看，在来粤留学生就读经验对学习收获的影响作用路径中，影响程度最高的5条路径分别是"同辈互动"对"认同度"的正向影响（0.514***）、"课堂学习"对"认同度"的正向影响（0.412***）、"软件支持"对"学业知识"的正向影响（0.374***）、"师生互动"对"学业知识"的正向影响（0.272***）；"软件支持"对"跨文化能力"的正向影响（0.259***）。上述因素间的影响关系及影响程度为提升来粤留学生学习收获提供了路径参考。

三、来粤留学生就读经验与学习收获发展指数

发展指数评价结果显示，课堂学习（73.752）、跨文化能力（71.545）、软件支持（66.696）、师生互动（63.248）、学业知识（62.525）、硬件支持（59.525）、认同度（58.947）、同辈互动（58.161）、课外活动（36.215）的得分依次递减。来粤留学生"课堂学习"发展指数最高，说明来粤留学生在"课堂学习"参与方面的表现好于"就读经历"中的其他维度。"课外活动"发展指数得分最低，与课堂参与形成较大反差。由此可见，课外活动的组织与管理是当前来粤留学生就读过程中最薄弱的环节，亟须通过切实地设计与管理加以改进。相较于课外活动，来粤留学生群体更注重参与课堂内的教学活动，这一结果也可以从"师生互动"的较高指数得到辅证。与"课外活动"相关的"同辈互动"的发展指数也同样位于低水平区间，说明现阶段来粤留学生存在同辈之间人际交往不充分的困境。如何加强留学生群体的同辈互动以引导留学生群体参与课外活动是亟待解决的重要现实问题。在来粤留学生就读体验方面，"软件支持"的发展指数高于"硬件支持"。结合前文所述，来粤留学生对学校教育资源方面的投入满意度处于中等偏上水平，仍有较大的提升空间，而完善留学生校内宿舍安置问题是提升"硬件支持"发展指数的关键之举。在学习收获方面，跨文化能力（71.545）、学业知识（62.525）、认同度（58.947）的发展指数依次降低，说明来粤留学生在就读过程中，学业知识收获和对学校留学教育的认同感明显不足，亟待提升。发展指数评价直观地展现了来粤留学生就读经验与学习收获现状，为提高来粤留学生就读经验与学习收获的建议和对策提供了数据支撑。

第二节　讨论与建议

本研究在理论分析的基础之上，建构概念模型，通过调研数据进行实证探究，从来粤留学生就读经验和学习收获的视角观照现实问题，发现当前来粤留学生教育在管理理念、课外活动的组织、留学生人际交往、留学生课程建设、留学生课堂教学、留学生质量保障与评价模式、留学生教师群体、留学生职业发展等留学生学习实践环节存在突出症结。本节将针对上述问题的现状，结合留学生就读经验对学习收获的影响路径，着力将理性研究成果指向实践，形成对来粤留学生教育实践有指引力的留学教育质量提升策略。

高等学校是来华留学生教育质量的责任主体，是优化院校留学教育系统内部结构和机制的主体，为了不断提升来粤留学生的就读经验，进而完善来华留学生教育质量，推动留学教育可持续发展，各高校应从明确留学生教育管理理念、重视留学生课外活动管理、支持留学生人际关系建设、完善留学生课程建设、提升留学生课堂教学效果、改进留学生教育质量评价模式、关注留学生教师群体、加强留学生职业规划教育服务八个方面着手，通过实践"以人为本"的留学教育理念；丰富活动样态、加强课外活动文化内涵；创建多元交流互动平台、构建学习共同体、完善留学生导师制与同伴互助机制；细化教育目标、整合教育资源、丰富留学生个性化选择、提升课程国际化程度、加强双语课程建设、提高留学生课业挑战度；树立"同理心"原则，提升课堂授课氛围、建构"混合式"教学，激发课堂合作热情、改善课堂学习体验；增设留学生"学情评价"中心、转变留学教育质量评估模式、以"增值评价"促进留学生学习收获；加大对留学生教师群体的关注和研究、提高留学生教师业务能力和专业素养；完善留学生职业规划教育服务等具体措施，提升留学生就读经历、就读体验，增进留学生学习收获，进而提升来粤留学生教育质量。

一、明确"以人为本"的留学生教育管理理念

理念是实践的基础，转变理念是留学生教育提质的起点，长期以来，国内对留学生教育的实践研究与认识不足，从前期文献梳理过程中可以明显发现，相较于其他领域，留学生教育受到的关注少，与留学教育有关的学术成果少，在缺乏科学数据依托的现实窘境下，纸上谈兵式的留学管理和留学教育服务时常走入误区，时常面临"无视致疏于管理"与"重视而区别对待"的两难境地，多层原因相互交织共同造成了社会上层出不穷的留学生管理失当行为。

本研究转变质量诊断视角，立足留学生主体性经历与体验，通过调研发现就读经历与就读体验交互作用，且各自发挥着对学习收获不同的促进作用，然而当前就读经历和就读体验呈现出的现实问题直指留学生教育管理理念的缺失，在粤高校留学生教育管理过程普遍存在因缺乏"以人为本"的管理理念，致使留学教育质量的适应性较低，即高校留学教育所提供的教育服务难以满足留学生个人的需要，这一现象主要受制于留学教育工作者对留学生缺乏了解的现状。

S12：除了授课的老师，其他管理方面的老师很少与我们接触，只是在办事时接触，但办理各种事宜过程中又会有很多要求，很多没必要的过程，我并没有感受到人文关怀。[①]

①摘自U1土木工程专业硕士留学生访谈记录。

S21：住宿、课程的安排和设计等等，最好能从我们的需要和现实出发，如果学院能更多地了解我们，知道我们的情况，比如需求和学习的状况，我认为（学生的满意度）会更好。[1]

S24：学校的人文关怀不够，细节还有很大的提升空间。学校会重视举办了多少活动，但其实我们在活动中的感受并没有人在意，如果每次活动结束，会有一些反馈的机会会更好，学校也会更加了解我们的心情和感受，以后的活动可能会更加好，这也的确很难，老师们要付出更多，可是从长远来看，是值得的，我们有好的学习体验会分享给自己国家的朋友，还有比我们的话更有说服力的广告吗？[2]

"以人为本"的留学生教育理念强调重视留学生学习主体的中心地位，了解学生个体特征的差异性，通过加强理解增进关系进而建构和谐教育生态环境，有效避免"疏于管理"或"区别对待"的两种留学教育管理的极端现象。明确"以人为本"的留学教育管理理念，寓管理于服务之中，以服务促管理，这并不意味着一味地服务，而是将管理建立在理解和合作的基础之上。人本主义理论认为在和谐的氛围下，在真诚、信任和理解的人际关系中，人的潜能才能得以释放，在留学生教育系统中，在与留学生的交往中，遵循以人为本的原则，基于来粤留学生就读经验的现状，积极为留学生创设跨文化、充满人文关怀的制度环境，实现以人为本的组织管理模式，让基础调研走进留学生群体，增强对留学生群体的清晰认知，关注留学生多样性的需求，有针对性地制定培养方案及管理政策，强化师生交流相互理解，进而更好地开展留学生教育管理工作。

二、重视留学生课外活动管理

研究显示，留学生参与课外活动的程度是影响留学生就读体验的重要因素，也是影响留学生学习收获的主要因素之一。而从当前来粤留学生就读经验发展指数来看，留学生课外活动的发展指数得分较低，与课外活动有相关的同辈互动的发展指数也较低，说明留学生同辈之间的人际交往并不充分。来粤留学生就读过程中面临着课外活动参与度较低的现实问题也得到了质性访谈的辅证，通过访谈也对该问题的形成原因进行了深度的挖掘。

S04：学校组织的课外活动非常少，因为住在校外，下了课就离开学校，对学校校园和校园中的活动并不是很熟悉，也没有太多的归属感。一开始来留学还是有些积极性的，时间久了，也习惯了，我认为学校多组织些课外活动是很有必要的，能够拉近我们

①摘自U1法学专业本科二年级留学生访谈记录。
②摘自U7会计学专业本科一年级留学生访谈记录。

与学校的距离，与中国学生的距离。①

S17：学校组织过一些课外文艺活动，我记得曾经参与过学校组织的"世界文化节""感受中国"活动，还有"中国故事"，我挺喜欢的，老师们准备得很辛苦，参与的同学们也花了很多时间和精力，我是观众，了解了不少中国文化知识。学校通知了很多次，大多数留学生还是会参与的，当然也有一些留学生不太感兴趣。我希望这样的活动多一些，毕竟是在不同的文化中学习，了解它是有好处的，而且也可以丰富留学生活，除了上课，课外的交往还是应该更多一些。②

S21：在学校能够参与的具有中国文化特色的专题性活动并不多，每一年大型的文化节只有一次，小型的社团活动时间也比较有限，形式看上去很好，但我觉得很多活动太短暂，没深度参与就结束了，我希望能够对中国文化了解更多，因为只有了解更多才能理解更多。③

S25：我觉得课外活动是很重要的，在留学生中时常会觉得孤独，因为文化不同，朋友圈小了很多，生活中可以分享和交流的人很少，课外活动给我们和中国学生交流机会，我觉得除了一些特别为留学生设计的活动，比如中国文化、文化节之类的，我也希望融入中国同学的活动中去，令自己不那么特别，能和大家玩到一起对我来说很重要，但现实很难，学习中的活动，我想参加但又觉得很尴尬，中国学生也不是很热情，如果学校组织的时候能够尽量拉近我们的距离会更好。④

有不少留学生提及在学校各项活动中会遭遇"边缘化"的体验，原因之一是目前在粤高校的留学生学习管理和生活管理仍旧相对集中，即使有个别学校正在进行"趋同化"管理实践，但实际收效甚微，留学生对外交流与活动场所仍十分有限，时常仅局限于课堂。高等教育阶段的学习生活是课堂内外立体的、全方位的互动系统，而在粤留学生课外活动的参与表现说明其还未能融入学校系统之中，这在一定程度上制约了留学生的学习体验和学习发展。因此，如何加强留学生群体的同辈互动以提升留学生群体参与课外活动的积极性是高校留学生教育组织管理亟须关注的重要环节，如何为留学生创造更多的互动体验校园空间，并逐步建立起教学与实习对接、课堂与社会衔接的校外教育空间和机制是提升留学生课外参与活动与感知的重要路径。

---

① 摘自U6经济管理专业本科二年级留学生访谈记录。
② 摘自U2国际贸易专业本科三年级留学生访谈记录。
③ 摘自U10工商管理专业本科三年级留学生访谈记录。
④ 摘自U07生物医药专业硕士留学生访谈记录。

扫码查看
☑ 现状报告
☑ 教育研究
☑ 读者交流
☑ 必修课程

（一）丰富留学生课外活动样态

在粤高校应当通过制定政策、巧设学分等方式组织、激励、引导留学生积极参与各项有益的课外活动，应当鼓励和支持学生会、研究生会等学生组织加大对留学生的吸纳，通过设置创新学分等方式激励留学生个人积极参与校内学生社团协会等文艺体育活动。高等学校应当提供符合来华留学生发展特点的学生指导，组织和引导来华留学生参加健康有益的课外教育活动，推动实现来华留学生融入校园环境和中外学生的充分交流及相互理解。除了现已开展的各类文化节活动、汉语辩论比赛、诗歌咏诵比赛等传统形式的活动，还应开展更多中外学生共同参与的文娱和社会活动，比如结合自身专业与社会需求的社区志愿服务、支教服务等活动，不仅能有效促进中外学生的沟通与融合，也能为留学生提供生动的社会文化课程，借助同窗共读、工程实践、社会实践、文化体验、创新创业活动等丰富的形式和途径，满足不同留学生的兴趣与需求，最大限度地提升留学生在课外活动的参与性。

（二）加强课外活动的文化内涵

研究发现不少留学生表示在就读过程中对中国国情和文化的体验不足。在粤高校还应在丰富学生课外活动样态的同时，发挥学校专业优势，结合学校区位特点及产业优势，组织留学生走出校园，走入社会，参与国情和文化体验活动，在粤高校通过注重挖掘和发挥岭南文化特色，加深留学生与地区社会组织、社区等文化交流，促进来华留学生与社会的正面良性互动，推进留学生个人文化背景与学校文化、社会文化的融通，引导留学生更加充分理解和认识地域社会经济文化魅力，增强来华留学生的中国社会融入感和文化认同感，发挥留学教育文化传播的优势和力量，在增进留学生对学校、社会文化的理解的基础上，提升留学生的就读体验以及学习收获，也有助于培养更多的"知华、友华"的高素质国际化人才。留学生的生活可促使其开阔眼界，留学的经历可增强留学生的自尊与自信，在异国文化环境下的生活与学习的经验会促使留学生发展与成熟。因此，通过丰富留学生课外活动样态、增加留学生课外活动文化内涵将有助于增强留学生课外活动的参与性，进而有助于提升留学生的学习体验和学习收获。

三、支持留学生人际关系建设

聚焦来粤留学生就读经验的研究为留学生教育管理带来了诸多启示。研究显示，人际关系是影响留学生就读经历、就读体验及学习收获的主要因素，人际互动在留学生就读过程中发挥着重要的作用，留学生的师生互动与同辈互动对留学生的就读体验和学习

第七章 结论与展望

收获均有显著的相关关系和促进作用。而研究的调查数据显示，当前来粤留学生在"师生互动"和"同辈互动"方面均处于中间水平，还有较大的上升空间。为了进一步挖掘这一结果背后的原因，研究通过质性访谈的方法进行深入挖掘，发现人际互动问题源于以下几个原因：一方面，学校提供的可以与本土学生交流的平台很有限，很多留学生有强烈的交往意愿，但受制于活动的有限、机会的匮乏，有的留学生在刚入学时曾兴致满怀地在图书馆或者球场与本地学生主动交流，但收效甚微，因为缺乏共同的目标和合作的动机，缺少特定活动氛围情境效应，导致"努力迈出第一步"的交往行动多以几句寒暄尴尬收场。此外，大量的留学生生活在校外的现实情境也制约了留学生同辈间的交往，留学生自述生活圈子狭小，极其渴望参与更多的同辈互动。另一方面，部分留学生认为课堂的授课方式不利于教师与学生开展深入研讨，留学生自述当前的课程教学模式仍多以教师讲授为中心，学生可以表达观点和看法的机会较少，还有个别教师授课过程以展示解释为主，极少提问也并未给留学生提供交流和反馈的机会。良好的师生互动将极大地提高留学生的自我效能感，从而增强其课堂学习的参与性与积极性。而现有课堂教学模式在一定程度上抑制了课堂师生互动。与此同时，留学生表示希望能够有更多机会与老师进行文化、未来个人职业发展等交流，也希望得到老师更多的反馈，目前缺乏交流机制或平台，与老师保持联系难以实现。与之形成较强对比的是汉语课程，由于课程的性质和特点，在汉语课程授课中，学生与教师互动较为充分，师生合作氛围良好，这一现状也在对汉语专业留学生的访谈中得到了印证。可见课堂授课模式也是导致留学生与教师沟通匮乏的原因之一。因此，在粤高校的留学生教育教学管理亟须基于上述问题与症结加强对留学生人际关系建设的关注与支持。

（一）创建多元交流互动平台

同辈之间的人际交往与互动关系是留学生就读过程中的重要社交活动关系，对于院校而言，单纯地扩大留学生的数量和规模不一定能够促进留学生的人际交往等就读经验的形成，而应该通过建构具有针对性的活动项目引导留学生参与同辈人际关系建构。友谊的关系网络是影响留学生如何处理压力的一个关键因素。拥有强大同辈互动与支持关系的留学生往往能更快、更有效地适应异国大学生活。与本土学生相比，留学生更倾向于结交来自母国或其他国家的学生，那些建立了良好的同辈关系网络的留学生往往更容易适应留学生活，获得更好的留学经验。[①] 此外，参与留学生同伴项目以及投入更多非

---

① ZHAO C M, KUH G D, CARINI R. A comparison of international student and American student engagement in effective educational practices [J]. Journal of Higher Education, 2005(2):209-238.

237

正式时间与当地学生互动的留学生比不参加同伴项目和投入较少时间与当地学生互动的留学生有着更好的社会适应。[①]因此，建立多元学习活动平台，辅助留学生搭建同辈关系网对于提升留学生同辈互动具有重要意义。

（二）构建师生学习共同体

任何教与学都需要以环境作为支撑，教学过程为留学生营造积极的学习氛围，是师生互动共同参与完成的过程。教育者为留学生提供的安全感、信任感是留学生教育过程中的催化剂，能够促进留学生在就读过程中开展自律的学习、与同伴互动的学习、与教师合作的学习。实际上，在课堂教学过程中，除了学生自身学习时间的投入，学生学习过程中的认知、情感、行为等各项投入对学习结果均能够产生重要的影响。

S09：在课堂学习中，我很想积极参与，但很多小问题困扰着我，比如个别老师授课的语言风格和口语词汇的大量使用对我来说是较大的障碍，这种情况尤其是在上公共课时比较容易出现，有时不太明白老师真正的意思，会跟不上教学节奏，这妨碍我参与课堂讨论和分享，时间长了，参与的热情就淡了。专业课还好，因为主要使用专业类的语言。[②]

S01：我很期待能与同学们交往，无论是中国学生还是其他外国留学生。课堂上的交流比较困难，因为课堂上并没有太多合作、讨论的环节，也没有很多让我分享的环节，所以更多时候感觉是一个人在听课，一种边缘参与或者并未参与的感觉，我更期待老师能够设计一些环节让我和中国学生还有其他留学生都能够真正合作和交流。[③]

S08：中国老师都很好，上课很认真，但老师们更注意他们所要讲的知识与课程，而没有关注到我的实际困难，比如教学过程中我听懂了多少。我希望老师们可以更多地了解我在上课过程中遇到的困难，比如他的语言我是否能够听得懂，他的观点我是否赞同。我觉得我们需要充分的沟通，无论是在课堂上还是在课后。[④]

教学活动要形成以情感为基本动力的新的教学模式，而情感更多的时候是以人际关系体现出来的，因此强调人际关系在教学过程中的重要性，而教学内容、教学方法和手段等都关系课堂人际关系的形成和发展；良好的师生关系和学校氛围是学生学习中最重要的要素，教师的重要任务是为学生提供各种学习资源，营造一种促进学生学习的氛围。留学生作为学习者的就读体验可能不同于甚至有悖于教育者的假设，他们的困难来源可能在于主流文化成员并未注意到的文化实践，留学生的就读适应过程需要留学生和

---

①马佳妮.留学中国:来华留学生就读经验的质性研究[M].北京:社会科学文献出版社,2020:69.
②摘自U1信息工程硕士留学生访谈记录。
③摘自U1高分子材料专业本科二年级留学生访谈记录。
④摘自U3哲学专业硕士留学生访谈记录。

相关教育者的对话与合作。[1] 了解留学生在就读过程中复杂的经历与体验，建立一种让学生感到舒适、有价值和安全的课堂学习环境，营造学习共同体的授课氛围，有助于提升学生的认知、情感与行为投入，发挥主动投入之间的协同作用，有利于学生形成对教师的积极的情感，产生对学校的积极态度，从而促进学生学习动机。留学教育过程是学生个体与教师之间相互作用的整合过程，学生分享教师渊博的知识和丰富的经验，教师同时在教授过程中不断提升自己，通过师生之间良好的互动实现了教学相长。

（三）完善留学生导师制与同伴互助机制

目前来粤留学生呈现出了同辈互动不充分以及课堂外与教师沟通不足的现状，究其原因与学校的制度设计有着较大关系。学校可以基于留学生的基本情况和学校的师资储备情况完善留学生导师制度，为留学生与教师的沟通搭建平台，能够实现留学生导师深入留学生群体中，及时发现其就读过程中的学习和生活问题，有针对性地帮助留学生克服文化与教育制度差异带来的困难，逐步适应学校课程内容安排，并引导其进行学业规划，使留学生建立起学习的自信心，对留学生活产生兴趣与期待。导师的指导过程中也将有助于教师群体更加了解留学生的就读动态，理解留学生思想和行为的变化，发现留学生教育教学规律与特点，进而基于教学对象调整自身的教学与管理模式，实现教学相长。此外，鼓励和引导学生开展教学互助活动，完善同伴互助机制，有助于及时发现和解决来华留学生的学业困难等现实难题。因此，对于学校而言，加强留学生人际关系的建设，提升留学生"师生互动"和"同辈互动"的参与性，是增强来粤留学生学习收获，进而提升留学教育质量的关键路径。

四、完善留学生课程建设

课程是高等教育教学活动的核心，是学校一切互动的中介。[2] 课程质量直接影响人才培养质量。课程改革一向是教育改革的主战场，是教育的心脏。[3] 实用性和有效性始终是课程的目标，课程永远是有目的的。[4]

①KIM H Y. International graduate students' difficulties: graduate classes as a community of pracices [J]. Teaching in Higher Education, 2011(3):281-292.

②刘献君.论大学课程设计[J].高等教育研究,2018(3):51-57.

③潘懋元,王伟廉.高等教育学[M].福州:福建教育出版社,1995:128.

④亚瑟·科恩.美国高等教育通史[M].李子江,译.北京:北京大学出版社,2010:27.

（一）细化教育目标、整合教育资源

本研究证实留学生的课堂学习表现对留学生就读体验和留学生的学习收获均具有显著的正向影响效应。在与30位留学生的深度访谈中发现，留学生对学校留学教育的整体感知和体验很大程度上建立在对课堂学习的印象与理解之上。然而，长期以来，在粤不少高校在留学生教育规划与管理中没有把提高本校的国际化质量水平和留学教育水平置于突出位置，时常将国际化水平狭义地定义为更多数量的学生和教师参与国际交往、更大规模的留学生招生等，很少对课程设置、教学内容、管理方式等内容进行同向、细致规划，在粤高校在留学生教育课程设计与管理方面投入不足，现阶段部分大学留学教育课程的设置仍旧是管理本位、教师本位的。学校与教师首先考虑能开出、易开出哪些留学生教育课程，而非长远地、系统地考虑留学生需要什么样的课程，忽视了留学生学习的主体要求，造成课程内容与教学实际相脱节、留学生参与学习的积极性低等问题。

对学习者的研究是教育目标的来源之一，而且是首要来源，课程和教学的开发与实施等都应当以目标的设计为起点、为基础。[①] 重视与完善留学生教育课程目标的设计，清晰界定和明确阐释课程设置的目标、内容、安排是提升留学生教育教学活动质量的重要起点。高校应基于来粤留学生的现实基础，结合各校的国际化战略以及专业特色优势，细化课程目标与内容。目前在粤高校在课业管理方面主要采取"归口管理为主，趋同管理为辅"，不少高校实施专业分类管理，非国际教育学院相关专业的留学生常被称为"院外生"，对于"院外生"的管理权限交付于各个学院，因各个学院管理模式的差异，导致不同专业、不同学院的"院外生"所经历的考勤、课程考核等教育形式存在较大差异。针对目前来粤留学生教育课程的层次性与针对性弱的问题，高校应借助来粤留学生就读经验调查，掌握留学生学习特点，制定切合实际的专业课程计划和目标。留学生专业课程的设立要有科学性、系统性和关联性。考虑到留学生就读过程中会遭遇的文化、语言与差异化教学模式等障碍，在留学生选课之前，要做好有关课程的介绍，如所需修读的学分及相关课程、课程内容、课程目标、考核方式等具体信息，针对不同培养模式的留学生应给予相应的教育服务支持。授课教师应当在设计课程教学目标的基础上，尽可能向学生阐明学习目标，并始终围绕课程目标设计教学与评价细则以形成课程的完整体系。

---

①拉尔夫·泰勒.课程与教学的基本原理[M].罗康,张阅,译.北京:中国轻工业出版社,2014:6.

（二）丰富留学生个性化选择

研究发现，在粤不同高校对于选修课程的设置和要求各不相同，部分高校已实施自由选课的学分制教育方式，留学生反馈良好，更多的学校尚未给予留学生灵活的选课机会。自由的选课机制为高校课程管理带来了不小的挑战，但对于留学生而言却是满足个性化需求、拓宽留学生视域的重要尝试。来自越南的博士生香兰对自由选修课充满着向往：

S06：博士阶段，基本没有自己自行选择的课程，我们就是按学院的课表上课，虽然课程数量不多，但是课业压力挺大，也没有精力去选择其他课程了，因为语言不够流畅，可能中国学生需要花10分钟看的资料，我们需要花1个小时，甚至更多。如果语言不是问题，时间又充裕，我希望可以根据兴趣，能够选一些自己更喜欢的课程，了解更多的知识，包括与专业有关的和其他有关文化历史的知识。①

来自委内瑞拉的Andra是通识课程教室里唯一的一名留学生，在交流过程中，她讲述了自己受益于留学生自由选修制度的经历：

S11：我非常欣赏学校对于留学生施行的自由选修制度，留学生群体不该被划归为一个对立于本土学生的封闭群体，留学生群体很复杂和多元，大家的学习目的、学习投入、对未来的规划都是不同的，广泛地选课能够满足我们不同的需求，我选了2门自己感兴趣的英语课程，与中国学生一起上课，我的感觉很好，因为语言的关系，会有中国同学来向我请教，毕竟我的英语要好过他们，这也为我提供了一个和中国同学交流的机会。如果学校可以提供更多的文化类课程就更好了，我很想了解地域文化，但学校并没有相应的全英课程。自由选修的制度很好，但可供选择的课程还应该再多一些。②

普罗塞（Prosser）和特里哥威尔（Trigwell）认为"学生生活在经验的世界里，教学不仅是高校教师如何设计课程，还囊括了学生对教师所教课程的理解，高校教师要以学生的眼光来审视课程制度和设计"③。扩大选修课范围，扩大实施学分制改革，实现留学生课程的个性化选择对于提升留学生学习参与度具有深远意义。留学生教育的突出特点在于多元化和差异化，实行学分制和扩大选修课范围能够最大限度地满足不同留学生的学习需求。此外，在粤高校还应发挥区位优势，结合本校特色学科的资源优势，结合留学生培养需求，创设具有地方特色的品牌课程，增设岭南文化等多元文化类课程，在为留学生提供更多选择的同时着重提升其中国文化素养和跨文化交际能力；拓建课程

---

①摘自U8教育学专业博士留学生访谈记录。
②摘自U1生物技术专业本科三年级留学生访谈记录。
③PROSSER M, TRIGWELL K. Understanding learning and teaching: the experience in higher education [M]. Buckingham [England]; Philadelphia: Society for Research into Higher Education&Open University Press, 1999:117.

平台，通过完善课程网站及在线课程平台建设，丰富学生自主学习的渠道，促进留学生课后学习平台建设，发挥混合式教学模式在留学生教育中的作用。除了课程的个性化选择，留学生教师在实际教学中结合留学生学习现状提供个性化支持和辅导，基于授课班级风格类型开展对应的教学活动设计，利用学习活动的设计来引导、激发和维持留学生的学习动机，以引导其最大限度地参与课堂学习活动。

（三）提升课程国际化水平

课程方面还要解决留学生课程教材所呈现的内容老化、脱离社会实际的问题。访谈中不少教师提到当前留学生课程教材相对落后，远不及本土学生教材更新迭代的速度，保持留学生课堂教学内容的前沿性和应用性是提高课堂教学质量、提高留学生学业挑战度的重要基础。留学生课程内容的设计应注重国际化与本土化相结合，应具有前瞻性，既要在学习借鉴国外留学教育课程设置经验的基础上加强课程国际化建设力度，同时也要立足于国内、面向我国和本地区的社会经济建设发展需求，加强对中国本土特色专业的传播与弘扬，促进本土特色鲜明的课程的国际化发展。而提升课程国际化程度建立在前期调研的基础之上，尤其是对国际化人才培养的需求的调研、对来粤留学生需求的调研，基于留学生就读经验的现状特征才能切实优化课程体系，动态调整课程设置。此外，重视留学生学习收获，应以学习收获为导向，鼓励教师建设具有交叉性且受益面广的共享性全英文通识课程；营造多语种教学环境和课程平台；借助高水平国际化师资队伍，开发多语种授课课程。

（四）加强双语课程建设

继续完善和强化英语授课课程体系建设也是解决当前来粤留学生就读现实问题的重要对策。本研究的调查数据验证了留学生课程教学语言与留学生就读经历，尤其是留学生能否在"课堂上积极参与讨论"呈现相关关系，这意味着语言的困扰会直接影响留学生课堂学习经历与学习体验，进而影响留学生的学习收获。国外留学生的语言困境主要体现在教师或本土同学时常随意使用地道的英语，致使英语能力较弱的留学生在课堂上很少能够进行深入的师生沟通，时常觉得自己的观点不被重视，同时教师和本土学生往往不理解留学生的意见，也不认为有必要将其纳入讨论。[①] 本研究在访谈过程中发现，来粤留学生在语言困境方面的体验也有着相似之处，深度访谈证实了受制于自身的语言能力，除汉语言专业，当前来粤留学生对英语授课课程中的参与性要远胜于中文授课课

[①]KIM H Y. International graduate students' difficulties: graduate classes as a community of pracices [J]. Teaching in Higher Education, 2011(3):281-292.

程。当前来粤留学生主要来自亚洲和非洲国家，对于绝大多数来粤留学生而言，英语是其在母国学习过程中的第二外语，留学生们普遍对英语的驾驭能力要优于汉语。因此在英语授课的课堂环境中，语言氛围更便于留学生理解课程的内容、表达个人的观点。

S23：授课语言很重要，我选择暨南大学国际学院也是因为之前了解过，这里的课程基本都是全英授课，虽然通过HSK（汉语水平考试）5级，生活沟通上没什么问题，但如果想写好中文课业论文还是非常难的，所以我选择了全英的课程，一方面和老师沟通起来相对容易，另一方面和同学们沟通也比较好，因为我知道中国大学生的英语水平也都不错。①

S09：我和中国学生一起上专业课，许多课程的老师都是用中文授课，有的老师普通话比较标准，有的我听不太懂，很难跟得上，所以经常就不去上课了，考试前会应着英文教材学一下，很辛苦。也有几门全英的课程，有的老师英语比较地道，有的也很难听明白，对我来说，英文比中文授课的课程容易一些（听得更明白一些）。②

随着我国经济实力以及在世界上影响力的不断提升，以沙特阿拉伯等为代表的国家已将汉语学习纳入其国家教育体系中，越来越多的国家在小学阶段增设汉语课程，为未来来华留学教育的发展提供了良好的语言优势。但是，从目前来看，结合当前我国留学教育的发展阶段以及来粤留学生就读经验的现状，英语课程的建设仍旧是当下吸引来粤留学生的重要抓手之一。尤其是对于发达国家的优质生源，通过开设英语课程消除其语言障碍是当前促进来华留学生生源质量发展的重要举措。因此在现阶段高校留学教育课程建设中仍需继续加大对全英授课、双语授课课程的建设力度，同时也应该结合留学生留学意向调查，适当加强前期汉语、英语等培训课程，促进和增进留学生在课程学习过程中的参与性与获得感。

（五）提高留学生课业挑战度

已有研究表明，学生被要求刻苦学习的程度，与他们所学到的内容之间具有强相关性，这与所知的神经科学和认知心理学是一致的。③长期以来，为了迅速提升国际化水平，扩大留学生招生数量，国内高校留学教育门槛普遍偏低，留学生生源质量和素质普遍不高，留学生的学科基础和语言能力普遍不足。本研究获得的数据显示，在粤留学生课堂学习过程中，仍有近40％的留学生在课堂讨论中参与性低，约29％的留学生表示在课堂上极少认真听讲，有近30％的留学生时常无法完成课堂规定的学习任务。留学

①摘自U7金融学专业本科三年级留学生访谈记录。
②摘自U1信息工程专业硕士留学生访谈记录。
③凯文·凯里.大学的终结:泛在大学与高等教育革命[M].朱志勇,韩倩,等译.北京:人民邮电出版社,2017:238.

生学习主动性不强，学习投入意识不足，部分留学生在学习过程中缺乏纪律性。

S01：我基本上没有缺过课，可能因为我的汉语基础好，我属于侨胞，家里有很多人说汉语，所以课堂上老师们用中文或者英文对我来说都是没问题的，我觉得课程难度并不大，各门课程基本上都可以跟得上，不过像我这样的还是少数，很多同学（留学生）会选择逃课，或者在课堂上打发时间，我觉得那样挺可惜的，但大家发现考试基本上都可以及格，所以在学习方面的投入越来越少了。[1]

S27：我的基础差，学习兴趣不太高，说实话我不太清楚学校的课程要求，感觉课程结束时的考试难度不大，老师很照顾我们，所以也没有很投入地学习，课堂上还好一点，因为要考勤，而且考勤现在很严格，但课后基本上不会再看书学习，肯定比中国学生差很远，中国学生很刻苦。[2]

显然，生源质量是造成上述现状的原因之一，但生源质量的提升是一个系统而漫长的过程，在短期无法保证生源质量的条件下，为避免形成"录取标准低，结业标准低"的恶性循环，规范留学生就读课业要求，适当提升留学生学业挑战度，通过就读过程的严格把控、促进留学生主动参与和配合教学是提升留学生就读质量和学习收获的应势之举。在粤高校可通过规范留学生培养标准、培养过程和质量保障等方面完善留学生专业成绩认证标准，加强对留学生学习成果的管理。

五、提升留学生课堂教学效果

课堂教学质量是高校教学质量的集中体现，课堂教学质量的保障则是提升整体教育质量的重心所在。本研究表明留学生就读经历，尤其是"课堂学习"维度是影响留学生就读体验和学习收获的最重要因素，留学生在课堂学习过程中的良好表现对提高其跨文化能力和增进其对学校的认同度呈现出显著的正向影响。此外，本研究通过结构方程模型分析证实师生互动也是影响留学生就读体验和学习收获的重要因素，课堂又是留学生在就读过程中与教师和同伴进行交流和互动的最主要场所，因此课堂教学的质量直接关乎留学生的体验与收获，完善课堂教学是提升留学教育质量的关键所在。而当前来粤留学生课堂学习的现状受到留学生性别、国别、信仰、专业、学校类型、家庭背景、来华时间、升学期望等个人特征的影响，同时也受到留学生就读体验交互影响，当前来粤留学生课堂学习还存在不少共性问题。

S18：我在学校里参与的课程有两种，有的课程是和留学生一起上课，在只有留学生

---

①摘自U1高分子材料专业本科二年级留学生访谈记录。
②摘自U6经济管理专业本科二年级留学生访谈记录。

或者说大多数是留学生的课堂上，我比较放松，因为大家的文化背景都不同，没有需要融入的感觉，我只是自然地做自己，也更愿意参与老师的提问分享自己的想法。但和中国学生一起上课的课堂，因为老师并没有区别对待，他把我也当作中国学生，但其实很多文化与语言上的障碍，以及我自己对自己身份的心理暗示，使我在课堂上的学习参与变得很有限。可能随着我的语言能力的提高和文化适应（能力）的提高这种情况会改善，但也希望老师们和中国学生们可以更多地与我交流，我认为这是更加重要和可行的。[①]

S07：我最喜欢X老师的课程，所以在这门课程上喜欢回答问题。他上课很投入，与我们的交流很多，不仅仅是专业知识，也有从专业知识引申的生活知识，会在讲解过程中问问我们的感受，给了我们交流的机会。交流得越多，互相理解得越多，就更喜欢他的课，也更喜欢在课上参与讨论了，我认为这是一个相互促进的过程，很多同学也跟我有相似的感觉。但是其他课程并不是这样，我觉得老师对课堂的引导，尤其是对课堂氛围的塑造至关重要。[②]

（一）树立"同理心"原则，提升课堂授课氛围

国外研究证实学生认为老师的课堂教学认真投入，他们参与课堂活动的程度也会随之加深，反之亦然，如果学生认为教师不够投入，学生的课堂参与性也大打折扣，课堂氛围疏远、冷漠。[③]本研究也证实了上述结论，留学生表示在课堂上参与的选择和与教师在课堂的互动交流的舒适度有很大关系。课堂是留学生教育教学的主阵地，任何关于留学生教育改革与发展的研究和实践都直接或间接地指向留学生课堂教学效率的提高。营造良好的课堂氛围是提升课堂教学质量的重要手段。卡尔·罗杰斯曾提出"同理心"概念，强调在人际交往过程中体会他人的情绪和想法，理解他人的立场和感受，并站在他人的角度思考和处理问题的能力有助于交流的深度发展。这意味着，留学生教师保持同理心，建立一种让留学生感到舒适、有价值和安全的课堂学习环境，营造学习共同体的授课氛围，将有助于提升学生的认知、情感与行为投入，发挥主动投入之间的协同作用，有利于学生与教师培养积极的情感，有利于学生产生对学校的积极态度，从而促进学生的学习动机。而具备和运用同理心，一是要辨识，站在留学生的角度考虑问题，体验和分辨对方的处境和内心感受；二是要反馈，与留学生及时沟通反馈，以最快的速度与另一方达成共识。[④]可见"同理心"既是完善留学生课堂教学氛围的首要原则，也是留学生教师个人专业能力与素养的重要组成部分。

---

① 摘自U2市场营销专业本科二年级留学生访谈记录。
② 摘自U1工商管理专业本科三年级留学生访谈记录。
③ SKINNER E A, BELMONT A J. Motivation in the classroom: reciprocal effects of teacher behavior and student engagement across the school year [J]. Journal of Educational Psychology, 1993(4):571-581.
④ 李贝. 国际理解教育:大学生国际视野拓展与能力培养[M].北京:科学出版社,2016:153.

（二）建构"混合式"教学，激发课堂合作热情

研究发现，众多担任留学生学历教育的教师往往采用与中国学生教学课堂相同或相似的教学模式，没有基于留学生课堂的特质、留学生的特点，因地制宜地进行课堂教学方法设计，导致留学生在课堂上的参与性与积极性未能及时被激活与调动，课堂收获甚微。在留学生课堂上，学生们的个体普遍有着极为独特的经历、文化传统和思维模式。留学生群体与中国学生群体在学习方式与思维模式、自我约束能力和学习主动性、知识基础与学习能力等方面都存在着明显的特征差异，学生并不是生活在一个纯粹的"客观的世界"里，而是生活在一个丰富的经验世界里。①

S04：在课堂学习过程中时常会觉得很窘迫，尤其是第一年上课的时候，因为语言基础差，而且不习惯使用PPT的方式进行个人陈述，来中国留学前并没有使用过这种方式，中国的电脑设备很先进，而我并不熟悉使用OFFICE软件，也不擅长在全班同学面前进行展示。老师叫我来展示，我的压力很大，我觉得如果和老师有好的沟通，他知道我和很多非洲同学并不擅长使用这些工具的话，我在课堂上会更加舒服，也不会有挫败感。②

思想是通过语言来完成的，而语言是思想的表现。社会文化理论认为语言、思维与认知不是独立存在的，而是相互关联的。对于留学生课堂而言，绝大多数留学生在使用第二语言；对于来华留学生而言，汉语可能还是很多留学生的第三甚至第四语言。换言之，在课堂学习过程中的参与困难，不仅在于能否把已经产出的思想转换成第二语言的句子准确转述，也就是准确地进行师生交流，而且在于能否适应课堂这个特殊的社会文化场域与具体实践。③可见，留学生认为课堂学习过程是困难的，不仅是因为他们必须使用非母语表达思想，而且还因为他们不熟悉课堂的教学模式及文化。

留学生课堂教学活动的设计应基于学习者的个性特征（背景、认知能力及思维方式等），结合留学生的学习现状与需求，选择适合留学生的教学模式与方法，才能更好地调动其学习积极性，激发留学生个体与学习环境的交互。科恩（Arthur M. Cohen）认为"教学方法是课堂教学的核心，大学教育的中心任务不仅在于教什么，更在于怎么教"④。因此，基于课堂留学生的整体情况，借助适切的教学方法联通教师与留学生的经验世界是建构有效课堂的基本路径。训练有素的教师改善了他们与班级互动的方式，

---

①吕林海,龚放.大学学习方法研究:缘起、观点及发展趋势[J].高等教育研究,2012(2):58-66.

②摘自U6经济管理专业本科二年级留学生访谈记录。

③KIM H Y. International graduate students' difficulties: graduate classes as a community of pracices [J]. Teaching in Higher Education, 2011(3):281-292.

④亚瑟·科恩.美国高等教育通史[M].李子江,译.北京:北京大学出版社,2010:33.

这会影响学生的学习方式和学习动机，尽管这种影响是滞后的，非立竿见影的。[①]贝顿（Baeten）认为在课堂教学过程中，单一地使用讲授法或案例探究法，其教学效果，尤其是学生的学业成绩和对学生学习动机的激发，均明显不如将两种方法有机融合的教学方法。[②]因此，依据具体课程内容与目标学生的具体特征，灵活多样地使用多种教学方法，才能调动和激发学生的思维积极性，进而提升留学生课堂学习的参与体验。

（三）改善留学生课堂学习体验

教学的问题不仅是大学教师怎样设计他们所教的课程，更是他们的学生如何理解教师所教的课程。[③]因此了解留学生课堂学习体验，进而改善留学生课堂的交往与互动是提升教学效果的关键。学生的课堂体验是学生进入到一定教学环境时对所处情境的各种感知，是学生和其所处的情境相互作用的结果，包括学生关于课堂教学环境中的教学目标、方式、评价、交流等的感知和体验。[④]学生的学习观、学生所处的教学环境会对学生的课堂体验产生显著影响。[⑤][⑥][⑦]而学生的课堂体验又与学生的学习方式、学生的学习成果存在显著关系。[⑧][⑨][⑩]这意味着，一个合乎学生学习动机、态度、特点的课程，能够辅助学生有效表达的课程，才是有用的课程，才能真正提高学生的基本技能和能力。

可见，改善学生的课堂体验是提高学生学习质量的有效途径。具体而言，在留学生课堂教学模式设计这一教学前端过程中，教师应基于留学生群体的基本特征，充分考虑实施课程所选用的教学模式的应用目标与实际价值，并在授课之初为留学生重点解释与

①约翰·哈蒂.可见的学习与学习科学[M].彭正梅，等译.北京:教育科学出版社,2018:18.

②MARLIES BAETEN, FILIP DOCHY, KATRIEN STRUYVEN. The effects of different learning environments on students' motivation and their achievement [J]. British Journal of Educational Psychology, 2013(3):484-501.

③吕林海,龚放.大学学习方法研究:缘起、观点及发展趋势[J].高等教育研究,2012(2):58-66.

④PALLESEN D A. Academic achievement among first semester undergraduate psychology students: the role of course experience, effort, motives and learning strategies [J]. Higher Education, 2010(3):335-352.

⑤PROSSER M, TRIGWELL K. Using phenomenography in the design of programs for teachers in higher education [J]. Higher Education Research and development, 1997(1):41-54.

⑥MARSH H. Use of student ratings to benchmark universities: multilevel modeling of responses to the Australian course experience questionnaire (CEQ) [J]. Journal of Educational Psychology, 2011(3):733-748.

⑦郭建鹏,杨凌燕,史秋衡.大学生课堂体验对学习方式影响的实证研究:基于多水平分析的结果[J].教育研究,2013(2):111-119.

⑧AGE DISETH. Approaches to learning, course experience and examination grade among undergraduate psychology-students: testing of mediator effects and construct validity [J]. Studies in Higher Education, 2007(3):373-388.

⑨JOHN T E RICHARDSON. Approaches to studying and perceptions of academic quality in a short web-based course [J]. British Journal of Educational Technology, 2003(4):433-442.

⑩AGE DISETH. Course experience, approaches to learning and academic achievement [J]. Education and Training, 2008(2-3):156-169.

介绍，使学习者能够胜任课堂这一特殊社会、文化场域的实践活动，从而从教学模式设计层面减少不必要的障碍，并在授课过程中通过课堂体验调查等方式关注留学生的课堂体验动态变化，进而有针对性地更新和改进教学方法和技术，为留学生带来适切的教学模式。已有研究证实，外在的学习奖励措施会对学习者的学习动机产生积极影响。[①] 留学生教师也可通过设置表扬或奖励机制，促进留学生群体在课堂的参与与互动，提升留学生课堂学习体验。此外，重视发挥教师的主导作用也是改善留学生课堂学习体验的关键所在。教师是课堂教学情境的主要影响因素，教师的人格特征、对学生的态度、在教学中的情感投入、教学风格等是一种无形的感召力。布鲁贝克曾提倡"教学不只是讲授，它还包括启发和友爱。友爱教学的标志就是教师与学生之间相互热爱""启发式教学和友爱式教学对个人来说是获益最多的教学方法"[②]。因此师生之间建立的和谐情境有利于知识信息的传授和交流，有利于促进留学生的课堂参与，使留学生收获更好的学习体验，进而促进教学教育目标的实现。

六、改进留学生教育质量评价模式

来华留学生教育质量良莠不齐，国际认可度较低，系统化构建完整的留学生高等教育质量保障制度体系已成为我国发展留学生教育的必然路径，其涉及政府、高校、社会等多个主体，涉及招生、培养、毕业、国际学历承认等多个环节。[③]鉴于本研究的目的及视域，研究主要聚焦留学生在校培养过程的质量保障与评价改革。教育质量评价既是教育输出的检验者，又是教育输入的指导者，其目的在于通过分析发现教育系统中存在的不足以及造成这种不足的原因，以促进教育系统、教师与学生的发展。[④]研究发现，在留学生培养过程中，在粤高校普遍存在着质量保障与评价机制不健全的问题，为保持生源，对留学生培养长期缺乏明晰的目标、标准以及质量监管机制，高校内部缺乏对留学生学业学情的调查与诊断，学业管理较为松散，留学生培养呈现出典型的"宽进宽出"模式。基于对来粤留学生就读现状的分析，研究认为在粤高校亟须"由表及里"地重新建构留学生教育质量评价模式，在评价中心的建设、评价视角与评价方法上进行改革与完善，以充分发挥留学生培养环节的质量保障作用。

①JOVANOVIC D, MATEJEVIC M. Relationship between rewards and iIntrinsic motivation for learning-researches review [J]. Procedia-Social and Behavioral Science, 2014(9):459.

②约翰·S.布鲁贝克.高等教育哲学[M].王承绪,等译.杭州:浙江教育出版社,1987:102.

③曾文革,杨既福.我国留学生高等教育质量保障制度构建的系统化进路[J].江苏高教,2017(11):44-47.

④萨丽·托马斯,等.学校效能增值评量研究[J].教育研究,2012(7):29-35.

（一）增设留学生"学情评价"中心

就读经验研究为高校进行留学生就读过程质量评价与诊断提供了重要的参考。教育部颁布的《来华留学生高等教育质量规范》已明确规定高等学校的来华留学生教育质量保障是学校整体教育质量保障体系的一部分，学校应根据留学生教育的特点，对内部教育质量保障体系各个要素和环节进行针对性的补充，满足来华留学生教育质量保障的需要。基于访谈与实地调研，研究发现当前在粤高校普遍在留学生教育教学评价建设方面投入不足，尚未建立起留学教育质量保障体系，缺乏对留学生教育质量现状的认知，难以为留学生教育质量发展提出适切性的改进规划。

为了改善留学生的就读经验、为留学生学习行为提供导向、为院校留学生教育发展提供依据，高校应结合自身情况设立留学生"学情评价"中心，发挥其在留学生就读全过程中的中介作用，以及健全教学过程评价反馈、教学结果评价反馈的管理机制，发挥其改进留学生教学质量、教育资源分配等环节的重要作用；高校还应积极组织、参与各类专业机构实施的留学教育评价与诊断活动，加强社会组织、第三方组织在学校留学生教育质量监督与评价中的参与性。

（二）转变留学教育质量评估模式

优质的留学教育不仅要提供优质的留学生教育资源、良好的学习环境，创造和谐的学习氛围，还需要关注这个群体，关心留学生的文化适应、学业发展、期望与需求，丰富留学生的就读经历，改善留学生的就读体验，提升留学生的学习收获。建立基于"留学生就读经验"的留学教育质量评估和保障系统是实现上述目标的基础。教育教学质量的评估与保障不仅要关注学生的学业成就，同样也要关注促成这一成就的经历。[①]建立基于"留学生就读经验"的留学教育质量评估系统，将留学生的学习参与程度、就读体验、学习收获和校园的支持性环境等作为评价留学教育培养质量的重要指标。评价转向势必会促使我国高等学校留学教育质量管理从重视"资源配置"走向关注"学生体验"，从关注"投入"转变为关注"过程"和"结果"。

研究发现，当前高校留学教育评价导向侧重留学教育资源的投入，致使留学教育效果的呈现具有明显的滞后性，不利于及时诊断留学教育过程性问题，难以准确评估留学教育质量真实现状，无法适应全球化、信息化、个性化发展趋势下的留学生个体需求。在来华留学教育逐渐由规模驱动向质量内涵驱动转变的背景之下，留学教育质量评价视角亟须转变，关注"学生评价"，关注留学生发展的实际问题，强化教育评价中留学生

---

①程星,周川.院校研究与美国高等教育管理[M].长沙:湖南人民出版社,2003:101.

的主体作用，来粤高校应着力推动来粤留学生参与教学诊断、就读经验评价活动，以便了解留学生就读过程现状与存在的症结。吸纳留学生以多样的形式参与留学生质量监控，鼓励留学生为课业学习等提出意见和建议，充分调动留学生进行课程与活动评估，定期对留学生学习生活进行实地走访、组织留学生进行面对面交流，将"以学生为中心"的理念贯穿于教育质量评估实践。

留学教育质量与水平的成因是多种变量交互形成的，且变量之间的关系十分复杂。留学教育质量的评估具有较大难度，不同类型高校、不同专业的留学生培养目标与发展地位具有多元化特征，较难形成统一的评估标准。因此，重视权衡"学生评价"的地位，将留学教育评估对象及主体从资源等外部要素转向留学生自身，建构以留学生为中心，基于留学生就读经验的测评体系具有显著的现实意义。

在主张与重视从学生视角进行留学教育质量评价的同时，也要警醒其在留学教育质量评价中的地位，如果仅仅从留学生对留学过程的满意度视角进行留学教育质量诊断，会导致各个高校为提高留学生满意度迎合留学生的不合理要求，从而降低留学教育学术标准和学业要求，继而造成留学生教育质量下降的窘境。因此，以"留学生就读经验"视角衡量留学生教育过程质量应始终与坚持高校留学教育标准和学业要求相结合，不可偏颇。

（三）以"增值评价"促进留学生学习收获

留学生学习收获是留学生在留学过程中自发发展的重要反映，也是评价留学教育质量的重要指标。研究显示当前来粤留学生在就读过程中，学业知识、跨文化能力以及对学校的认同度等方面都取得了一定的收获，留学生的就读经历和体验，留学生的个人基本特征、学业背景、家庭背景和学习期待都对留学生的学习收获具有不同的影响作用，同时，不同学校、不同专业以及不同背景的留学生学习收获的具体方面还存在着差异。研究通过访谈进一步挖掘留学生的学习收获与差异存在的原因，发现医学专业的留学生对自身学习收获更加敏感，认为自己的就读过程取得很多"实在"的成绩，参与了医学实验项目、在医院进行实习、参与问诊等等，对比发现，可量化的学习成果评价会为留学生带来存在感和成就感，而当前大多数在粤高校缺乏对留学生学习收获的关注与诊断。

S10：说起学习收获，我觉得有点模糊，感觉很难说我到底收获了什么，也基本没想过这个问题，因为学校并没有关注过我们的学习收获，也没有关于各项能力的考核，所以只能说我在与同学和老师的交往中，我的社交能力，尤其是多元文化交往的能力有了提高，在异国的独自生活也让自己对自己和生活进行了反思。我觉得学校可以开展一些类似能力测评的活动，也许更直观吧，比如在一年、两年或者整个本科结束的时候来测试一下，也让我们对自己就读的收获有更清晰的认识。①

S15：没有参加过关于学习收获的调查，好像学校并没有这样的测试，我觉得这个很好，有必要提供这样的活动，可以对自己到底得到了什么更加了解一下，我觉得生存能力的提高是最明显的，还有汉语的表达能力，虽然书写对于我来说还是很困难，但听力明显提高，我在课堂上的收获也跟着多起来，因为可以越来越清楚地理解老师的讲课内容。②

S19：我觉得期末考试是学习收获的一个方面吧，成绩是一种体现，如果还能再综合评价一下我们留学生的发展就更好了，我也挺想了解自己在中国留学过程中发展了多少。③

以提升留学生学习收获促进留学生教育质量发展不仅是理念，也要体现在现实教育实践过程中，体现在整个留学教育评价体系中。留学生教育为留学生的学习和发展"增加"了什么，"增加"了多少，这个"增量"是留学生留学收获的体现，而测量增值，即增值评价则是检验留学生学习收获和留学生教育质量的关键手段。20世纪80年代，学者们先后提出增值评价方法，即通过对学生在学校就读期间的学习过程、学习结果的分析，来描述学生在学习上发展的"增量"，与传统的质量评价方法相比增值评价更加贴近教学质量的生成过程，使教育质量评价、学生学习收获评价具有更强的可操作性。增值评价坚持学生的主体地位和分析视角，由学生自评个人发展的增值，考查学生在就读期间的各项活动的参与和关系的互动，适用于留学生群体多样化、个性化的特点与需求，以学生自身的实际进步与发展幅度作为评价学校和教师教育努力与进步程度具有科学性和合理性，有助于实现教学质量评价回应个体发展的个性化要求。

当然，留学教育过程给留学生带来的增值是非常复杂且难以详尽的，但留学生的学习行为，教师的教学行为，以及学校的相关政策和支持性投入与各类活动等均与留学生的发展与增值有着紧密的关系。通过对复杂的、抽象的因素进行可操作化处理，可以实现挖掘学生个体发展所带来的增值以及背后的影响因素。准确检验留学生教育质量建基于科学、合理的质量评价活动，而建立适切的教育评价体系是教育评价活动的基础。完善留学教育质量评价方式，将"增值评价"作为留学教育质量评价方式，将"教育增值"纳入留学生教育质量评估指标结构，即通过留学生就读经验调查深入探析留学生学习现状，挖掘留学生的学习特征与类型，将有利于提高留学教育质量评价的可行性、科学性与合理性，为留学教育质量相关利益者提供理性指引，也有助于对留学生教育"教"与"学"行为做个性化的诊断与指导，优化留学生就读经验，提高留学生学习收获，进而促进留学生教育质量提高。

①摘自U3通信工程专业本科二年级留学生访谈记录。
②摘自U1新闻与传播专业硕士留学生访谈记录。
③摘自U2汉语专业本科四年级留学生访谈记录。

七、关注留学生教师群体

"大学教育的质量是由教师来决定的。在建设一所成功的学校时，对教师的投资是一个关键组成部分"。[①] 来粤留学生在粤就读过程中的经历、体验与收获是学习者与环境、与环境中的他人相互感知、相互影响形成的关系的总和。随着留学教育向质量内涵发展的转向，留学生群体受到了社会各界的日益关注，但与之交互作用，共同影响留学生教育发展的来粤留学生教师群体却极少被关注。

（一）加大对留学生教师群体的关注与研究

作为留学生教育的重要组成部分，对留学生教师群体的了解与分析亦是促进留学生教育提质发展的关键所在。研究发现，国外文献早已开始聚焦美国、澳大利亚、加拿大等国的留学生教师的实践，通过留学生教师的视角与实践提升留学教育质量。[②][③] 而国内对留学生教育群体研究极其匮乏。研究中的质性访谈也辅证了国内文献所呈现的现象，即来华留学生教师群体尚未被给予关注。来华留学生教师在与留学生交往过程中存在的问题及体验尚无迹可寻，但实际上，在粤留学生教师群体在留学生教育教学与管理过程中面临着诸多困境，多位受访教师谈及了在这方面的困扰。

T03：我们面临的主要困难是留学生人数多，但配套的行政教师少，没法管得很细致，无法深入学生，无法深入了解学生，时间精力不足，也的确发现管理中的很多问题是基于不了解，但现实困境使然，很多行政管理事务与留学生管理相冲突，学校缺乏专门对应留学生管理的岗位，每个学院单独管理存在很多困境，比如管理标准问题、各学院负责老师的资质问题、是否有能力与留学生沟通等等。[④]

T04：我认为国际师资、专业留学生教育师资的不足是影响学校留学教育发展与质量的主要因素，引进师资是一个复杂的、牵涉多方因素的问题，不是说想引进就引进的，所以师资问题一直是一个瓶颈问题。除了引进的问题，现有老师的师资培训也是一个问题，国家留学教育发展阶段的限制，我们的专职老师，主要是对外汉语或者专门教授留学生的专业课老师，并没有像其他学科的老师有那么多的国内外交流访问、学习、提升的机会，这也是留学生专职教师们职业发展的窘境。[⑤]

---

①厄内斯特·博耶.大学:美国大学生的就读经验[M].徐芃,李长兰,丁申桃,译.北京:北京师范大学出版社,1993:256.

②JEANNIE DANIELS. Internationalisation, higher education and educators' perceptions of their practices [J]. Teaching in Higher Education, 2013(3):236-248.

③GILLIAN SKYRME, ALYSON MCGEE. Pulled in many directions: tentions and complexity for academic staff responding to international students [J]. Teaching in Higher Education, 2016(7):759-772.

④摘自U1管理岗位老师访谈记录。

⑤摘自U1教学岗位老师访谈记录。

T07：我觉得广东留学教育落后的几个原因，首先是对留学教育的重视程度不足，对留学市场不重视，宣传力度不够，比如领事馆也没有发挥很好的作用，没有与高校形成良好的联动招生机制，对外进行的来粤留学生宣传力度也不够，顶层设计没有给予足够的重视，局部跟进就会更加困难重重。对于留学生教师个体也是如此，这个群体长期以来没有受到足够的关注，无论是教学还是管理，对留学生教师能力的要求都要远胜于普通高校教师，综合要求较高，也导致了一个矛盾的出现，教师的需求和学校的需求不匹配，能力强的老师基本不愿意做这份工作，因为目前国际教育方面的科研水平不高，老师们的科研发展受限。所以我觉得解决这个问题的根本在于建立人才考核和激励制度的问题。没有足够的重视，就没有配套的激励制度，师资的储备就是个难以解决的问题。[①]

T10：学校需要增进对留学生教师配备的支持，要支撑教师队伍更加专业化。教师是留学教育发展，尤其是质量发展的关键，没有专业化队伍就没有留学教育的未来。我们在工作中体会很深，我们目前的留学生教育管理团队年轻，专业素质高，办公室氛围好，在留学生群体里口碑好，和留学生私下交流得较多，这种较好的氛围无形中化解了很多留学生的具体问题，年轻专业的团队也成就了很多留学生活动，这也是近几年学校留学生各项活动越来越受关注的重要原因。[②]

吸引国际生源来粤留学，除了本地经济发展程度以及吸引留学生的优厚政策，更为重要的是优质的教师资源。笔者在走访多所学校调研后发现，国际师资、专业留学生教育师资的不足是制约来粤留学教育发展与质量的主要因素。除了从宏观政策、引进制度等层面加大留学生教育师资的注入，现有的留学生教师群体也应及时进行"自我更新"以适应留学生教育的变化与发展。正如雅斯贝尔斯所说："教育正是借助于个人的存在将个人带入全体之中。个人进入世界而不是固守自己的一隅之地，因此他狭小的存在被万物注入了新的生气。如果一个人与一个更明朗，更充实的世界合为一体的话，人就能够真正成为他自己。"[③]本研究也通过实证数据验证了留学生师生互动，包括留学生与教师讨论课程知识、讨论个人学业规划、讨论社会文化议题，与教师在课后保持互动以及留学生教师对学习表现予以反馈等具体交往活动均在留学教育质量的形成中扮演着至关重要的角色，对提升留学生就读体验和学习收获发挥着不同的促进作用。然而，留学生教师的重要作用与其当前的现实处境和职业发展困境形成了强烈的反差。在留学生教育质量的多因素交互形成的复杂系统中，留学生教师这一关键因素，亟待留学生教育质量利益相关者的重视与支持。

---

① 摘自U7管理岗位老师访谈记录。
② 摘自U2管理岗位老师访谈记录。
③ 雅斯贝尔斯.什么是教育[M].邹进,译.北京:生活·读书·新知三联书店,1991:54.

（二）提高留学生教师业务能力与专业素养

研究发现，教师教学素养与能力是影响留学生课堂学习体验的重要因素，可以说，对教与学的改进依赖于教学过程中教师学术和研究能力的提高。留学生教育质量的满意度受制于留学生教育师资质量。

S04：我很喜欢学校的老师，因为他们的教学能力和个人能力都很强，比我在东北读本科时的学校要好，有的老师在课堂上也很活跃，会使用不少方法介绍先进的知识和技能。我觉得遇到优秀的老师是很幸运的，因为我们课后的留学生活比较枯燥，如果能够在课堂学习时间遇到很好的老师真是一件很幸福的事情。我会把喜欢的老师在课堂上的重要讲解记录下来，也加了几位人特别好的老师的微信，课后继续与老师交流，这对于我来说也是很好的体验。①

S23：老师的能力和素质很重要，性格也很重要，在学校里遇到的大多数老师还是很友好的，但也有不太理会我们的老师。当然，和那样的老师交往心情会很不好，会有被排斥的感觉，需要自己改变心态，也有一些老师的英语比较难懂，办起事来会比较难沟通，简单的事变得很复杂，心情会很糟糕。②

S16：我们学校负责管理留学生的老师人特别好，把我们当朋友，遇到问题我都第一个想到他，办理各种证件，身体不舒服，出门办事都想到咨询他，没有他我的体验不会这么好。③

S06：我的两个姐姐也都在中国读过书，其中有一位也是在我们学校硕士毕业的，当时她就让我也来这所学校，因为学校的老师非常友善，这也是我最初考虑来这里读博的最重要原因之一。我们在外留学除了自己通过网站了解学校，其实主要还是听亲人介绍，也是因为姐姐们在中国读书的经历不错，我也这样选择了。④

教学资质、专业水平、外语能力、跨文化能力以及教学和管理工作的投入度等均是留学生教师是否能够胜任来华留学生教学工作、管理工作的核心素养。与留学生形成良好的交流互动氛围、为留学生提供优质教学和管理服务是提升留学生就读经验、提升留学生教育质量的关键所在。学生学习过程不仅是一种基于生理和心理机能的行为，更是建构在特定文化传统和心智习惯上的社会行为。了解学生学习问题，要研究学生学习得以产生的文化环境和土壤，认识影响学生学习行为的文化与价值传统。⑤对于教学岗位

①摘自U6经济管理专业本科二年级留学生访谈记录。
②摘自U7金融学专业本科三年级留学生访谈记录。
③摘自U2对外汉语专业本科三年级留学生访谈记录。
④摘自U8教育学专业博士留学生访谈记录。
⑤史静寰.探索中国大学生学习的秘密[J].中国高教研究,2018(12):21-22+38.

的留学生教师而言，其工作难度正是在于留学生群体复杂的差异化特征和文化背景，因此留学生教师在保持专业素养的同时，亟须注意提升个人的跨文化交际能力，关注留学生在学业上的个性化需求，妥善应对和处理课堂上可能出现的"文化休克"等问题。留学生管理岗位教师所面临的是既有共性更具特殊性和复杂性的教学辅助工作，他们既要掌握学生管理的一般规律，也要把握学生管理的特殊规律，两者既不可替代，也不能够偏废。[①]来粤留学生的个人背景、文化背景等各不相同，管理岗位教师可借助留学生就读经验调查数据，基于不同个人背景在就读经验和学习收获方面的差异化表现，采取"趋同化"和"个性化"相结合的管理方式，实现"人性化"留学教育管理。

相较于高等教育其他领域，留学生教师面临着更大更复杂的挑战。为了更好地发挥留学生教师在留学教育质量提升中的重要作用，高校可通过采取留学生教学工作量积分制，对担任留学生教学工作的教师以及留学生导师，在职级晋升、职称评定、工作量认定等方面予以制度上的倾斜；可通过搭建"留学生教师专业发展平台"增进留学生教师的职业认同感和获得感、提高留学生教师教学工作的责任感；还可实施"留学生教学质量优秀教师评选"活动，通过考核机制的完善来调动教师参与留学生教学的积极性和主动性，促进教学质量的提高；倡导优秀国际化师资队伍走入留学生教学课堂，保证基础课程教学质量，并在教育管理实践中，不断提升留学生管理教师的业务水平、语言表达能力、跨文化交际能力和国际政治经济社会发展的相关知识储备，促进留学生教师职业发展；并通过科研政策导向，开展"留学生教育专项研究课题"，驱动留学生教师开展各类留学生教学和管理研究，以更准确地了解留学生学习特点和现实学情，并逐渐构建留学生学情数据库，为教学和管理提供数据支持。

八、加强留学生职业规划教育服务

本研究的调查数据显示，留学生选择来粤留学最主要的三个原因分别是"获得更好的工作发展机会""提高汉语水平""掌握专业和技能"。留学生群体中，占比最大的本科生和研究生来粤留学的首要原因也是为了"获得更好的工作发展机会"。可见，个人职业发展对于来粤留学生群体来说至关重要。

广东省作为改革开放的前沿阵地和经济第一大省，与我国其他地区相比，具有国际化发展的地缘优势与经济产业优势，包容开放的商业氛围及发达的制造业市场是吸引东南亚国家、韩国、日本、非洲国家以及"一带一路"其他沿线国家留学生来粤的首要原因。商业吸引力也在一定程度上影响了来粤留学生的留学需求，相较于其他地区的来华

---

① 姚琳,樊婷婷.改革开放40年来华留学生教育研究回顾与思考:基于CiteSpace的文献共词分析[J].教师教育学报,2019(2):108-117.

留学生，来粤留学生群体对未来职业发展的目标更加明确，对学校提供与未来职业发展相关的机会和服务的需求更加明显。

本研究在深度分析留学生对学校留学教育的认同度时发现来粤留学生对学校在促进其职业能力的发展方面的认同度明显低于其他方面。留学生的期望与现实困境形成了强烈反差。访谈也进一步证实，超过半数的留学生有毕业留华就业或深造的计划和期待，但来粤留学生在就读过程中对有关在华职业发展，如本地就业政策、职位需求、国际化人才的具体要求，以及如何提高自己的职业竞争力等问题的相关信息知之甚少，大多数在粤学校尚不能为留学生提供足够的就业信息资源与职业规划服务。量化与质化论据证实了在当前的在粤留学生教育系统中，有关留学生职业发展与就业激励和服务的设计和管理明显不足。

在国际留学生市场竞争日益激烈的背景下，来华留学生教育的质量既关系着我国高等教育在各国的声誉及来华留学生教育是否可持续发展，也关系着我国对海外优秀人才的引进。2016年《关于加强外国人永久居留服务管理的意见》放宽了对优秀留学生在华工作的限制，为留学生毕业后在我国境内工作和申请永久居留权提供了更多便利和机会。同年，公安部出台支持广东自贸区建设及创新驱动发展的16项出入境政策措施（简称"16条"），涉及的人员包括来华留学生，主要内容包括支持外籍青年学生来广东自贸区创业，允许外国留学生在我国高等院校毕业后进行创新创业活动，支持外国留学生在我国高等院校（含港澳地区的高等院校）毕业后直接在广东省创新创业。该措施的出台为外国留学生在粤创业提供居留便利，有在广东省创新创业意愿的外国留学生毕业后可凭毕业证书申请居留许可，这在一定程度上吸引了在华外籍优秀高校毕业生的智力资源。

随着"一带一路"建设的不断推进，我国企业对优秀的来华留学生的需求大幅增加。留学生教育在国际人才培养与引进中的深远意义亟待在粤高校的关注与重视。为改善当前在留学生职业规划和发展方面的教育盲区，在粤高校应完善留学生职业规划和就业工作机制，在国家政策的导向下加强留学生职业规划和就业引导的教育服务，相关管理岗位教师应在日常管理中加强对留学生的职业规划引导，同时增设"留学生职业发展导师"聘任机制，鼓励更多的留学教育及其他高校教师参与到留学生职业发展工作中来；学校就业指导中心等部门也应将就业服务覆盖至留学生群体，及时向留学生推送就业讲座、招聘等相关信息，尤其是与留学生紧密相关的企业、外语培训、国际组织等的就业信息；学校还应积极向外开拓，搭建来华留学生和企业的信息交流平台，加大力度建立校企合作的留学生校外实践实习基地，完善留学生实习等实践教育，既为留学生提供更多的机会参与本地区对外交流工作，也为高校和实习基地搭建沟通协作的桥梁，促进双方国际化发展，促进更多的留学生成为中外文化交流使者。可以说，来华留学生教育质量不仅关乎留学生群体在专业和文化上的收获，更关乎未来我国引进国际人才的质量。基于上述问题，改善在粤高校的留学生就业服务现状、完善就业指导服务与实习基地建设将极大地丰富和满足来粤留学生的就读生活与期待，有利于提升来粤留学生就读经验与学习收获，为培养更多知华友华爱华的国际人才发挥重要作用。

第三节　研究局限与展望

就读经验与学习收获调查是近些年高等教育发达国家在进行院校质量评估时普遍采用的一种评估方法，也是我国高等教育学界近两年来关注和研究的热点。在国外相关的研究中，留学生与本土生均被视为就读经验的观察对象，而在国内研究中，由于留学生人数占比小、留学生与本土学生分开学习与生活等局限，对留学生就读经验的研究相当匮乏。随着我国教育开放程度的不断扩大与深入发展、高等教育实力的逐渐增强，在"一带一路""留学中国"的强力推动之下，来华留学生规模势必将持续扩大，留学生结构层次也将不断优化，留学生教育发展从重规模向重质量转向是必然的趋势。可以预见，以留学生就读经验调查研究为代表的对留学教育质量的探究将持续升温。研究者希望通过对本研究的实际开展过程、研究中遇到的困难以及研究的局限性进行归纳与反思，为完善和开展来粤、来华留学生就读经验调查的后续研究提供参考与借鉴。

一、研究局限

研究通过理论分析、实证调查与质性访谈获得了一手数据资源，得出了一些具有创新意义的观点和结论，提出了提升留学生就读经验进而提高留学生学习收获和留学生教育质量的对策和建议，丰富了来粤留学生教育研究的理论和实践成果，对留学生教育教学质量研究具有借鉴和参考价值，但研究尚存在一定的局限性。

1.研究聚焦微观，尚未涉及与社会、国家等宏观层面要素之间的联系

本研究聚焦微观，着重对留学生层面、学校教育培养层面的问题研究，并未论及留学生的学习行为等与学校制度、社会环境以及国民经济发展等宏观要素之间的联系，并未涉及留学教育系统宏观、中观与微观的嵌套关系和互动关系。本研究基于留学生就读经验的质量保障措施建设，侧重研究学校在质量保障中的主体责任，而非对留学生教育质量系统建设进行研究。如何将微观研究整合至留学生教育评价实践体系，并将之转化为留学教育改进留学人才培养质量的行动方案，进而带动整个留学教育质量保障系统的形成与发展是未来研究的走向。

2.数理统计方法的解释力有一定的局限性

本研究用数据方式描绘了留学生在粤就读期间的学习经历、体验与收获的图景，为来粤留学生教育与管理提供了较为客观、翔实且有价值的数据与结论，然而，囿于统计方法、数理统计分析自身对现实世界的解释力问题，同时鉴于学生学习与成长过程的动态性，个体心理社会发展与院校经历影响的交互作用的复杂性，在说明留学生在校期间发生的变化是源于留学生的就读经验还是留学生自身自然成长成熟所引发的结果这一问题上，依旧缺乏强有力的系统科学论证。因此，如何借助教育统计的科学性以及质性分析的人文性，既能够深入捕捉、理解教育现状，又能够形成对现实问题的合理解释，是后续研究的核心问题，如何在实证研究的基础之上，实现以价值问题为主题、以人文精神为内涵、以诠释文本为表现方式的学术研究范式也是未来试图解决的问题。

3.缺乏大数据、历时性研究

留学生就读经验与学习收获研究是一项兼具长期性、系统性、动态性的研究，要想获得更加全面的、精确的、细致的数据，需要多方联动合力建构留学生就读经验数据库，并基于数据库信息对留学生进行长期的跟踪性调研。理想化的就读经验与学习收获研究并非一己之力所能及，受制于各种资源，本研究主要采用了"横截面"研究，聚焦受访留学生的"即时"反馈。对留学生进行"历时性"研究，是研究者正在构思与推动的重要议题，期望本研究的尝试能够为日后留学生就读经验大型数据库的建设与运作提供基础与参考。

二、研究展望

1.进一步扩大样本数量与研究规模

未来研究还将继续扩大样本数量、提升取样方法，建设来粤留学生数据库，形成系统性的数据采集、管理、统计及应用工作。在数据库的支撑下，研究还将继续调试与完善调查工具。如前文所述，本研究在借鉴国外成熟的测量工具的基础上，结合留学生身份的特殊性进行适应性改良，最终生成"留学生就读经验与学习收获调查问卷"。在借鉴成熟问卷的基础之上进行改良，其优势在于问卷信效度的基本保证，但也存在一定风险，比如基于问卷调查数据生成的相关建议与意见，是否完全适用于本国语境还有待检验。留学生的就读经验调查研究还需要研究者扎根微观教学领域，在继续深化"教"与"学"研究、形成学生就读经验本土理论并积累本土实践的基础之上，继续开发和完善适合我国国情、教情、校情及本土学生、留学生特征的学生就读经验调查工具，唯有扎根现实、反映现实、观照现实的研究，才能有效地揭示我国大学本土学生、留学生学习过程中存在的真正问题，才能解疑释惑，回应现实诉求，这才是有价值、有意义的教育研究。

2.开展历时性追踪调查

未来还将在历时性与共识性的视野下对留学生就读经验进行进一步思考，以期对留学生就读经验有更深层次的纵向和横向理解。教育活动作为一种社会活动必然存在于一定的时空，因此留学生就读经验调查通常是在留学生就读期间的某一个阶段，或者留学生即将毕业的时段对学生进行调查，即"横截面"研究。然而，时空与教育活动又具有相对性，为更完整地展现留学生的活动历程、为更全面地探析留学教育对留学生学习发展产生的增值作用，在未来还将增加历时性研究，对留学生就读经历与体验的持续演进、发展进行全面观测，同时增加纵向追踪调研的深度，以期呈现全面、立体、动态的留学生就读经验图景。

3.细化差异性研究

在后续研究中，还将细化差异性研究，聚焦留学生与本土生的差异比较研究。同时，研究还将对省外留学生进行调查，并对比分析留学生就读经历、体验和收获等因素检验留学生就读经验是否存在地域差异；开展基于"学习类型"的就读经验与学习收获研究，按照就读经验的差异性对在粤留学生进行分类，类型分析可以提供一种简易的方式展现学生就读经历、体验与收获的差异，也将有助于为留学生提供更加有针对性的教育辅助和服务；聚焦不同留学生群体，开展更为细致的留学生就读经验的差异研究。例如，专题聚焦医学类留学生的就读经验与其他类别留学生的区别、汉语专业留学生与其他专业留学生在就读经验的表现差异、STEM专业留学生与非STEM专业留学生的就读经验是否存在异同、"一带一路"沿线国家的留学生就读经验的差异及特点，更加聚焦的研究将为留学生教育管理与教学提供更加具体的决策方案，逐步打开留学教育活动中更多尚未打开的"黑箱"，这也是本研究将在未来进一步思考和实践的领域。

4.建立来粤留学生就读经验动态数据库

构建来粤留学生就读经验数据库，掌握来粤留学生就读经验的动态数据与历时性数据，建立各种数据常模，开展更全面的比较研究是下一阶段的重点内容。来粤留学生就读经验数据库和常模的建立首先将为留学生的自我认知和自我评价提供有价值的数据信息作为参考，促使留学生思考和检视自己在校的学习经历以及取得的发展；其次，高校可以基于数据库开展更多模块的动态比较研究，也可对不同学校的留学生就读经验常模进行差异性检验与分析，以明确留学教育教学质量工作中的不足，也可利用数据库的详尽信息对留学生个体的学习状况进行评价，从学生个体层面监控和保障留学生教学质量。此外，相关教育部门也可以通过数据库和各校常模的分析，掌握各高校留学生教育的实际情况，为高校留学生教育质量评估、认证及政策指导与干预提供现实依据。可见，意义显著的留学生就读经验大型数据库建设与运作是未来研究的重要内容。

参考文献

中文文献

① 中文专著

[1] 阿尔伯特·班杜拉.社会学习理论[M].陈欣银,李伯黍,译.北京:中国人民大学出版社,2015:8.

[2] 道恩·亚科布齐.中介作用分析[M].李骏,译.上海:上海人民出版社,2017:2-3.

[3] 厄内斯特·博耶.大学:美国大学生的就读经验[M].徐芃,李长兰,丁申桃,译.北京:北京师范大学出版社,1993:256.

[4] 菲利普·阿特巴赫,利斯·瑞丝伯格,劳拉·拉莫利.全球高等教育趋势:追踪学术革命轨迹[M].姜有国,喻恺,张蕾,译校.上海:上海交通大学出版社,2010:2.

[5] 弗洛德·福勒.调查问卷的设计与评估[M].蒋逸民,等译.重庆:重庆大学出版社,2018:109.

[6] 凯文·凯里.大学的终结:泛在大学与高等教育革命[M].朱志勇,韩倩,等译.北京:人民邮电出版社,2017:238.

[7] 拉尔夫·泰勒.课程与教学的基本原理[M].罗康,张阅,译.北京:中国轻工业出版社,2014:6,65.

[8] 亚瑟·科恩.美国高等教育通史[M].李子江,译.北京:北京大学出版社,2010:27,33.

[9] 约翰·S.布鲁贝克.高等教育哲学[M].王承绪,等译.杭州:浙江教育出版社,1987:102.

[10] 冲原丰.比较教育学[M].刘树范,李永连,译.长春:吉林人民出版社,1984:167.

[11] 约翰·哈蒂.可见的学习与学习科学[M].彭正梅,等译.北京:教育科学出版社,2018:18.

[12] 陈玉琨,等.高等教育质量保障体系概论[M].北京:北京师范大学出版社,2004:59.

[13] 程星,周川.院校研究与美国高等教育管理[M].长沙:湖南人民出版社,2003:101.

[14] 广东省地方史志编纂委员会.广东省志·教育志[M].广州:广东人民出版社,1995:276,277.

[15] 侯定凯.高等教育社会学[M].桂林:广西师范大学出版社,2004:276.

[16] 侯杰泰,温忠麟,成子娟.结构方程模型及其应用[M].北京:教育科学出版社,2004:16.

[17] 李贝.国际理解教育:大学生国际视野拓展与能力培养[M].北京:科学出版社,2016:153.

[18] 李梅.高等教育国际市场:中国学生的全球流动[M].上海:上海教育出版社,2008:36.

[19] 刘海燕.本科教育质量提升研究:基于就读经验的视角[M].北京:高等教育出版社,2017:19.

[20] 马国庆.管理统计:数据获取、统计原理、SPSS工具与应用研究[M].北京:科学出版社,2002:117.

[21] 马佳妮.留学中国:来华留学生就读经验的质性研究[M].北京:社会科学文献出版社,2020:62,69.

[22] 潘懋元,王伟廉.高等教育学[M].福州:福建教育出版社,1995:128.

[23] 荣泰生.AMOS与研究方法[M].重庆:重庆大学出版社,2016:24-25,28,29,77,78.

[24] 史秋衡,吴雪,王爱萍,等.高等教育大众化阶段质量保障与评价体系研究[M].广州:广东高等教育出版社,2012:75,89.

[25] 孙绵涛.教育政策学[M].武汉:武汉工业大学出版社,1997:10.

[26] 王保进.多变量分析:统计软件与数据分析[M].北京:北京大学出版社,2007:69,353,371.

[27] 王卫东.结构方程模型原理与应用[M].北京:中国人民大学出版社,2010:148.

[28] 温忠麟,刘红云,侯杰泰.调节效应和中介效应分析[M].北京:教育科学出版社,2012:74-75,80.

[29] 吴明隆.结构方程模型:AMOS的操作与应用[M].重庆:重庆大学出版社,2009:55.

[30] 吴明隆.问卷统计分析实务:SPSS操作与应用[M].重庆:重庆大学出版社,2000:158,207.

[31] 肖毅.高职院校学生学情研究:基于学习参与视角的实证调查[M].北京:知识产权出版社,2016:37.

[32] 谢宇.社会学方法与定量研究[M].北京:社会科学文献出版社,2017:13.

[33] 雅斯贝尔斯.什么是教育[M].邹进,译.北京:生活·读书·新知三联书店,1991:54.

[34] 颜泽贤,卢晓中.跨世纪广东教育发展论纲[M].广州:广东高等教育出版社,2000:351.

[35] 杨国枢,文崇一,吴聪贤,等.社会及行为科学研究法[M].重庆:重庆大学出版社,2006:24.

[36] 叶隽.异文化博弈:中国现代留欧学人与西学东渐[M].北京:北京大学出版社,2009:2.

[37] 易丹辉,李静萍.结构方程模型及其应用[M].北京:北京大学出版社,2019:119-123.

[38] 张文彤.SPSS数据分析教程[M].北京:高等教育出版社,2013:63.

[39] 张文彤.SPSS统计分析高级教程[M].北京:高等教育出版社,2011:274-275.

[40] 章建石.基于学生增值发展的教学质量评价与保障研究[M].北京:北京师范大学出版社,2014:76,82.

[41] 周作人等.留学时代[M].北京:生活·读书·新知三联书店,2012:153.

②中文期刊

[1] 李秀珍,马万华.来华留学生就业流向的影响因素研究:基于推拉理论的分析视角[J].教育学术月刊,2013(1):36-39.

[2] 萨丽·托马斯,等.学校效能增值评量研究[J].教育研究,2012(7):29-35.

[3] 安然,张仕海.亚洲来华留学生教育需求调查分析[J].高教探索,2008(3):103-108.

[4] 安然.来华留学生跨文化适应模式研究[J].中国高等教育,2009(18):61-62.

[5] 白华.本科生就读经验影响学习收获的路径研究:基于结构方程模型[J].中国高教研究,2013(6):26-32.

[6] 别敦荣.大学课堂革命的主要任务、重点、难点和突破口[J].中国高教研究,2019(6):1-7.

[7] 别敦荣,易梦春,李志义,等.国际高等教育质量保障与评估发展趋势及其启示:基于11个国家（地区）高等教育质量保障体系的考察[J].中国高教研究,2018(11):35-44.

[8] 陈昌贵,粟莉.1978—2003:中国留学教育的回顾与思考[J].中山大学学报(社会科学版),2004(5):115-119.

[9] 陈丽萍,田晓苗.试点高校来华留学生教育"内涵发展"研究:国家教育体制改革试点调研报告[J].中国高教研究,2014(11):49-53.

[10] 陈强,郑惠强.留学生教育发展的思考[J].教育发展研究,2008(1):78-80.

[11] 陈眹可,郑崧.浙江高校留学生在学满意度调查:现状、影响因素及对策[J].浙江教育科学,2018(3):16-19.

[12] 丁笑炯.国际留学生教育的现状与问题:基于莱维特产品分类框架的分析[J].教育发展研究,2010(7):14-21.

[13] 丁笑炯.来华留学生需要什么样的教育:基于上海市四所高校的数据[J].高等教育研究,2010(6):38-43.

[14] 范祖奎,胡炯梅.中亚来华留学生的文化冲突与适应[J].新疆师范大学学报(哲学社会科学版),2010(3):107-114.

[15] 方巍.美国高校学生发展理论评述[J].外国教育研究,1996(4):47-51.

[16] 方媛媛.留学生文化适应现状、影响因素及策略的实证研究[J].内蒙古师范大学学报(教育科学版),2010(7):39-42.

[17] 龚放.大一和大四:影响本科教学质量的两个关键阶段[J].中国大学教学,2010(6):17-20.

[18] 郭建鹏,杨凌燕,史秋衡.大学生课堂体验对学习方式影响的实证研究:基于多水平分析的结果[J].教育研究,2013(2):111-119.

[19] 郭秀晶.北京高校留学生教育发展的限制性因素调查报告[J].中国高教研究,2008(7):48-50.

[20] 洪彩真.学生:高等教育之核心利益相关者[J].黑龙江高教研究,2006(12):118-121.

[21] 黄海涛.美国高等教育中的"学生学习成果评估":内涵与特征[J].高等教育研究,2010(7):97-104.

[22] 李丹洁.来华留学生跨文化社会心理适应问题研究与对策[J].云南师范大学学报(哲学社会科学版),2007(5):49-51.

[23] 李联明,陈云棠.高等教育国际化进程中国际学生流向不均衡现象[J].比较教育研究,2004(20):51-54.

[24] 李联明,吕浩雪.高等教育国际化进程中制约国际学生流向的主要因素[J].比较教育研究,2004(6):71-75.

[25] 李盛兵.关于推进广东高等教育国际化的思考[J].现代教育论丛,1998(6):31-33.

[26] 李雅.来华塔吉克斯坦留学生跨文化适应问题研究[J].民族教育研究,2017(4):92-98.

[27] 刘宝存,张继桥.改革开放四十年来华留学教育政策的演进与走向[J].西北师范大学学报(社会科学版),2018(6):91-97.

[28] 刘宏宇,贾卓超.来华留学生跨文化适应研究:以来华中亚留学生为个案[J].中央民族大学学报(哲学社会科学版),2014(4):171-176.

[29] 刘水云.来华留学研究生培养质量调查[J].学位与研究生教育,2017(8):26-31.

[30] 刘献君.论"以学生为中心"[J].高等教育研究,2012(8):1-6.

[31] 刘献君.论大学课程设计[J].高等教育研究,2018(3):51-57.

[32] 刘扬,王怡伟.我国的来华留学教育政策与实践[J].高教发展与评估,2011(6):73-80,136.

[33] 刘志民,杨洲."一带一路"沿线国家来华留学生对我国经济增长的空间溢出效应[J].高校教育管理,2018(2):1-9.

[34] 卢晓东.留学生学费定价与资助政策研究[J].高等教育研究,2002(6):39-43.

[35] 罗晓燕,陈洁瑜.以学生学习为中心的高等教育质量评估:美国NSSE"全国学生学习投入调查"解析[J].比较教育研究,2007(10):50-54.

[36] 吕林海,龚放.大学学习方法研究:缘起、观点及发展趋势[J].高等教育研究,2012(2):58-66.

[37] 吕林海.大学生深层学习的基本特征、影响因素及促进策略[J].中国大学教学,2016(11):70-76.

[38] 吕林海.国际视野下的本科生学习结果评估:对"评估什么"和"如何评估"的分析与思考[J].比较教育研究,2012(1):39-44.

[39] 吕玉兰.来华欧美留学生的文化适应问题调查与研究[J].首都师范大学学报(社会科学版),2000(增刊):158-170.

[40] 马佳妮."一带一路"沿线国家来华留学生就读经验研究[J].比较教育研究,2018(4):19-28.

[41] 屈廖健,孙靓.研究型大学本科生课程学习参与度的影响因素及提升策略研究[J].高校教育管理,2019(1):113-124.

[42] 屈廖健.美国大学院校影响因素理论模型研究[J].比较教育研究,2015(4):57-63.

[43] 石中英.学校文化、学校认同与学校发展[J].中国教师,2006(12):4-6.

[44] 史静寰.探索中国大学生学习的秘密[J].中国高教研究,2018(12):21-22+38.

[45] 史静寰.走向质量治理:中国大学生学情调查的现状与发展[J].中国高教研究, 2016(2):37-41.

[46] 宋华盛,刘莉.外国学生缘何来华留学:基于引力模型的实证研究[J].高等教育研 究,2014(11):31-38.

[47] 苏利荣.罗杰斯人本主义学习理论视角下加强高校学风建设路径探讨[J].课程教 育研究,2017(6):10-11.

[48] 覃壮才.面向东盟的来华留学教育政策路径选择[J].比较教育研究,2006(9): 83-87.

[49] 王军.我国来华留学生教育的基本定位与应对策略[J].中国高教研究,2014(8): 88-92.

[50] 王永秀,谢少华.关于来华留学教育政策的审思[J].高教探索,2017(3):102-106.

[51] 温忠麟,张雷,侯杰泰,等.中介效应检验程序及其应用[J].心理学报,2004(5): 614-620.

[52] 文雯,陈丽,陈强,等.课堂学习环境与来华留学生学习收获的研究:以清华大学为 例[J].清华大学教育研究,2014(2):107-113.

[53] 文雯,王朝霞,陈强.来华留学研究生学习经历和满意度的实证研究[J].学位与研 究生教育,2014(10):55-62.

[54] 夏青.对来华学历留学生实施"趋同教学管理"模式的思考[J].教育探索,2010 (9):72-73.

[55] 杨晓平,王孙禺.国际学生留学北京动机的实证研究[J].中国高教研究,2017(2): 32-36.

[56] 姚琳,樊婷婷.改革开放40年来华留学生教育研究回顾与思考:基于CiteSpace的 文献共词分析[J].教师教育学报,2019(2):108-117.

[57] 姚玲,周星,许爱伟.试述我国研究型大学与高层次来华留学生培养[J].清华大学 教育研究,2006(S1):200-203.

[58] 尹妍妍.来华留学生危机事件诱因与防范管理策略研究:以重庆九所高校为例[J].

比较教育研究,2017(1):24-31.

[59] 俞玮奇,曹燕.教育国际化背景下来华留学生的教育需求与体验分析:基于上海市八所高校的实证研究[J].高教探索,2015(3):90-95.

[60] 曾丽平,杨伟光,张俊盛,等.广州地区高校留学生教育的发展问题与对策研究[J].教育现代化,2016(1):151-156.

[61] 曾文革,杨既福.我国留学生高等教育质量保障制度构建的系统化进路[J].江苏高教,2017(11):44-47.

[62] 张德启.塑造世界公民:美国高等教育国际化进程中的林肯计划[J].全球教育展望,2009(10):61-65+25.

[63] 张继桥.全球国际学生流动趋势及我国留学教育的战略选择:基于"一带一路"建设的视角[J].河北师范大学学报(教育科学版),2018(4):69-76.

[64] 张骏.营造国际化教学环境提升高校国际化水平[J].中国高等教育,2010(12):54-55+61.

[65] 张思恒,叶云凤,王海清,等.广州市来华留学生生存质量与求学满意度的典型相关分析[J].中国卫生统计,2015(2):235-239.

[66] 张正秋.高校来华留学生学费与成本补偿问题研究[J].中国高教研究,2018(7):84-88.

[67] 赵强.澳大利亚国际教育产业发展探究[J].外国教育研究,2011(2):85-90.

[68] 郑刚,马乐."一带一路"战略与来华留学生教育:基于2004—2014的数据分析[J].教育与经济,2016(4):77-82.

[69] 周浩,龙立荣.共同方法偏差的统计检验与控制方法[J].心理科学进展,2004(6):942-950.

[70] 周作宇,周廷勇.大学生就读经验:评价高等教育质量的一个新视角[J].大学(研究与评价),2007(1):27-31.

[71] 朱剑峰,郭莉.自我身份与文化:中国高校中"国际化"教学实践的人类学思考[J].复旦教育论坛,2011(1):16-20.

③中文学位论文

[1] 董立均.来华留学生教育生态及其优化研究[D].长春:东北师范大学,2015.

[2] 郭亚辉.广东省高校留学生跨文化管理研究[D].广州:华南农业大学,2016.

[3] 侯小凡.欧美来华留学生跨文化适应度与其学习效果的调查研究[D].南京:南京大学,2013.

[4] 姜林.基于学习性投入的大学生职业认同发展研究[D].大连:大连理工大学,2018.

[5] 蒋婷婷.东盟来桂留学研究生教育质量保障机制研究[D].南宁:广西大学,2017.

[6] 李莎.来华留学生学习收获影响机制的个案研究[D].长沙:湖南大学,2018.

[7] 李想.国际化进程中在华留学生教育质量探究[D].西安:西安电子科技大学,2010.

[8] 刘芙牡.云南大学硕士留学生学习收获现状的调查研究[D].昆明:云南大学,2016.

[9] 马佳妮.我是留学生:来华留学生就读经验的质性研究[D].北京:北京师范大学,2015.

[10] 屈廖健.研究型大学本科生就读经验的中美比较研究[D].南京:南京师范大学,2012.

[11] 吴凡.我国研究型大学本科人才培养质量研究:基于"985工程"高校大学生学习经验调查[D].厦门:厦门大学,2013.

[12] 许长勇.大学生专业承诺对学习投入和学习收获影响机制的研究[D].天津:河北工业大学,2013.

[13] 杨军红.来华留学生跨文化适应问题研究[D].上海:华东师范大学,2005.

[14] 游柏荣.多元文化视域中的来华语言生教学管理变革研究[D].桂林:广西师范大学,2016.

[15] 于亚慧.来华留学生就读满意度的调查研究[D].长春:东北师范大学,2017.

[16] 袁靖.来华留学生的学习收获:基于浙江大学留学生的质性研究[D].杭州:浙江大学,2019.

[17] 赵静波.大学生抑郁评定量表的编制及应用研究[D].广州:南方医科大学,2012.

[18] 朱国辉.高校来华留学生跨文化适应问题研究[D].上海:华东师范大学,2011.

[19] 宗晓蕾.研究型大学博士留学生教育质量探究[D].上海:华东师范大学,2015.

④中文电子文献及其他

[1] 高等学校接受外国留学生管理规定[EB/OL].[2020-01-12].http://www.gov.cn/fwxx/content_2267063.htm.

[2] 国家中长期教育改革和发展规划纲要(2010-2020)[EB/OL].[2019-12-23].http://www.moe.gov.cn/srcsite/A01/s7048/201007/t20100729_17190 4.htm.

[3] 中共中央 国务院印发《粤港澳大湾区发展规划纲要》[EB/OL].[2019-03-18]. http://www.gov.cn/zhengce/2019-02/18/content_5366593.htm#1.

[4] 汉语大词典编辑委员会,汉语大词典编纂处.汉语大词典[W].上海:汉语大词典出版社,1997:4631.

[5] 教育部.2018年来华留学统计数据[EB/OL].[2019-10-20].http://www.moe.gov.cn/jybxwfb/gzdt_gzdt/s5987/201904/t20190412_377692.htm.

[6] 教育部关于印发《留学中国计划》的通知[EB/OL].[2019-11-20].http://old.moe.gov.cn/publicfiles/business/htmlfiles/moe/moe_850/201009/xxgk_108815.htm.

[7] 中共中央、国务院印发《中国教育现代化2035》[EB/OL].[2023-05-20].http://www.moe.gov.cn/jyb_xwfb/gzdt_gzdt/201902/t20190223_370857.html.

[8] "双一流"建设高校名单[EB/OL].[2019-11-17].http://www.moe.gov.cn/s78/A22/A22_ztzl/ztzl_tjsylpt/sylpt_jsgx/201712/t20171206_320667.htm.

[9] 辞海编辑委员会.辞海[W].上海:上海辞书出版社,1999:1148.

[10] 吴岩司长在高等学校专业设置与教学指导委员会第一次全体会议上的讲话[EB/OL].(2019-06-20)[2019-12-23].https://mp.weixin.qq.com/s?_biz=MzA4MDA3NTU4MA==&mid=2651991611&idx=1&sn=d38a62ce51914842c6a1d71b6359c38f&chksm=844f4068b338c97ebc73bf153d19c5879fe2c649c0e624196562d96e6a43fa06f8c3505bd0a7&mpshare=1&scene=23&srcid=#rd.htm.

[11] 学校招收和培养国际学生管理办法[EB/OL].[2020-02-16].http://www.moe.gov.cn/srcsite/A02/s5911/moe_621/201705/t20170516_304735.htm.

[12] 中共中央办公厅、国务院办公厅印发《关于做好新时期教育对外开放工作的若干意见》[EB/OL].[2020-01-20].http://www.gov.cn/home/2016-04/29/content_5069311.htm.

[13] 中国社会科学院语言研究所词典编辑室.现代汉语词典[W].北京:商务印书馆,2012:683.

外文文献

①外文专著

[1] BANDURA A. A social learning theory [M]. Englewood Cliffs, N. J.: Prentice Hall, 1977.

[2] ASTIN A W. What matters in college? Four critical years revisited [M]. San Francisco: Jossey Bass, 1993:388.

[3] PASCARELLA E T, TERENZINI P T. How college affects students: a third decade of research [M]. San Francisco: Jossey Bass, 2005:18, 55–58.

[4] HARMAN H. Modern factor analysis [M]. Chicago: University of Chicago Press, 1976.

[5] LEONARD SAX. Why gender matters: what parents and teachers need to know about the emerging science of sex differences [M]. New York: Doubleday, 2005:22.

[6] PROSSER M, TRIGWELL K. Understanding learning and teaching: the experience in higher education [M]. Buckingham [England]; Philadelphia: Society for Research into Higher Education&Open University Press, 1999:117.

[7] TINTO V. Leaving college: rethinking the causes and cures of student attrition [M]. Chicago: University of Chicago Press, 1987.

②外文期刊

[1] ADRIANA PEREZ-ENCINAS, JESUS RODRIGUEZ-POMEDA. International students' perceptions of their needs when going abroad: services on demand [J]. Journal of Studies in International Education, 2018(1):20–36.

[2] AGE DISETH. Approaches to learning, course experience and examination grade among undergraduate psychologystudents: testing of mediator effects and construct validity [J]. Studies in Higher Education, 2007(3):373–388.

[3] AGE DISETH. Course experience, approaches to learning and academic achievement [J]. Education and Training, 2008(2–3):156–169.

[4] ASTIN A W. The methodology of research on college impact [J]. Sociology of Education, 1970(3):225.

[5] ANDRADE M S. International students in English‐speaking universities: adjustment factors [J]. Journal of Research in International Eduation, 2006(2):131–154.

[6] ARENAS EDILSON. How teachers' attitudes affect their approaches to teaching in-

ternational students [J]. Higher Education Research and Development, 2009(6):615–628.

[7] BAGOZZI R P, Yi Y. On the evaluation of structural equation models [J]. Journal of the Academy of Marketing Science, 1988(1):74–94.

[8] BAMBER MATTHEW. What motivates Chinese women to study in the UK and how do they perceive their experience? [J]. Higher Education, 2014(1):47–68.

[9] BARTRAM B. Supporting international students in higher education: constructions, cultures and clashes [J]. Teaching in Higher Education, 2008(6):657–668.

[10] CHICKERING A W, GAMSON Z F. Seven principles for good practice in undergraduate education [J]. Biochemistry and Molecular Biology Education, 1989(3): 140–141.

[11] ZHAO C M, KUH G D, CARINI R. A comparison of international student and American student engagement in effective educational practices [J]. Journal of Higher Education, 2005(2):209–238.

[12] CHURCHILL G A. A paradigm for developing better measures of marketing constructs [J]. Journal of Marketing Research, 1979(2):64–73.

[13] COATES H. A model of online and genral campus-based student engagement [J]. Assessment and evaluation in hgiehr education, 2007(2):121–141.

[14] DELY LAZARTE ELLIOT, VIVIENNE BAUMFIELD, KATE REID. Searching for a third space: a creative pathway towards international PhD students' academic acculturation [J]. Higher Education Research and Development, 2016(6): 1180–1195.

[15] PALLESEN D A. Academic achievement among first semester undergraduate psychology students: the role of course experience, effort, motives and learning strategies [J]. Higher Education, 2010(3):335–352.

[16] DONALD J G. Quality indices for faculty evaluation [J]. Assessment and Evaluation in Higher Education, 1984(2):41–52.

[17] JOVANOVIC D, MATEJEVIC M. Relationship between rewards and intrinsic motivation for learning-researches review [J]. Procedia-Social and Behavioral Science, 2014(9):459.

[18] SKINNER E A, BELMONT A J. Motivation in the classroom: reciprocal effects

of teacher behavior and student engagement across the school year [J]. Journal of Educational Psychology, 1993(4):571–581.

[19] ENGBERG M E. A cross-disciplinary analysis of the impact of the undergraduate experience on students' development of a pluralistic orientation [J]. Research in Higher Education, 2007(3):283–317.

[20] PODSAKOFF P M, ORGAN D W. Self-reports in organizational research: problems and prospects [J]. Journal of Management, 1986(4):531–544.

[21] FORBES MEWETT HELEN, NYLAND CHRIS. Funding international student support services: tension and power in the university [J]. Higher Education, 2013(2): 182–191.

[22] FORBES MEWETT HELEN. The impact of regional higher education spaces on the security of international students [J]. Higher Education Research and Development, 2016(1):115–128.

[23] FREDRICKS J A, BLUMENFELD P C, PARIS A H. Scholl engagement: potential of the concept, state of the evidence [J]. Review of educational research, 2004(1):59–109.

[24] FURUKAWA TAKAO, SHIRAKAWA NOBUYUKI, OKUWADA KUMI. An empirical study of graduate student mobility underpinning research universities [J]. Higher Education, 2013(1):17–37.

[25] KUH G D, PIKE G R. Relationships among structural diversity, informal peer interactions and perceptions of the campus environment [J]. The Review of Higher Education, 2006(4):425–450.

[26] GILLIAN SKYRME, ALYSON MCGEE. Pulled in many directions: tentions and complexity for academic staff responding to international students [J]. Teaching in Higher Education, 2016(7):759–772.

[27] GONYEA R M. Self-reported data in institutional research: review and recommendations [J]. New Directions for Institutional Research, 2005(127):73–89.

[28] HAO WEI. An empirical study on the determinants of international student mobility: a global perspective [J]. Higher Education, 2013(1):105–122.

[29] HENG TANG T. Voices of Chinese international students in USA colleges: "I

want to tell them that …" [J]. Studies in Higher Education, 2017(5):833-850.

[30] HINKIN T R. A brief tutorial on the development of measures for use in survey questionnaires [J]. Organizational Research Methods, 1998(1):104-121.

[31] KIM H Y. International graduate students' difficulties: graduate classes as a community of pracices [J]. Teaching in Higher Education, 2011(3):281-292.

[32] IAN BACHE, RICHARD HAYTON. Inquiry-based learning and the international student [J]. Teaching in Higher Education, 2012(4):411-423.

[33] PAUL GRAYSON. The experiences and outcomes of domestic and international students at four Canadian universities [J]. Higher Education Research and Development, 2008(3):215-230.

[34] CAMPBELL J. Asian students' voice: an empirical study of Asian students' learning experiences at a New Zealand university [J]. Journal of Studies in International Education, 2008(4):353-396.

[35] JEANNIE DANIELS. Internationalisation, higher education and educators' perceptions of their practices [J]. Teaching in Higher Education, 2013(3):236-248.

[36] JESSICA BATTERTON, SHERRI L HORNER. Contextual identities: ethnic and national identities of international and American students [J]. Journal of Studies in International Education, 2016(5): 472-487.

[37] ZHOU JI, COLE DARNELL. Comparing international and American students: involvement in college life and overall satisfaction [J]. Higher Education, 2017(5): 655-672.

[38] KLINE R B. Software review: software programs for structural equation modeling: Amos, EQS and LISREL [J]. Journal of Psychoeducational Assessment, 1998(4): 343-364.

[39] KONDAKCI YASAR. Student mobility reviewed: attraction and satisfaction of international students in Turkey [J]. Higher Education, 2011(5):573-592.

[40] KRITZ M M. Why do countries differ in their rates of outbound student mobility? [J]. Journal of Studies in International Education, 2016(2):99-117.

[41] KUH G D. What student affairs professionals need to know about student engagement [J]. Journal of college student development, 2009(6):683-706.

[42] KUH G D. Assessing what really matters to student learning: inside the national survey of student engagement [J]. Change, 2001(3):10-17.

[43] KUH G D. What we're learning about student engaement from NSSE [J]. Change, 2003 (35):24-32.

[44] LE TAM, GARDNER SUSAN K. Understanding the doctoral experience of Asian international students in the science, technology, engineering, and mathematics (STEM) fields: an exploration of one institutional context [J]. Journal of College Student Development, 2010(3):252-264.

[45] LEE J, J RICE C. Welcome to America? International student perceptions of discrimination [J]. Higher Education, 2007(3):381-409.

[46] LEE JENNY, KIM DONGBIN. Brain gain or brain circulation? U. S. doctoral recipients returning to South Korea [J]. Higher Education, 2010(5):627-643.

[47] LEE JENNY, SEHOOLE CHIKA. Regional, continental, and global mobility to an emerging economy: the case of South Africa [J]. Higher Education, 2015(5):827-843.

[48] LESJAK MIHA. Erasmus student motivation: why and where to go? [J]. Higher Education, 2015(5):845-865.

[49] MAK ANITA S, BODYCOTT PETER, RAMBURUTH PREM. Beyond host language proficiency: coping resources predicting international students' satisfaction [J]. Journal of Studies in International Education, 2015(5):460-475.

[50] MARK SHERRY, PETER THOMAS, WING HONG CHUI. International students: a vulnerable student population [J]. Higher Education, 2010(1):33-46.

[51] MARLIES BAETEN, FILIP DOCHY, KATRIEN STRUYVEN. The effects of different learning environments on students' motivation and their achievement [J]. British Journal of Educational Psychology, 2013(3):484-501.

[52] MARQUIS ELIZABETH, BLACK CHRISTINE, HEALEY MICK. Responding to the challenges of student-staff partnership: the reflections of participants at an international summer institute [J]. Teaching in Higher Education, 2017(6):720-735.

[53] MARSH H W. Students' evaluations of university teaching: research findings, methological issues, and directions for futureresearch [J]. International Journal of Educational Research, 1987(3):11.

[54] MARSH H. Use of student ratings to benchmark universities: multilevel modeling of responses to the Australian course experience questionnaire (CEQ) [J]. Journal of Educational Psychology, 2011(3):733–748.

[55] PROSSER M, TRIGWELL K. Using phenomenography in the design of programs for teachers in higher education [J]. Higher Education Research and development, 1997(1):41–54.

[56] MORO EGIDO. An analysis of student satisfaction: full time vs part time students [J]. Social Indicators Research, 2010(2):363–378.

[57] MURRAY H G, RUSHTON J P, PAUNONEN S V. Teacher personality traits and student instructional ratings in six types of university courses [J]. Journal of Educational Psychology, 1990(2):250–261.

[58] MALHOTRA N K, KIM S S, PATIL A. Common method variance in IS research: a comparison of alternative approaches and a reanalysis of past research [J]. Management Science, 2006 (12):1865–1883.

[59] NATALIE GAMBLE, CAROL PATRICK, DEBORAH PEACH. Internationalising work-integrated learning: creating global citizens to meet the economic crisis and the skills shortage [J]. Higher Education Research and Development, 2010(5):535–546.

[60] OKUN M A, SANDLER I N, BAUMANN D J. Buffer and booster effects as event-support transactions [J]. American Journal of Community Psychology, 1988 (3):434–449.

[61] OLATZ LOPEZ-FERNANDEZ, JOSE F MOLINA AZORIN. The use of mixed methods research in the field of behavioural sciences [J]. Quality and Quantity, 2011(6):1459–1472.

[62] PERNA LAURA, OROSZ KATA, JUMAKULOV ZAKIR, et al. Understanding the programmatic and contextual forces that influence participation in a government-sponsored international student-mobility program [J]. Higher Education, 2015 (2):173–188.

[63] ALTBACH P G, KNIGHT J. The internationalization of higher education: motivation and realities [J]. Journal of Studies in International Education, 2011(4):290 –305.

[64] ALTBACH P G. Higher education crosses borders: can the United States re-main the top destination for foreign students? [J]. Change: The Magazine of Higher Learning, 2004(2):18-25.

[65] RAMSDEN P. A performance indicator of teaching quality in higher education: the Course Experience Questionnaire [J]. Studies in Higher Education, 1991(2):129-151.

[66] AN RAN, CHIANG SHIAO-YUN. International students' culture learning and cultural adaptation in China [J]. Journal of Multilingual and Multicultural Development, 2015(7):661-676.

[67] RAUL CARUSO, HANS DE WIT. Determinants of mobility of students in Europe: empirical evidence for the period 1998—2009. [J]. Journal of Studies in International Education, 2015(3): 265-282.

[68] RIENTIES BART, BEAUSAERT SIMON. Understanding academic performance of international students: the role of ethnicity, academic and social integration [J]. Higher Education, 2012(6):685-700.

[69] RODNEY ARAMBEWELA, JOHN HALL. The interactional effects of the internal and external university environment, and the influence of personal values, on satisfaction among international postgraduate students [J]. Studies in Higher Education, 2013(7):972-988.

[70] RUSSELL JEAN, ROSENTHAL DOREEN, THOMSON GARRY. The international student experience: three styles of adaptation [J]. Higher Education, 2010(2):235-269.

[71] SANDEKIAN ROBYN E, WEDDINGTON MICHAEL, BIRNBAUM MATTHEW. A narrative inquiry into academic experiences of female Saudi graduate students at a comprehensive doctoral university [J]. Journal of Studies in International Education, 2015(4):360-378.

[72] SHAFAEI AZADEH, NEJATI MEHRAN, QUAZI ALI, et al. "When in Rome, do as the Romans do" Do international students' acculturation attitudes impact their ethical academic conduct? [J]. Higher Education, 2016(5):651-666.

[73] SHERRY M, THOMAS P, CHUI W. International students: a vulnerable student population [J]. Higher Education, 2010(60):33-34.

[74] SIGNORINI PAOLA, WIESEMES ROLF, MURPHY ROGER. Developing alternative frameworks for exploring intercultural learning: a critique of Hofstede's cultural difference model [J]. Teaching in Higher Education, 2009(3):253–264.

[75] SIMON MARGINSON. Including the other: regulation of the human rights of mobile students in a nation-bound world [J]. Higher Education, 2012(4):497–512.

[76] SIMON MARGINSON. Student self-formation in international education [J]. Journal of Studies in International Education, 2014(1):6–22.

[77] SYED ZAMBERI AHMAD, MATLOUB HUSSAIN. An investigation of the factors determining student destination choice for higher education in the United Arab Emirates [J]. Studies in Higher Education, 2017(7):1324–1343.

[78] WALSH ELAINE. A model of research group microclimate: environmental and cultural factors affecting the experiences of overseas research students in the UK [J]. Studies in Higher Education, 2010(5):545–560.

[79] LIU WEI, LIN XIAOBING. Meeting the needs of Chinese international students: is there anything we can learn from their home system? [J]. Journal of Studies in International Education, 2016(4):357–370.

[80] WILSON K L, LIZZIO A, RAMSDEN P. The development, validation and application of the course experience questionnaire [J]. Studies in Higher Education, 1997(22):33–53.

[81] DING X J. Exploring the experiences of international students in China [J]. Journal of Studies in International Education, 2016(4):319–338.

[82] YIN H, WANG W. Assessing and improving the quality of undergraduate teaching in China: the course experience questionnaire [J]. Assessment & Evaluation in Higher Educaiton, 2015(8): 1032–1049.

[83] WANG YINA. Transformations of Chinese international students understood through a sense of wholeness [J]. Teaching in Higher Education, 2012(4):359–370.

③外文论文、电子文献及其他

[1] ASTIN A W. Achieving education excellence: a critical assessment of priorities and practices in higher education [Z]. San Franciso: Jossey Bass, 1985.

[2] IIE Releases Open Doors 2018 Data. [EB/OL]. [2020-04-23]. https://www.iie.

org/Research-and-Insights/Open-Doors/Data/Economic-Impact-of-International-Students.htm.

[3] International education strategy: global growth and prosperity [EB/OL]. [2018-11-06]. http://www.gov.uk/government/publications/international-eduation - strategy-global-growth-and-prosperity.htm.

[4] KUH G D, HAYEK J C, CARINI R M, OUIMET J A, GONYEA R R, KENNEDY J. (2001). NSSE technical and norms report [R]. Indiana University Center for Postsecondary Research and Planning, Bloomington, 2001:9.

[5] Project atlas. [EB/OL]. [2020-03-06]. https://www.iie.org/Research-and-Insights/Project-Atlas/Explore-Data/Infographics/2019-Project-Atlas-Infographics.htm.

[6] The SERU international consortium [EB /OL]. [2018-12-12]. http://cshe. berkeley.edu/ research /seru/mission.htm.

[7] US Department of Education. Succeeding globally through international education and engagement. International strategy [EB/OL]. [2018-11-06]. http://www2.ed.gov/about/inits/ed/ internationaled/international-strategy.pdf.

附　录

附录1　调查问卷（中英文结合版）

International Student's Learning Experience and Achievement Questionnaire
留学生就读经验与学习收获调查问卷

Part one: Basic information
第一部分：基本信息

Please follow the prompts to fill in the corresponding content or check √ in □
填写时请仔细阅读，按照提示填写相应内容或者在"□"内打√

1. Nationality 国籍：_____　　2. Gender 性别：_____
3. Marital status 婚姻状况：_____　　4. University 所在学校：_____
5. Did either of your parents graduate from college? 父母是否接受过大学教育？
A. None 父母都没有接受过大学教育 □　　　　B. Father only 只有爸爸接受过大学教育 □ C. Mother only 只有妈妈接受过大学教育 □　　　D. Both 父母都有接受过大学教育 □ E. I Don't know 不清楚 □
6. Your classification 你的年级
A. Chinese Language student 语言生 □　　　　B. Freshman 大学一年级 □ C. Sophomore 大学二年级 □　　　　　　　　D. Junior 大学三年级 □ E. Senior 大学四年级 □　　　　　　　　　　F. Master student 硕士研究生 □ G. Doctor student 博士研究生 □

7. The major 你的专业?

A. Philosophy 哲学 □　　　　　B. Economics 经济学 □　　　　　C. Management 管理学 □

D. Art 艺术学 □　　　　　　　E. Law 法学 □　　　　　　　　F. Education 教育学 □

G. Literature 文学 □　　　　　H. History 历史学 □　　　　　　I. Science 理科 □

J. Engineering 工科 □　　　　　K. Agronomy 农学 □　　　　　　L. Medicine 医学 □

M. Military science 军事学 □　　N. Language 语言 □

8. Teaching Language of School Courses 学校课程的教学语言

A. Chinese 汉语为主 □

B. English 英文为主 □

C. Combination of Chinese and English 中英文结合 □

9. How many credits are you taking this term? 本学期的学分是?

A. 6 or fewer □　　　　　　　B. 7–11 □　　　　　　　　　C. 12–14 □

D. 15–16 □　　　　　　　　　E. 17 or more □　　　　　　　F. Not clear □

10. The address now you live 你的住所

A. On campus 校内 □　　　　　B. Off campus 校外 □　　　　　C. Others 其他 □

11. With whom you live? 你与谁住在一起?

A. None 独自居住 □

B. International students 与留学生同住 □

C. Chinese students 与中国学生同住 □

D. Family 与家人同住 □

E. The students who study in other institutes 与非本校学生同住 □

12. The sources of your college expenses（multiple choices）你的学费来源（可多选）

A.Self 自己 □　　　　　　　　B. Family 家人 □

C. Employer support 雇主支持 □　　D. Scholarships and grants 奖学金和助学金 □

E. Loans 贷款 □　　　　　　　F. Other resources：Exactly from what? 其他来源 □

13. What kinds of scholarship or grant are supporting your study?（multiple choices）
你接受了下列哪些资助?（可多选）

A. No Scholarships or grants 没有奖学金或助学金 □

B. National government scholarship of the People's Republic of China 中华人民共和国国家政府奖学金 □

C. Guangdong Government Outstanding International Students Scholarship 广东省政府来粤留学生奖学金 □

D. Confucius Institute Scholarship 孔子学院奖学金 □

E. The scholarship of the university you are studying in 所在学校奖学金 □

F. The scholarship provided by your country 母国奖学金 □

G. Other scholarships 其他奖学金 □

14. The time you spend in part-time job exactly 用于兼职或工作的时间

A. I have no job 我没有任何兼职和工作 □

B. 1–10h a week 一周1—10小时 □

C. 11–20h a week 一周11—20小时 □

D. 21–30h a week 一周21—30小时 □

E. More than 30h a week 一周超过30小时 □

15. The degree of the effect of the part-time jobs on your school life.
你的兼职或工作对学校生活有多大程度的影响?

A. I have no job. 我还没有工作 □　　　　　B. Not yet. 没有影响 □

C. A little. 有一点影响 □　　　　　　　　D. A lot. 影响较大 □

16. Do you desire to go further study after graduation? 你是否有继续升学的期望?

A. No. 无此打算 □

B. Not clear yet. 现在还不清楚 □

C. Yes, in the college now I'm studying in. 是的,希望继续留在本校学习 □

D. Yes, in other colleges in China. 是的,希望去中国其他学校学习 □

E. Yes, in other countries. 是的,希望去其他国家学习 □

17. How long have you been living in China? 你在中国居住多久了?

A. Within a year. 一年以内 □　　　　　B. 1–2 years. 一到两年 □

C. 2–3 years. 两到三年 □　　　　　　　D. 3–4 years. 三到四年 □

E. 5 years or more. 五年及以上 □

18. The reasons why you study in this university?(multiple choices) 来留学的原因有哪些?(可多选)

A. To improve Chinese 提高汉语水平

B. To know more about Chinese society and culture 了解中国社会与文化

C. To get further self-development 获得更好的工作发展机会

D. To grasp the skills 掌握专业和技能

E. To experience the life in Guangzhou 对广州的向往

F. To study in your university 对学校的向往

G. Any other purposes 其他

Part Two: Learning Experience and Achievement
第二部分:就读经验与学习收获

1. During the current school year, how often have you done each of the following itmes? Indicate your response by filling in one of the blanks in every horizontal row to the right of each statement.

请根据个人情况，填写自入学以来参与下列活动的频率。

The activities out of the class 课外活动	Never 从不	Occasionally 偶尔	Sometimes 有时	Often 经常	Always 总是
(1)Participation in institutes about academic communications 参加校内各种学术讲座、沙龙、论坛等活动	☐	☐	☐	☐	☐
(2)Participation in art, music or performance 参加校内文化艺术节或音乐戏剧表演等活动	☐	☐	☐	☐	☐
(3)Participation in some clubs or organizations 参与校内社团或学生组织等活动	☐	☐	☐	☐	☐
(4)The social practices 参加社会实践或实习	☐	☐	☐	☐	☐
(5)The clubs or organizations 参加校外社会团体、组织活动	☐	☐	☐	☐	☐
Learning in classroom 课堂学习	Never 从不	Occasionally 偶尔	Sometimes 有时	Often 经常	Always 总是
(6)Listen carefully in the classroom 课堂上认真听讲	☐	☐	☐	☐	☐
(7)Discuss positively in the class 课堂上积极参与讨论	☐	☐	☐	☐	☐
(8)Finish the tasks in class 完成课堂规定任务和作业	☐	☐	☐	☐	☐

续表

The interactions with teachers 师生互动	Never 从不	Occasionally 偶尔	Sometimes 有时	Often 经常	Always 总是
(9)Discussions about academics 讨论课程相关知识	☐	☐	☐	☐	☐
(10)Discussions about learning plans 讨论个人学业规划	☐	☐	☐	☐	☐
(11)Discussions about society or culture 讨论社会文化等议题	☐	☐	☐	☐	☐
(12)Feedbacks and comments 教师对你的学习表现予以反馈和评价	☐	☐	☐	☐	☐
(13)Keeping in touch with teachers after class 课后与教师保持联系	☐	☐	☐	☐	☐
The interactions with peers 同辈互动	Never 从不	Occasionally 偶尔	Sometimes 有时	Often 经常	Always 总是
(14)Discussions with peers about academics 与同学讨论课程相关知识	☐	☐	☐	☐	☐
(15)Discussions with peers about the feeligns of study in China 与同学交流留学体会	☐	☐	☐	☐	☐
(16)Acquaintances in different faiths 结识与自己宗教信仰不同的同学	☐	☐	☐	☐	☐
(17)Acquaintances indifferent values 结识与自己人生价值观不同的同学	☐	☐	☐	☐	☐

2. What's your feeling of the resources provided by your university? Indicate your response by filling in one of the blanks in every horizontal row to the right of each statement.
根据个人体验，谈谈你对学校所提供的各种资源的满意程度如何。

The facilities and devices 校园硬件环境	I can't stand it. 不满意	I don't like it. 不太满意	Acceptable 一般	Good 比较满意	Incredible 非常满意
(18)The library 对学校的图书馆	☐	☐	☐	☐	☐
(19)The laboratory 对学校的实验室	☐	☐	☐	☐	☐
(20)The dormitories for international students 对学校的留学生宿舍	☐	☐	☐	☐	☐
(21)The facilities for exercises 对学校的运动设施及场所	☐	☐	☐	☐	☐
(22)The ecological environment of campus 对学校的校园生态环境	☐	☐	☐	☐	☐
The soft resources 学校教育软资源	I can't stand it. 不满意	I don't like it. 不太满意	Acceptable 一般	Good 比较满意	Incredible 非常满意
(23)The curriculum quality 课程质量	☐	☐	☐	☐	☐
(24)Thedesign of the curriculum 课程安排	☐	☐	☐	☐	☐
(25)The teaching qualities 教师教学水平	☐	☐	☐	☐	☐
(26)The teaching languages 教师教学语言	☐	☐	☐	☐	☐

3. Do you agree with the universities' contribution for the following itmes? Indicate your response by filling in one of the blanks in every horizontal row to the right of each statement.
你对学校留学教育的看法是怎样的？

Sense of commitment to the university 对学校留学教育的认同	Strongly disagree 非常不同意	Disagree 不同意	Neither agree nor disagree 一般	Agree 同意	Strongly Agree 非常同意
(27)promotes the academic development 促进留学生学术和学业的发展	☐	☐	☐	☐	☐
(28)promotes the language abilities 留学生语言能力的发展	☐	☐	☐	☐	☐
(29)promotes the intercultural competence 跨文化交际能力的发展	☐	☐	☐	☐	☐
(30)promotes the abilities of communication and cooperation 沟通与合作能力的发展	☐	☐	☐	☐	☐
(31)facilitate the future career planning 未来职业的规划与发展	☐	☐	☐	☐	☐

4. Compared with you before the entrance of the university, about how much have you got on each of the following? Indicate your response by filling in one of the blanks in every horizontal row to the right of each statement.
根据你个人的经验，你认为相较于入学前，自己在以下方面得到了何种程度的发展？

Learning Achievement 学习收获	Hardly any 几乎没有	Less than expected 较少	As it should 一般	A lot 较大	A great deal 极大
(32)Chinese language knowledge and abilities 汉语知识与能力	☐	☐	☐	☐	☐
(33)Professional basic theories 专业基础理论知识	☐	☐	☐	☐	☐
(34)Professional skills in practice 专业知识的实践技能	☐	☐	☐	☐	☐

Learning Achievement 学习收获	Hardly any 几乎没有	Less than expected 较少	As it should 一般	A lot 较大	A great deal 极大
(35)Independence 独立生活的能力	☐	☐	☐	☐	☐
(36)The understandings about different cultures and customs 理解了不同的文化与习俗	☐	☐	☐	☐	☐
(37)Adaptation 适应环境变化的能力	☐	☐	☐	☐	☐
(38)Know yourself 了解自己（性格、能力与兴趣等）	☐	☐	☐	☐	☐

5. What is your overall satisfaction with your overseas education?

你对学校留学教育的整体满意度如何？

Overall Satisfaction 整体满意度	I can't stand it. 不满意	I don't like it. 不太满意	Acceptable 一般	Good 比较满意	Incredible 非常满意
(39)The quality of international education 对留学教育的整体满意度	☐	☐	☐	☐	☐

附录2 专业目录

普通高等学校本科专业目录

序号	学科门类	专业类、专业名称
1	哲学	哲学/逻辑学/宗教学/伦理学
2	经济学	经济学/财政学/金融学/经济与贸易类
3	法学	法学类/政治学类/社会学类/民族学类/马克思主义理论类/公安学类
4	教育学	教育学类/心理学类/体育学类
5	文学	中国语言文学类/外国语言文学类/新闻传播学类
6	历史学	历史学类
7	理学	数学类/物理学类/化学类/天文学类/地理科学类/大气科学类/海洋科学类/地球物理学类/地质学类/生物科学类/系统理论类/统计学类/力学类
8	工学	工程力学类/机械类/仪器仪表类/材料类/能源动力类/电器类/电子信息类/自动化类/计算机类/土木类/水利类/测绘类/化工与制药类/地质类/矿业类/纺织类/轻工类/交通运输类/海洋工程类/航空航天类/武器类/核工程类/农业工程类/林业工程类/环境科学与工程类/生物医学工程类/食品工程类/建筑类/安全科学与工程类/生物工程类/公安技术类/交叉类
9	农学	植物生产类/自然保护与环境生态类/动物生产类/动物医学类/林学类/水产类/草学类
10	医学	基础医学类/临床医学类/口腔医学类/公共卫生与预防医学类/中医学类/中西医结合类/药学类/中药学类/法医学类/医学技术类/护理学类
11	管理学	管理科学与工程类/工商管理类/农业经济管理类/公共管理类/图书情报与档案管理类/物流管理与工程类/工业工程类/服务业管理类
12	艺术学	艺术学理论类/音乐与舞蹈学类/戏剧与影视学类/美术学类/设计学类

附录3 访谈提纲：教师（管理系列）

一、访谈时间：

二、访谈内容：

老师，您好！

非常感谢您在紧张的工作中接受我们的访谈，为了改进和完善来粤留学生就读体验，促进学校完善留学教育管理机制，促进教师改进教学，促进留学生学习成长，保障与提高留学生的学习效果，我们特开展此项调查。我们的访谈将以保密的形式填写，我们保证，对您的回答信息仅做科研使用，您的真实意见和需求表达非常宝贵，感谢您的合作、理解与支持。

1.请您谈谈贵校留学生教育现状。

2.请您谈谈贵校留学生教育管理面临的机遇与挑战。存在哪些问题？您觉得应该如何改进？

3.请您谈谈贵校留学生培养模式。

4.请您谈谈贵校留学生教育的师资情况。

5.请您谈谈贵校为在校留学生提供的设施有哪些。您认为留学生对学校环境支持程度的感知情况是怎样的？原因是什么？

6.请您谈谈贵校为在校留学生提供的服务有哪些。您认为留学生对学校所提供的服务的感知情况是怎样的？

7.依据您的管理经验，您认为留学生的学费来源、留学目的、学习投入等学生背景特征是影响留学生就读经验的因素吗？如果是，这些因素是如何影响留学生就读经验的？

8.您认为留学生对校园环境的感知是影响留学生就读体验的因素吗？

9.您认为还有哪些因素是影响留学生就读经验和学习收获的因素，它们是如何影响的？

10.留学生的就读经验和学习收获是留学教育质量的重要反映，您认为应该如何从管理层面改善来粤留学生就读经验与学习收获？

附录4 访谈提纲：教师（教学系列）

一、访谈时间：

二、访谈内容：

老师，您好！

感谢您在紧张的工作中接受我们的访谈，为了改进和提升来粤留学生就读体验，促进学校完善留学教育管理机制，促进教师改进教学，促进留学生学习成长，保障与提高留学生的学习效果，我们特开展此项调查研究。我们的访谈将以保密的形式填写，我们保证，对您的回答信息仅做科研使用，您的真实意见和需求表达非常宝贵，感谢您的合作、理解与支持。

1.请您谈谈贵校留学生课程设置的现状。存在的主要问题是什么？原因是什么？

2.请您谈谈贵校留学生课堂教学的现状。存在的主要问题是什么？原因是什么？

3.请您谈谈留学生就读过程中的学习现状。存在的主要问题是什么？原因是什么？

4.请您谈谈留学生在课堂教学过程中的参与程度，师生互动、生生互动等现状。存在的问题是什么？原因是什么？

5.您是否会与留学生在课后保持沟通与联系？如果有，原因是什么？遇到的困难是什么？

6.您在留学生课堂授课面临的最大困扰是什么？您是如何解决的？

7.您平时会不会根据留学生的合理意见改进教学？

8.您认为留学生课堂教学还有哪些方面需要改进？

9.您认为留学生课程设置还有哪些方面需要改进？

10.您认为留学生课程考试还有哪些方面需要改进？

11.您认为留学生课外学习还有哪些方面需要改进？

12.您认为留学生的学习收获有哪些？留学生对学校留学教育的认同度是怎样的？

13.您认为哪些因素是影响留学生就读经验与学习收获的主要因素？他们是如何影响的？

14.请您谈谈您在留学生教育过程中令人难忘的经历和体验。

附录5　访谈提纲：留学生

一、访谈时间：　　　　　　　记录员：

二、学生信息：

姓名：　　　；性别：　　　；国籍：　　　；学校：　　　；年级：　　　；

学生年龄：　　　；院系专业：　　　。

三、访谈内容：

同学，您好！

非常感谢您在紧张的学习生活中接受我们的访谈，为了改进和完善来粤留学生就读体验，促进学校完善留学教育管理机制，促进教师改进教学，促进留学生学习成长，保障与提高留学生的学习效果，我们特开展此项调查研究。我们的访谈将以保密的形式填写，我们保证，对您的回答信息仅做科研使用，您的真实意见和需求表达非常宝贵，感谢您的合作、理解与支持。

In order to improve the learning experience of international students, we are conducting a survey on your learning experience. Thank you very much for taking a few minutes to talk about your life and experience.

Basic Information:

- Name:　　　Gender:　　　Age:　　　Nationality:

- University:　　　Grade:　　　Major:

1. What did you expect to achieve before you came to China? Have you fulfilled your expectations?

2. What are your main learning difficulties during your study in the university? What did/do you do to overcome these difficulties?

3. In the course of your study at this university, what particular learning skills have you developed?

4. Please tell us about your happy/bad experiences at this university.

5. Compared to your classroom experiences in your country, what are the differences you have identified, such as teaching styles and assignment requirements?

6. Could you describe the typical methods and strategies you use in your learning?

7. Could you tell us your experience in group discussion and group assignments?

7. Could you tell us your experience in group discussion and group assignments?

8. Could you talk about your experience in interacting with teachers, local and other international students?

9. Please tell us your experiences in seeking academic support from lectures, peer tutors, fellow students, the leaning center and the website.

10. What are your views about the quality of teachers, course offerings, and academic support at this university?

11. Could you talk about your learning acquirement and achievement?

12. In your study at the university, which of the following is easies and which is most difficult for you? why?

- listening (listening to lectures/tutorials)
- reading (doing assignment reading)
- writing (writing assignments, taking notes)
- speaking(doing oral presentations, expressing own views)
- taking tests and exams

13. Do you have any recommendations for the university to improve its practice for international students?

附录6 来粤留学生学习收获题项相关系数表

	RT1	RT2	RT3	RT4	RT5	ZS1	ZS2	ZS3	NL1	NL2	NL3	NL4	NL5	NL6	NL7
RT1	1	.735**	.533**	.481**	.473**	.255**	.340**	.281**	.327**	.294**	.401**	.265**	.295**	.307**	.295**
RT2	.735**	1	.587**	.549**	.473**	.162**	.210**	.276**	.296**	.218**	.426**	.149**	.201**	.203**	.276**
RT3	.533**	.587**	1	.531**	.397**	.241**	.195**	.302**	.302**	.308**	.412**	.229**	.288**	.243**	.248**
RT4	.481**	.549**	.531**	1	.586**	.202**	.309**	.347**	.300**	.274**	.397**	.225**	.326**	.278**	.282**
RT5	.473**	.473**	.397**	.586**	1	.160**	.298**	.336**	.241**	.245**	.356**	.191**	.232**	.195**	.278**
ZS1	.255**	.162**	.241**	.202**	.160**	1	.534**	.589**	.563**	.522**	.386**	.460**	.494**	.410**	.374**
ZS2	.340**	.210**	.195**	.309**	.298**	.534**	1	.601**	.553**	.550**	.513**	.421**	.460**	.453**	.451**
ZS3	.281**	.276**	.302**	.347**	.336**	.589**	.601**	1	.615**	.530**	.532**	.353**	.478**	.419**	.439**
NL1	.327**	.296**	.302**	.300**	.241**	.563**	.553**	.615**	1	.694**	.565**	.594**	.595**	.614**	.579**
NL2	.294**	.218**	.308**	.274**	.245**	.522**	.550**	.530**	.694**	1	.697**	.604**	.710**	.584**	.529**
NL3	.401**	.426**	.412**	.397**	.356**	.386**	.513**	.532**	.565**	.697**	1	.502**	.596**	.505**	.524**
NL4	.265**	.149**	.229**	.225**	.191**	.460**	.421**	.353**	.594**	.604**	.502**	1	.662**	.641**	.580**
NL5	.295**	.201**	.288**	.326**	.232**	.494**	.460**	.478**	.595**	.710**	.596**	.662**	1	.711**	.602**
NL6	.307**	.203**	.243**	.278**	.195**	.410**	.453**	.419**	.614**	.584**	.505**	.641**	.711**	1	.684**
NL7	.295**	.276**	.248**	.282**	.278**	.374**	.451**	.439**	.579**	.529**	.524**	.580**	.602**	.684**	1

** 在0.01级别（双尾），相关性显著。

* 在0.05级别（双尾），相关性显著。

教育研学院

来粤留学生

即刻加入

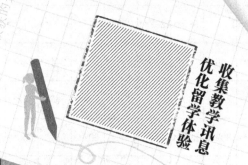

现经来假设论构
状验粤设与建
与留学与
学生研
习就读究
收就获
获读课

研究设计与数据
收集
来粤留学生就读
经验与学习收获的关系

收集教学讯息
优化留学体验

◎ **留学生现状报告**
提出问题
分析留学生教育现状

◎ **留学生教育交流**
在线交流
留学生教育发展方向

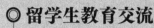

◎ **留学生教育研究**
策略主张
解决跨文化困境
与就业问题

◎ **留学教育好书
推荐**
图书推荐
助力读者深入研究